北京市教育委员会专款项目
首都社会建设与社会管理协同创新成果

THE STUDIES ON

高校教师收入分配与激励机制改革研究

THE INCOME DISTRIBUTION
AND INCENTIVES OF MECHANISM ABOUT
UNIVERSITY TEACHERS

张　荆　赵卫华　等／著

社会科学文献出版社
SOCIAL SCIENCES ACADEMIC PRESS (CHINA)

目录
CONTENTS

绪 论 ·· 001

第一章 高校教师收入分配制度的历史演变 ············ 马福伦 / 009
  一 1949年以前的大学教师工资水平 ···························· 010
  二 新中国成立至改革开放前大学工资制度的历史沿革 ······· 013
  三 改革开放以来高等学校分配制度的变迁及时代背景 ······· 017
  四 当前高等学校分配制度面临的问题 ···························· 025

**第二章 高校教师收入分配与激励机制总体
　　　　状况分析** ································ 石秀印 张 荆 / 028
  一 调研目的 ··· 028
  二 调研方法 ··· 029
  三 过度市场化导致高校内部收入差距过大 ······················ 030
  四 行政化障碍了高校教师的教学和科研积极性 ················ 040
  五 管理企业化异化了高校教师的教学和科研积极性 ········· 046
  六 北京地区高校教师的教学和科研积极性相对低落 ········· 053
  七 行政化、市场化、企业化叠加导致特定群体教学和
     科研积极性障碍 ··· 059
  八 高等院校改革应遵循教育的内在规律 ························· 062

第三章　高校收入分配影响因素分析 …………………… 赵卫华 / 069
　一　当前中国高校的收入分配问题……………………………………… 069
　二　关于收入决定机制的研究…………………………………………… 070
　三　高校收入决定机制的实证分析……………………………………… 071
　四　几点讨论……………………………………………………………… 081

第四章　不同类型高校教师的收入分配特点与激励效果研究 …………………………………………… 王　颉 / 085
　一　不同类型高校教师薪酬收入的全面差距…………………………… 086
　二　不同类型高校教师收入分配差别的构成归因……………………… 094
　三　消失的中间层………………………………………………………… 102
　四　对薪酬收入满意度低与激励机制的低效…………………………… 109
　五　走向公开、公平、公正、透明——重建分配收入标准与激励机制…………………………………………………………… 118

第五章　高校教师收入分配与激励机制的性别比较 …………… 姜海珊 / 121
　一　高校教师收入分配与激励机制性别差异现状……………………… 121
　二　高校教师收入分配性别差异的原因………………………………… 126
　三　高校教师性别收入差异的内在与外在原因………………………… 130
　四　对策与建议…………………………………………………………… 132

第六章　高校教师薪酬满意度及其影响因素分析 …………… 刘金伟 / 134
　一　北京高校教师薪酬满意度现状分析………………………………… 134
　二　高校教师薪酬满意度的影响因素…………………………………… 136
　三　提高高校教师薪酬满意度的几点建议……………………………… 144

第七章　高校教师的收入分配公平感研究 ………… 李君甫　武　斌 / 148
　一　文献回顾……………………………………………………………… 149
　二　研究方法……………………………………………………………… 152
　三　收入的构成、校内及校外的差距…………………………………… 153

四　收入不公平感 ·· 156
　　五　影响收入分配公平的体制因素与机制 ···················· 160
　　六　讨论与结论 ·· 165

第八章　高校青年教师的困惑与烦恼 ················· 彭晓月 / 167
　　一　高校青年教师的基本状况 ································ 167
　　二　青年大学教师的烦恼与困惑 ······························ 169
　　三　青年大学教师困惑与烦恼的根源 ·························· 177
　　四　几点政策建议 ·· 181

第九章　高校"双肩挑"现象与行政权力泛化研究 ········ 彭晓月 / 184
　　一　基本情况 ·· 185
　　二　高校"双肩挑"群体的优势表现 ·························· 186
　　三　高校科研教学与管理中"双肩挑"的重要影响 ··········· 191
　　四　高校改革途径：分离行政权力与学术权力 ··············· 197

第十章　住房状况对高校教师心态影响的调查分析 ······ 赵卫华 / 200
　　一　高校教师住房状况 ·· 200
　　二　有无住房对教师心态的影响 ······························ 204

第十一章　消费对高校教师生活满意度的影响分析 ········ 李　妙 / 214
　　一　数据情况 ·· 215
　　二　测量方法 ·· 218
　　三　实证分析 ·· 220
　　四　结论与原因分析 ·· 222
　　五　结论及建议 ·· 225

第十二章　北京上海两地高校教师工作满意度比较分析 ····· 邱鸿博 / 227
　　一　引言 ·· 227
　　二　北京上海高校教师工作满意度基本状况 ················· 228

三 基于人口学特征的两地满意度比较 …………………………… 234
四 结论及建议 ……………………………………………………… 237

第十三章 香港公立高校教师薪酬制度与激励机制及启示 … 姜海珊 / 240
一 香港高校的薪酬制度 …………………………………………… 241
二 香港高校专业技术人员的薪酬状况 …………………………… 246
三 香港高校薪酬制度的激励作用 ………………………………… 252
四 经验与借鉴 ……………………………………………………… 256

第十四章 日本高校的薪酬制度研究与启示 ………………… 张 荆 / 266
一 日本高校制度的主要特征 ……………………………………… 267
二 日本高校的薪酬制度框架、定位与结构 ……………………… 272
三 日本高校体制改革及薪酬制度的借鉴与思考 ………………… 281

后 记 ……………………………………………………………………… 287

绪 论

本书是北京工业大学人文社会科学学院与中国社会科学院社会学研究所联合课题组承担的北京市教委"专业科技人员的收入分配与激励机制研究"项目的最终研究成果。2010年以来，课题组成员通过问卷调查、个案访谈、召开座谈会等形式，先后对北京、上海、云南等地近20所高校进行调研，在掌握大量调查资料的基础上，课题组成员反复研讨，严谨写作，使此书得以面世。

收入分配制度是指劳动产品在社会主体中分割与配给的制度体系，因收入分配制度牵涉到千家万户的生存与发展，因此备受全社会的关注，在某种意义上说，收入分配制度是国家经济发展、政治文明、社会进步的基础制度。我们一直强调社会主义的收入分配原则是"各尽所能，按劳分配"，而"劳"字含义非常复杂，它不仅包括劳动者的劳动熟练程度、工作的复杂程度、承担岗位的职责、劳动强度，还应包括劳动者在进入劳动力市场之前的人力资本投入，以及进入劳动力市场后的工作经验积累等。一般来说，收入分配以这些要素为基准，按照劳动者实际完成的劳动定额、工作时间、劳动消耗等计付薪酬，或从市场交换中获取所得。

本课题的研究对象是高校教师，这是一个非常复杂的职业群体，是高校发展的主体，教师生产的不是物品和服务产品，而是知识、专业人才，以及对真理和科学规律的探究，这类"产品"的产出很难像企业管理那样，通过计件、计时、验收产品质量等方式来调控收入分配。高校教师又被称为"弹性工作者"，许多国家采用区别于企业职工、政府职员的"裁量劳动制"等制度管理这一职业群体。实际上，以生产精神产品为主要特征的高校教师，在收入分配制度的设计、实施、教学和科研质量监督上要比其他行业复杂得多，这正是我们长期不懈地关注高校教师群体的收入分配与激励机制的状态及改革路径的兴趣之所在。

高校收入分配制度的核心是"薪酬制度"，或称为"工资制度"，主要包括基本工资、津贴、绩效工资、奖金等，除薪酬之外，教师们还有课题收入、评审收入、兼职收入、投资收入等，课题组以"薪酬制度"为中心，着重研究高校薪酬结构的特点、竞争与公平的关系。以薪酬收入为重点，研究高校教师收入差距来源、状况，以及变化过程、发展趋势，并进一步研究两类收入对教师工作积极性和创造性的激励作用。激励是收入分配制度的目的要素之一，激励要素一般分为"外在激励性因素"和"内在激励性因素"，前者主要包括工资、津贴、社会强制性福利及高校内部福利等；后者为教师的个人成长、工作的专业对口、工作挑战性、工作环境以及生涯成长和职业培训等。本书的研究以薪酬的"外在激励性因素"为主，内在激励性因素为辅。着重探索工资、津贴、福利等要素的激励效果和教师的满意度。

在许多发达国家，行业职工的收入分配是透明公开的，中国则不同，各行业和各部门的真实收入与分配常常作为"机密"被保护，特别是从20世纪90年代以来，在"下海大潮"及单位自主创收的背景下，各种"潜收入"（或"灰色收入"）大量增加，使行业与行业之间、部门与部门之间、部门内部的管理者与职工之间、职工与职工之间的收入分配变得越来越扑朔迷离，并引起各种各样的推测和传闻，而高校教师的收入一直是被社会推测、抱怨和抨击的重点。2012年4月，一篇新闻称"中国教师月薪全球最低"，立刻遭到众多网民"拍砖"，其中有网民留言说："工资旱涝保收附带寒暑假、补课出书还能赚外快的老师都在叫嚷待遇低，这可让真正的社会底层情何以堪？"其实"中国高校教师月薪全球最低"的说法并不是中国大学教师群体的自说自话，而是美国芝加哥大学国际高等教育研究中心飞利浦·阿特巴赫教授带领他的研究团队经过实证调研做出的结论。阿特巴赫教授还进一步指出，教师的合理收入"最起码应该无须兼职，仅靠学术工作所得就可以让他们在本地区过上中等收入水平的生活"。

2012年11月上旬，中国科学院数学与系统科学研究院程代展研究员在科学网博客上发表日志，称作为研究生导师的他极为看重的、具有优秀科学家天分的爱徒居然拒绝当科学家，选择去当中学教师，使他极度惋惜和倍增挫折。该日志当天回帖 500 余条，引发了"逃离科研"的大讨论，不同年龄层的网友在百花齐放之后，渐渐趋同于"生存困境"的共识。作为大学教学、科研主体的教师的薪酬水平在全国各行业中究竟处于怎样的位置，是高还是低，教师们满意度如何，以及如何定位大学老师的薪酬，是本书期待破解的难题。

经过几年访谈、问卷调研和数据分析，调研最初的假设和问题点逐渐变得清晰可见。本书严格依据抽样调查数据和个案访谈资料，本着客观、中立、分析有据的原则，细致地描述和分析高校教师收入分配与激励机制，对于这一机制，我们从历史和现状两个脉络展开研究，读史是为鉴今，同时也是为了让读者对高校教师的收入分配制度的演变有一个轮廓式的了解。而当前高校的收入分配与激励机制则是我们研究的重点。课题组成员通过文献分析和实证研究，对我国高校教师收入分配制度发展的历史、高校教师收入分配与激励机制的现状、收入分配的影响因素，教授、副教授、讲师、行政管理人员等不同群体的收入分配状况，在现行收入分配体制下教师的生存状况、生活工作的满意度，以及激励效果等进行了实证分析，并对国内不同城市之间、海外高校之间收入分配与激励机制进行比较研究，提出高校教师收入分配与激励机制改革的对策建议，这是一个系统完整的研究过程。在这个过程中，一方面，我们回答了调查初期提出的问题和假设，另一方面我们也获得了许多发人深省的新发现。

（1）高校的行政化倾向严重。从 1999 年高考扩招改革，当年招生总数达 153 万人，比上一年增加 45 万人，增幅为 41.7%，2002 年中国高等教育从"精英教育"迈入"大众教育"，毛入学率达到 15%。一座座新校舍、一栋栋教学楼拔地而起，中国大学的"硬实力"迅速提升。同时在治理结构方面，坚持和完善党委领导下的校长负责制，落实和加强党委、校长职权，各职能部门强化行政管理方式，行政化倾向日趋明显。

行政化的表现之一就是目前高校的行政管理者不但拥有行政资源，也日益拥有了学术资源，"双肩挑"者成为大学中最有实力的职业群体。2010

年，担任或兼任行政职务的教授其年工资收入比不担任行政职务的教授高18%；担任或兼任行政职务的副教授比不担任行政职务的副教授高25%，此外担任或兼任行政职务的教授、副教授拥有更丰厚的课题经费，担任行政职务甚至成为获得教授职称的重要捷径之一。与这种变化相对应的是在许多高校出现了教授、副教授争相竞聘处长、副处长，甚至科长的奇怪现象，以变相任命制为主导的人事管理制度进一步强化着高校"唯上""唯官"的氛围，污染着大学的"本源"。

高校行政化的表现之二是行政指令配置资源。能否得到科研机会和资源，很多时候不是根据科研人员的能力、项目本身的学术价值和科学研究的可持续性及规律，而是依据一些行政指令和规定，"一刀切"地设置种种门槛，资源和机会的配置随着政策的变化而变化。一段时期要培养某种"拔尖人才"了，各有关部门都按照同一标准向这类人群集中配置资源和机会，使其应接不暇，并导致重复性研究、一份研究报告"通吃"若干部门。行政力量对科研资源和机会的配置常常违背了科研自身发展规律，造成国家资源的浪费和高校教师发展机会的严重失衡。

行政化的表现之三是学校的行政部门日趋庞大、臃肿，一些大学的行政后勤人员远超过一线从事教学科研的教师。多家行政部门掌控不同的权力和资源，且各自为政，下达各种项目和任务，要求填写或撰写各种表格和总结，综合管理一线教师。可谓"上面千条线，下面一根针"，一线教师疲于应付完成各个部门的任务和考核指标，成了标准化生产线上的计件工作者。

（2）高校"市场化"与收入差距。扩大学校的自主用人权，实行聘用制、灵活用工、人事代理，采取岗位管理、岗位工资，推行绩效考核、绩效工资，建立课题申请和主持人项目组制，搞活内部收入分配和津贴、奖励，允许和鼓励教师的校外兼职（自办公司），推行社会保障的社会化，推行住房的市场化等，被统称为大学的"市场化"或"企业化"。这一改革增强了高校自身的"造血功能"，减轻了政府的财政负担，增加了教师的收入。但突出的问题是教师间的收入差距迅速拉大。调查显示，大学教授中收入最高的10%与收入最低的10%，收入差距达到5.9倍，副教授中这一差距为4.5倍。若不做分组，同一职称内部的个人收入差距更大，教授中最高收入者是最低收入者的15倍,副教授之间是23倍,讲师是25倍。部属院校和市属院校之间的收入差距也很明显,年收入在10万~20万元的高收入层,部属高校高出市属高校近10个百分点。对日本国立大学的调研显示,教授最高级俸与最低级俸的收入仅相差1.4倍,副教授相差1.5倍。传统的平均主义"大锅饭",导致"干好干坏一个样",影响了教师积极性和创造性。但"市场化"竞争导致的教师收入的两极分化正在成为导致高校教师积极性和创造力下滑的重要因素。

高校的"行政化"与"市场化"倾向所带来的负面影响,调研中有教师形象地描述为"三奔一荒",即奔钱、奔官、奔项目,荒学术。

(3) 中国高校教师的薪酬地位偏低。与其他行业的薪酬相比,中国大学教师的收入水平偏低。调查发现,2010年北京市属高校教师的平均工资卡内收入低于2009年北京市在岗职工的平均工资。而日本高校教授的年收入仅低于飞行员,居各行业第二位,副教授居第四位,讲师居第八位。在香港,高校教师平均工资水平在全社会处于中等偏上水平,与公务员工资水平相同,同时拥有比较丰厚的住房津贴或校内宿舍等。

市场经济是竞争经济,但市场经济下的薪酬体系不是无序体系,一般来说,对市场反应最敏感的是企业,企业职工的平均收入常被许多市场经济国家定位为社会薪酬的"中轴线",并以此来规范其他行业的收入水平。大学教师因工作性质、复杂程度、人力资本前期投入巨大,一般处于社会薪酬"中轴线"以上,这是一种相对合理公平的薪酬制度安排。中国的国有企业具有很强的垄断性,与真实的市场景气指数存在差距,而民营企业更贴近真实的市场,可考虑以民营企业职工的平均收入为中轴线,使官员、国有企业管理者和职工、大学行政领导和教师的收入分配的数量与实体经济有机链接,将社会生产力的发展与国民收入增减相挂钩,避免脱离经济发展、"单位本位主义"的滥发工资且导致通货膨胀,以及无依据地拉大收入差距导致社会的不公感。同时,"中轴线"随经济景气和不景气上下浮动,又成为政府、国有企业、大学等部门涨薪和降薪的主要依据,避免行政指令导致收入分配脱离市场、工资只能涨不能降的制度性尴尬。

(4) 市场化下不断加码的高校绩效考核撕碎教师的有限精力。面对愈演愈烈的高校"市场化",管理者未采取"对症下药"的措施,增加政府的高教投入,改善教师的薪酬结构和工资待遇;而是试图通过绩效考核的加码达到控制工资外收入、让教师回归课堂和科研的目的。这些指标包括:本科生教学、带研究生、发表论著、主持课题、到校经费、获奖获证和获政府批示的数量,有些指标高得离谱,如一学年450时以上标准学时,一年三篇论文一篇SCI、SSCI、A&HCI或CSSCI,三年一本书等,绩效加码并未达到预期的效果,反倒使大学学术造假问题凸显,普通教师忙于应付,超时工作成为高校教师的常态,许多教师身体长期处于"亚健康"状态。调查表明,教授每天工作低于8个小时的仅有5.6%,工作8~11.9个小时的占67.9%,12~15.9个小时的占24.3%,有2.2%的人甚至在16个小时以上。副教授每天工作8~11.9个小时的为77.3%,每天工作12~15.9个小时的为11.3%,有0.7%的人日工作时间16个小时以上。绝大多数大学教师的日工作时间超过10个小时。另外,教授每周工作6天以上的高达74.9%,其中工作7天(每天都工作)的高达36.3%。副教授周工作6天以上的占52.6%。职称越高者绩效压力越大,工作时间越长。

(5)针对青年教师的制度安排。青年教师面对结婚生育、抚养子女、赡养老人等生活压力;面对教学、科研等工作压力;面对还房贷、维持生计等经济压力,这是青年教师无法回避的生涯阶段。问题的关键是大学的制度安排,如何让他们有更多的时间和精力从事科研和创造性劳动。调研发现,许多高校的教学辅助人员不辅教师,专辅行政,年轻教师被用来做杂事。一些教授无法获得教辅人员的服务,要么事无巨细自己干,要么将杂事压至年轻教师,"在杂事中锻炼,先抬轿子再坐轿子"的制度安排将精力最充沛、科研想象力最旺盛、创造力最强的"学术青春期"消磨于杂事之中。同时,青年教师因入职时职称低、薪酬低,为排解大城市物价上涨的生活压力,会挖空心思在本职工作之外寻求生财之路,这些因素严重影响着高校青年教师未来的学术发展潜力。在香港,大学实施"实任制",学校与年轻教师签订固定年期合同,规定学术绩效指标,三年中期考核,合格再续聘,六年考核合格后实行"实任",可聘用终身,不合格者离开。六年中不让青年教师做杂事,每学期承担一门课,学校为年轻人提供无忧的薪酬保障、优厚的科研经费和研修机会,青年教师必须在六年时间里毫不松懈地努力搞好科研，创造性研究成果大量产生，并为以后的科研发展奠定坚实的基础。日本高校的制度安排与香港近似，年轻教师没有做杂事的资格，主要任务为进修和科研，学校为其提供充足的科研经费和出版补贴。越年轻的教师科研时间越多，越老的教师事务性工作越多。这种制度安排似乎更符合科研创新的规律。

新问题的发现让研究者兴奋不已，但问题的发现并不是研究的终结，课题组成员在书中有针对性地提出了大量去行政化、改革高校收入分配制度和提升激励机制的对策建议，希望能为中国高校今后的改革尽微薄之力。

该课题是北京市教育委员会专款项目，是首都社会建设与社会管理协同创新成果，得到协同创新中心的出版资助。张荆教授（北京工业大学人文学院人力资源研究中心）为该研究项目总负责人，负责课题申请、调研、全书综合统筹，并撰写部分章节。赵卫华副教授（北京工业大学人文学院人力资源研究中心）负责问卷设计，调查组织及全书架构、统稿、部分章节撰写。该书的具体执笔人员是，第一章，马福伦（中国社会科学院社会学研究所处级调研员）；第二章，石秀印（中国社会科学院社会学研究所研究员）、张荆；第三章，赵卫华；第四章，王颉（中国社会科学院社会学研究所研究员）；第五章，姜海珊（北京工业大学马列学院讲师）；第六章，刘金伟（北京工业大学人文学院副教授）；第七章，李君甫（北京工业大学人文学院人力资源研究中心副教授）、武斌（诺丁汉大学当代中国学学院高级研究员）；第八章，彭晓月（人民网－中华慈善新闻网编辑）；第九章，彭晓月；第十章，赵卫华；第十一章，李妙（北京联合大学教师）；第十二章，邱鸿博（北京工业大学人文学院社会学系硕士研究生）；第十三章，姜海珊；第十四章，张荆。以上各章的撰写者也是该项目的调查人员，为本书的完成做出了重要的贡献。此外，参加课题调研还有竺平（原国家统计局高级统计师，全面负责抽样调查）、仇立平、赵晓霞、姜惠、尹秀霞、绳秀君、陈路、华逢林。在最终成果出版之际，对大家艰苦调研和辛勤笔耕致以诚挚敬意和感谢。另外，课题组在赴日本考察期间，得到了一桥大学志波幹雄先生、王云海教授、岛田达之课长、贾申女士，独协大学辻康吾教授、户谷秀世总务长、中央大学李廷江教授等的关照及鼎力相助；在香港考察期间，得到了香港专业教育学院舒昌先生、郭启兴院长，香港中文大学张越华教授，香港公开大学叶耀强教授，香港浸会大学黄河明雄主任等的大力支持，在此深表感谢！

由于我们的研究水平有限，书中难免出现问题，恳请读者不吝赐教！

专业科技人员的收入分配与激励机制研究课题组

张 荆

2014 年 1 月 10 日

第一章 高校教师收入分配制度的历史演变

马福伦*

近年来，关于大学教师收入分配制度的讨论越来越多，观点各异，众说纷纭。本文试图利用一些学者搜集到的大学教师薪酬史资料，寻找今天大学教师薪酬体系的成因及大学教师分配机制改革的背景，并利用已取得的实际调查资料和数据，对这一体系在今天存在的问题进行研究，提出改革现有大学教师薪酬体系的建议。

我国计划经济时代的分配制度来源于解放区的军事共产主义的供给制和不患寡而患不均的传统意识。新中国成立以前，在解放区实行带有军事共产主义性质的供给制，大学教师的收入与其他群体差别不大，这为新中国成立以后的工资分配体系定下了基调。新中国成立后，高校教师的分配机制的建立与国家机关同步，高校教师中的教授工资近似于国家副部级干部。一方面，与公务员相比较，1949年前后高校教师的工资差距不大；另一方面，由于在全社会的工资体系中不同职业群体的差距没有1949年前大，大学教师的工资水平也体现了1949年以后逐步建立的计划经济体制下收入差距缩小的特点。

改革开放后，市场经济体制逐步代替计划经济体制，但是，1949年以后建立在计划经济体制之上的管理观念及平均主义思想，其影响还顽固地存在，并影响着国家、社会乃至个人的思想和行为的各个方面，尤其在分配领域其影响严重存在。大学教师的体制内收入虽然与计划经济时代相比，

---

* 马福伦，中国社会科学院社会学研究所处级调研员。

有了很大的自主性，也有了较大幅度的提升，但在国家现有的分配体制下依然难以出现大的突破。

一 1949 年以前的大学教师工资水平

现有的历史材料证明，自 20 世纪 20～30 年代至新中国成立前，高校教师的收入处于社会中上层，远高于企业职工等阶层。

清朝末期，清政府于最后的 10 年进行了一系列改革，废除了科举制，实行新政，推行现代意义上的新式教育体系。1911 年，辛亥革命结束了中国 2000 多年的帝制，加速了新式教育的发展进程。

中国现代意义的大学是诞生于 19 世纪 60 年代的上海圣约翰大学，圣约翰大学是外国教会完全按照西方大学模式设立的大学，而官办大学则是北洋大学堂（1895 年），之后是南洋公学（1896 年）和京师大学堂（1898 年）。圣约翰大学教师的薪酬未查到确切的资料，已有的研究多是以北洋时期为起点。

（一）北洋政府时期

慈鸿飞教授在史料研究和整理的基础上发表了《二三十年代教师、公务员工资及生活状况考》一文，向我们提供了如下资料。

北洋政府时期大、中、小学教师的工资差别较大，大学教师的工资相对较高。1917 年 5 月北洋政府颁布的《国立大学职员任用及薪律规程》规定：国立大学教员分为 4 等，每等 6 级，共 24 级。其中，正教授月薪 300～400 元，本科教授月薪 180～280 元，预科教授月薪 140～240 元，助教月薪 50～120 元。除助教第 6 级至第 3 级的级差为 10 元外，各级间级差均为 20 元。

与北洋政府时期公务员的工资做比较，当时，文官共分为四个等级，即特任、简任、荐任、委任。中央政府各部部长（总长）为特任官。简任大致相当于今天的司局长、副部长级，荐任相当于处级，委任相当于科级以下职员。按照 1912 年 10 月 16 日公布的《中央行政官官俸法》的规定，国务总理月薪 1500 元，各部总长月薪 1000 元；简任以下官员的工资共分 9

等22级。简任官工资分3级,月薪为400～600元,级差100元;荐任官分为7级,月工资为200～360元。除第5级至第4级和第3级至第2级的级差为40元,其余级差为20元;委任官工资共分12级,月薪为50～150元,级差分别为5元、10元、15元。由此可见,北洋政府时期大学教授的月薪在简任官和荐任官之间。

(二) 南京国民政府时期

到国民政府统治时期,大学教员的绝对工资额又有所提高。1927年9月教育行政委员会公布的《大学教员薪俸表》规定:教授月薪400～600元,副教授260～400元,讲师月薪160～260元,助教月薪100～160元。1929年12月制定的《国立中央大学教员薪俸现行标准》即完全按照这一规定,只是助教最低月薪为90元,但又规定助教可每年加薪10元。

与国民政府时期公务员的工资相比较,文官工资的最大变化是将部长的工资降为月薪800元,其余变动不大。到1933年9月23日,国民政府重又颁布《暂行文官官等薪俸表》,但无原则变化,只是将文官工薪级别分得更细,共分37级,并将委任官的最低起点工资增至月薪55元。1933年9月23日公布的《暂行文官官等官俸表》规定:自本年11月1日起施行,规定国民政府的特任文官长、主计长、五院及各部会的部长、委员长月薪为800元,简任国民政府局长、五院及各部会次长、副委员长、省政府主席为680元,省政府厅长、委员为520～640元,荐任国民政府的科长、秘书、统计主任、会计主任、省政府秘书科长等为260～400元,一等县长为340～430元,二等县长为320～400元,委任的国民政府一等科员、会计员、统计员为160～200元,省政府一等科员为130～200元,县政府一等秘书、科长、局长为130～200元。

根据慈鸿飞教授提供的上述资料推测,北洋政府及国民政府时期大学教师的工资区间相当于政府公务员科长到局长的工资。

为说明同一时期大学教师工资所处的地位,慈鸿飞教授除了将大学教师的工资与政府公务员进行比较外,还与工人阶层的工资状况作了比较。

慈鸿飞教授根据搜集到的史料提出,在整个20年代,开滦煤矿矿工的月平均工资不过9～13元。在30年代初,最多也不过17元。1927年9月

25 日出版的《东方杂志》调查编制的"全国精工每月工钱表",为上述观点提供了佐证(见表 1-1)。

表 1-1　全国精工每月工钱表

单位:元

项	目	纺绩工厂	铁工及机械工	矿工	制丝工厂	其他工业
男 工	最 高	30	50	40	22	30
	最 低	12	20	16	6	9
	平 均	26	25	22	12	15
女 工	最 高	24	—	—	22	20
	最 低	8	—	—	6	7.5
	平 均	12	—	—	9	12

表 1-1 显示,一个熟练技术工人的月平均工资不过十几元、二十几元,只相当于当时一个大学教授的十几分之一。而一个粗工、临时工、家庭雇工等工钱就更少。如当时在成都雇一轿夫,月薪仅 4 元,一家庭女工月薪不足 1 元。

判断大学教师的实际生活状况的重要指标是弄清当时的物价水平和货币的具体购买力。慈鸿飞教授查阅了五四新文化运动的前驱、著名学者吴虞所著《吴虞日记》,以及 1927 年 9 月《东方杂志》所载的调查表,对 20~30 年代初的成都物价和 20 年代初的上海物价作出披露。总起来说,20~30 年代的中国物价水平变动不太大,如以 1926 年上海的批发物价指数为 100,那么,此后直至 30 年代,上海批发物价指数最高的是 1931 年,也仅是 126.7。从上述两个物价表中,我们可以看到当时大都市的银元购买力较高,每一元可买 10~18 斤大米、23~31 斤小麦、5~6 斤肉、50 个左右鸡蛋、5~15 尺土布(国产布)。而当时的城乡差距更为悬殊。在农村,银元折换铜钱数越来越多,因此银元在农村的实际购买力要远远大于上面的数字。在 1927 年的上海,一个非熟练工人抚养五口之家仅需费每月 21.34 元,其中饮食费仅 11.1 元。生活水平稍高一些的工人家庭,即一个熟练的技术工人抚养的五口之家最低生活费用也仅为 35.85 元(需 2 个人以上工作挣钱)。可见一个月薪 300 元左右的副教授或教授抚养五口之家,其生活水平至少要高出一个普通工人的 13~14 倍。

（三）抗日战争期间

抗日战争时期大学教师的工资没有大的变化，但由于物价飞涨，货币贬值，大学教授生活十分困苦。而政府官员们却要好得多，因为他们享受到了比一般知识分子高得多的战时的"特别办公费"补贴。

综上所述，20世纪20~30年代，大学教师的收入与对应的政府官员的收入（按官员的薪俸表的标准）相比较与今天大体相同；同时，大学教师的收入和生活水平不仅在社会上处于高位，而且远高于一般企业职工。这是那个时代社会收入差距大的真实写照，是由当时的社会历史状况决定的，与当时的社会制度、政府与大学及大学教师的关系密切相关，也与当时官员人数少、大学少、大学教师少，政府的统治需要而且有能力做出这样的制度性安排有关。

二 新中国成立至改革开放前大学工资制度的历史沿革

根据曾湘泉、赵立军在《我国高等学校工资制度的历史沿革》一文中的归纳，可以对改革开放前30多年中国大学教师的工资状况有一个大体的了解。从整体上看，从1949年到1985年6月，我国大学教师的分配制度先后执行了国家机关工作人员的供给制、等级工资制和结构工资制度，实行的是全国统一的固定工资。

（一）从供给制到货币工资制时期（1949年10月~1956年7月）

1949年以后，我国的薪酬制度几经变化，其过程说起来冗长而繁琐，但大体可以概括为从1949年后延续"解放区的供给制"向货币工资制的过渡阶段。这一阶段截至1955年8月国务院发布《关于国家机关工作人员全部实行工资制和改行货币工资制的命令》。《命令》将仍实行供给（包干）制待遇的人员一律改为工资制待遇，废止工资分计算方法，改成货币工资制，并以人民币为计算单位。国务院还颁发了统一的物价津贴标准表，以弥补各地区物价差额，使各地区的工作人员享有大致相同的生活水平，真正地体现了全国工资标准的统一。

高等教育部根据国务院的命令，结合高等学校的实际情况，将全国高等学校教职员工工资标准表修订为货币工资标准表，并执行国务院的物价津贴表。高等学校工作人员工资收入包括工资标准表中的货币工资和物价津贴两部分。此次工资标准表的修订提高了水平，但工资结构没有变化。仍然是一职数级，上下交叉，共33级，最高工资标准为270.6元，最低工资标准为19.8元，工资标准的最大倍数为13.67倍。

1952年7月，中央人民政府教育部颁发了《全国各级学校教职员工工资标准表》。高等学校的工资标准按职务共分33级，一职数级，上下交叉。工资标准以工资分为计量单位，最高1100分，最低90分。最高工资为最低工资水平的12.22倍。

1954年11月，高等教育部颁布并执行《全国高等学校教职员工工资标准表》。工资标准表适用于全国各类高等学校，共划分33级，按照职务一职数级，上下交叉。工资分最高1230分（大学教授的工资标准设有特级，特级教育工作人员工资根据具体情况，其工资最高可达1640分），工资分最低为90分。最高分为最低分的13.67倍（最多可达18.22倍）。

应该看到，从上述工资差距中虽然不能准确地了解当时大学教师之间的工资差距，但是，还是可以看出当时的分配制度定出的大学教职工之间的工资差距，比计划经济时代甚至比现今大学内的工资差距还大。考虑到当年的物价水平和福利待遇，那个时代的大学教师的工资与生活水平还是处于社会的高位。

上述文章认为，新中国成立后教授工资相当于中央副部长级干部。60年代以后，教授工资相当于中央部长、省长。

1956年7月6日，国务院（56）国议习字第54号文件下达的《国家机关工作人员工资标准表》中规定，行政1~3级（国家主席、副主席、委员长、副委员长、总理、副总理）工资为644元、581元、517元；部长、副部长、委员会主任、副主任为行政4~8级，工资为460元、414元、368元、322元、287.5元。

1956年7月，教育部（56）计劳（2）字第287号文件《全国高等学校教学人员、教学辅助人员工资标准表》规定：教授和副教授的工资是从1级到6级，即345元、287.5元、241.5元、207元、177元、149元，相当于行政6级至17级，一级教授相当于副部长的工资。

如把高等学校行政人员工资与国家机关行政级别相对应，则大学、独立学院正副校（院）长相当于行政级别的6~13级，即368元、322元、287.5元、253元、218.5元、195.5元、172.5元、155.5元。

从1956年12月18日以后，国家机关10级以上干部的工资又经过了三次下降，截至1960年，国家机关行政一级即国家主席、委员长、总理的工资已降至404元，而大学教授却没有降低，如按此时的工资对应，一级教授的工资就已超过政府的部长和省长了。

上述数据可以说明新中国成立后，政府对大学教师是格外照顾的，与相对应官员的收入之比明显高过了1949年以前。

（二）计划经济体制下，高度集中统一的等级工资制时期（1956年7月~1985年6月）

1956年7月，国务院先后下达《国务院关于工资改革的决定》《国务院关于工资改革中若干问题的规定》。这次全国性工资改革，取消物价津贴制度，改行11类（第11类最高）工资区制度，对边远少数民族地区另加一定比例的生活费补贴。

高等教育部根据国务院的全国工资改革方案制定并实施了高等学校的工资改革方案。高等学校工资制度实行分类管理。高等学校教职员工工资标准表分为行政、教学、教学辅助人员三个工资标准表，采取一职级上下交叉的办法。其中，《全国高等学校教学人员工资标准表》共分12级，相比以前的工资制度加大了级差，减少了级别。教学人员最高工资为最低工资的5.56倍。教授执行1~6级工资标准，副教授执行3~6级工资标准，讲师执行6~9级工资标准，助教执行9~12级工资标准。在科研或教学上有特殊成就的教授，经高等教育部报请国务院批准，可另发"特定津贴"。

值得注意的是，此时大学教师之间的工资差距明显缩小。改革开放以前的中国高校，由于大多数教师没有或很少有其他收入，大学教师之间收入的差距基本上是由工资级差形成的。"制度内工资级差由一套系统复杂的制度确定的……保持着某些平均主义的特点。"主要由制度性工资差别形成的教师之间的收入差别,该阶段的差别在缩小。"例如,从国家制度性工资收入考察,一般来说,一个年已65岁、有40多年工龄、在学术界很有地位的老教授、博士生导师的收入与一个刚刚硕士毕业且上学之前没有工作经历的助教相比,只相差3.3倍,这样的收入差距已不能充分体现他们对社会贡献的差别。"[1]

此次建立的全国高度统一的职务等级工资制实行时间长达30年之久,其间进行了数次工资标准调整和部分人员的工资晋升工作。中共中央、国务院于1957年1月至1960年10月先后四次决定降低部分人员的工资标准。1961年高等学校教学人员的工资标准由原来的最低12级下延到13级,工资额与国家机关行政人员工资标准表的22级相同。

1958~1965年,高等学校中的部分人员实行了奖励制度。1958年和1959年实行年终发给职工跃进奖。1960年年终跃进奖金取消。1960~1963年随着企业实行综合奖励制度,一部分事业单位也实行了奖励制度,奖金率低于生产企业。1963年12月,劳动部发出《关于某些事业单位职工实行经常性奖励制度的通知》。多数高等学校建立了经常性的奖励制度,但奖励办法和奖金标准不尽一致。

"文化大革命"期间,推行了一条极"左"路线。其间,多次进行的工资升级工作主要按照"杠""面"结合的办法,即按工作年限和工资级别制定升级的政策杠子,并且与划出一定升级面相结合的办法进行调资,没有按照劳动态度、贡献大小等条件进行评定。多次调资工作采取运动式管理的根源在于工资制度的内在缺陷,既没有建立科学的与工资制度挂钩的绩效考核制度,又缺乏正常的晋级增资机制。

王处辉教授的研究认为,"文化大革命"以前,教授的工资约为工人工资的10倍,有的甚至还要高一些。这应该说基本上反映了脑力劳动与体力劳动之间的差别。"文化大革命"中,知识分子成了"臭老九",工资多年不调整,这期间,大学教师的基本工资水平是:教授月平均工资220元,副

---

[1] 王处辉:《高校教师收入知多少》,《社会科学报》2002年12月12日。

教授月平均工资 164 元，讲师月平均工资 106 元。与当时社会上的工人人均工资相比偏低。①

不仅是大学教师之间的工资差距在减小，大学教师与工人的收入差距也在减小，1976 年一个工作 4 年的普通二级工的工资是 38.87 元。当时上海某地区工人的工资如下：二级工 41.23 元、三级工 48.5 元、四级工 56 元、七级工 97 元、八级工 111 元，全国职工月平均工资为 51.25 元。当时一名工作 5 年的大学中级教师的工资是 62 元，而且从 1964 年到 1977 年 13 年一直都没有涨过工资。

当时，在城市中国家包办了人们从生到死的所有生活需求。同时，由于政治斗争不断，人们长期生活在"阶级斗争为纲"的政治环境中，人们对工资待遇不能也不敢有明确的诉求。这 30 年是高度计划经济的 30 年，也是对人们分配观念影响最大的 30 年。其核心是平均主义，而平均主义的影响至今难以消除。这也是我国进入改革时代以来，国家多次试图拉大收入差距，却阻力重重的历史原因。也就是说，在逐步推行市场经济体制，按市场经济规律制定政策时，遇到了计划经济思想的严重抵制，这也是大学教师分配制度改革进展迟缓的一个重要原因。

三　改革开放以来高等学校分配制度的变迁及时代背景

长时期执行的高度计划经济体制，最终被证明是低效率的、社会成本巨大的制度。这一制度是与意识形态中的极"左"思潮、脱离实际的社会理想与当年苏联的影响相伴而生的。在那样的历史时期，知识分子成为改造和斗争的对象，收入向工农兵看齐也就成为那个时代的逻辑。

进入 20 世纪 80 年代这种状况开始改变。不过最先改变的不是国家工资分配制度，而是在流通领域搞所谓"倒买倒卖"的农民、没有固定收入的体制外的无业人员。这些人为了生存和改善生活，率先进入市场。于是出现了"搞导弹的不如卖茶叶蛋的"收入脑体倒挂的现象，加上外资进入、

---

① 王处辉：《高校教师收入知多少》，《社会科学报》2002 年 12 月 12 日。

私企的发展，社会上不同群体间收入差距拉大，工资改革不得不提上日程。

（一）拉开工资差距的尝试（1979年10月～1985年6月）

1978～1989年高等学校全面实行了奖励制度。1979年10月国务院颁发的《关于职工升级的几项具体规定》，要求各基层单位制定具体的考核标准和办法。升级要以劳动态度、技术高低、贡献大小为依据进行考核，择优升级。

1979年11月，财政部制定了《关于文教科研卫生事业单位、行政机关"预算包干"试行办法》，规定在文教卫生科研单位试行财务预算包干、增收节支奖励办法，并按照不同部门的具体情况，实行收入留成办法，部分留成收入可用于奖励。

这一阶段，分配体制变化的一个明显意图是希望通过奖勤罚懒的制度安排，调动人们的工作积极性。但在实践中由于平均主义思想的影响及考评操作中的种种弊病，使得这一变化的效果并不明显，甚至产生了不少负面的问题，挫伤了人们的工作积极性。

"十年动乱后，为解决脑体工资严重倒挂，曾经于1982年调整工资，采取学历和工龄挂钩的工资政策，后又于1985年进行以职务为主的结构工资改革，进一步缩小了脑体倒挂的差距，但仍然没有从根本上理顺脑体之间的工资关系。在1976年至1985年间，大学教师的月平均工资大致为：教授200元，副教授146元，讲师89元。从平均工资考察，这个时期大学教师的平均工资水平比此前的一个时期还要低一些，原因是这个时期恢复了职务晋升制度，新晋升了一批教授、副教授和讲师，但工资不与职务直接挂钩，所以平均工资水平较前有所下降。"[①]

（二）执行以职务工资为主的结构工资制（1985年6月～1993年）

1985年6月，党中央、国务院颁发了《关于国家机关和事业单位工作人员工资制度改革问题的通知》。这次工资制度的改革，主要是建立新的工

---

① 王处辉：《高校教师收入知多少》，《社会科学报》2002年12月12日。

资制度，实行以职务工资为主要内容的结构工资制。全国仍实行 11 类工资区制度，初步理顺工资关系，从此结束了自 1952 年 7 月 1 日建立的整整执行了 33 年的职务等级工资制。

1985 年 8 月，国务院工资制度改革小组、劳动人事部发布《高等学校教职工工资制度改革实施方案》，高等学校教职工工资制度随之进行了改革，教职员实行以职务工资为主要内容的结构工资制。结构工资由基础工资、职务工资、工龄津贴和奖励工资四个部分组成。职务工资是按教职员职务分列工资等级，一职数级，相近职务之间工资额上下交叉。高等学校的教师逐步实行聘任合同制，并按聘任的职务确定相应的职务工资。基础工资以大体维持工作人员本人的基本生活费计算，六类工资区定为 40 元，从领导干部到一般工作人员，均执行相同的基础工资。工龄津贴，按照工作人员的工作年限逐年增长，每工作一年每月发给 5 角，领取工作年限最多不超过 40 年。奖励工资，用于奖励在工作中做出显著成绩的工作人员，有较大贡献的可以多奖，不得平均发放，所需奖金从行政经费节支中开支。

各学校按教育部制定的编制标准的暂行规定，核定编制、定编定员，并根据国务院批准的教育部对教学人员、科研人员和其他各类专业技术人员的职务名称系列有关规定、职责规范、人员结构比例、人数限额，提出具体要求。对各类专业技术人员进行调整，明确职务，制定岗位责任制，建立考核制度。

教师兼任相当副科长以上领导职务，实行任期制的，职务工资按所担任两种职务中职务工资高的一种确定，即就高不就低，这在当时是对双肩挑干部的一种照顾。现在看来，这样的安排，实际上变成了今天一些大学的行政干部两头的好处都要占、与教师争夺数量有限的高级职称等不良风气的制度性根源。

建立学校基金的高等学校，根据国家规定，由主管部门核定其收入分成的比例和各项基金的比例。用于奖励基金的只能是一少部分，多发的奖金按规定缴纳超限额奖金税。

1985 年的工资制度改革，基本上达到了预期的目的，但是其制度设计中的问题也为后来大学教师收入中的乱象埋下了伏笔。1985 年工资改革以后，教授的工资与正厅长的工资相等。副教授的工资略高于处长。现今的教授工资仍是与司局级的正厅长等同。

随着改革开放的不断深入和国家对知识分子政策的改善，1985年调整工资后，高校教师的工资大幅度上升，基本上体现出复杂劳动与简单劳动之间的工资差别，当时大学教师工资（含随工资下发的各项补贴）基本情况为：教授月平均收入1900元；副教授月平均收入1400元；讲师月平均收入1100元，各级之间的工资差距有逐步拉大的趋势，而教师与工人的工资差距则拉得更大。①

党的十二届三中全会，特别是党的十三大之后，在经济体制改革浪潮中，企业普遍实行了承包制和租赁制，多数高等学校面临教育经费不足短期内难以解决工资制度改革的问题，搞创收赚钱成了当时全社会乃至大学的潮流。各个大学为筹集资金开辟了新的渠道。除了科技服务外，委托培养、联合办学、校办产业也为学校争取到了不少经费。根据劳动人事部、财政部就国家机关和事业单位工作人员工资制度改革后的奖金、津贴、补贴和保险福利问题发出的通知，要求凡有经济收入的事业单位，应由主管部门会同财政部门核定收入分成比例、各项基金比例和奖金限额。创收提成成为高等学校员工在国家规定的基本工资制度之外的主要收入来源，大大改善了高等学校员工的待遇水平。

这一时期工资分配制度的设计，反映了风行全国的全民经商热潮，当时虽然一时解决了大学教师提高收入的问题，但却是混乱而无序的，形成了所谓"一放就乱，一管就死"的怪圈。

（三）进入市场经济时期，实行津贴制度的职务等级工资制（1993~1999年）

1992年，党的十四大明确提出，"经济体制改革的目标是建立社会主义市场经济体制""在分配制度上，以按劳分配为主体，其他分配方式为补充，兼顾效率与公平"。在1997年党的十五大报告中对此加以完善和补充，又加入了"把按劳分配和按生产要素分配结合起来"。

笔者认为，以职务工资为主的结构工资制度在当时起到了积极的作用，

---

① 王处辉：《高校教师收入知多少》，《社会科学报》2002年12月12日。

但由于是比照国家机关制定的，没有体现事业单位自身的特点，因此，不能适应国民经济发展和经济体制改革的需要，亟须进行改革。根据党的十三届七中全会和十四大关于事业单位要逐步建立符合自身特点的工资制度的要求，在调查研究和总结以往工资制度改革经验的基础上，1993年国务院制定了《事业单位工作人员工资制度改革方案》（国发〔1993〕97号）。

高等学校工作人员基本工资制度是参照了《事业单位工作人员工资制度改革方案》制定并实施的。对全额拨款、差额拨款、自收自支三种不同类型的高等学校，实行不同的管理办法。全额拨款单位，执行国家统一的工资制度和工资标准。在工资构成中，固定部分为70%，"活的部分"为30%。这些单位在核定编制的基础上，可实行工资总额包干，增人不增工资总额，减人不减工资总额，节余的工资单位自主安排使用。差额拨款单位，按照国家制定的工资制度和工资标准执行。在工资构成中，固定部分为60%，"活的部分"为40%。

高等学校中的专业技术人员，根据工作性质接近，其水平、能力、责任和贡献主要通过专业技术职务来体现的特点，实行专业技术职务等级工资制。在工资构成上，主要分为专业技术职务工资和津贴两部分。专业技术职务工资是工资构成中的固定部分和体现按劳分配的主要内容。专业技术职务工资标准，是按照专业技术职务序列设置，每一职务分别设立若干工资档次。津贴是工资构成中"活的部分"，与专业技术人员的实际工作数量和质量挂钩，多劳多得，少劳少得，不劳不得。国家对津贴按规定比例进行总额控制，并制定指导性意见。各单位根据本单位的实际情况，在国家规定的津贴总额内，享有分配自主权，具体确定津贴项目、津贴档次及如何进行内部分配，合理拉开差距等。

津贴的设立要鼓励专业技术人员把主要精力用在完成本职工作任务上。学校可设立课时津贴，有研究生导师的单位，可设立研究生导师津贴。对专业技术人员担任领导职务的，可设立领导职务津贴。在国家规定的津贴比例之外，经国家人事部、财政部批准后，可另设特殊岗位津贴。津贴的发放，要以对工作人员工作数量和质量的考核为依据，克服平均主义。

改革现行奖励制度。根据高等学校的实际情况，对做出突出贡献和取得成绩的人员，分别给予不同的奖励。一是对有突出贡献的专家、学者和科技人员,继续实行政府特殊津贴。二是对做出重大贡献的专业技术人员,给予不同程度的一次性重奖。其他人员,如从事教学、基础研究、尖端技术和高技术研究的人员等,奖励金额从国家专项基金中提取。三是结合年度考核,对优秀、合格的工作人员,年终发给一次性奖金。

大学教师增加工资,主要采取以下四种途径:一是正常升级。在严格考核的基础上,实行正常升级。凡考核合格的,每两年晋升一个工资档次。考核不合格的,不得晋升。对少数考核优秀并做出突出贡献的专业技术人员,可提前晋升或越级晋升。为使正常升级机制能够顺利运转,国家进行宏观控制,升级的权力下放给单位,各单位按照国家规定,在严格考核的基础上,自主组织实施。二是晋升职务、技术等级增加工资。专业技术人员和管理人员晋升职务时,按晋升的职务相应增加工资。三是定期调整工资标准。根据经济发展情况、人员工资水平状况和物价指数变动情况,定期调整工作人员的工资标准。四是提高津贴水平。随着工资标准的调整,相应提高津贴水平,使工资构成保持合理的关系。

(四)校内岗位津贴阶段(1999~2006年)[①]

1999年9月,教育部下发了《关于当前深化高等学校人事分配制度改革的若干意见》。2000年6月,中组部、人事部、教育部又颁布了《关于深化高等学校人事制度改革的实施意见》,明确指出:进一步加大搞活学校内部分配的力度,扩大学校分配自主权,建立重实绩、重贡献、向高层次人才和重点岗位倾斜的分配激励机制。根据"效率优先,兼顾公平"和"生产要素"参与分配的原则,探索建立以岗定薪、按劳取酬、优劳优酬、以岗位工资为主要内容的校内分配办法。将教职工的工资收入与岗位职责、工作业绩、实际贡献,以及知识、技术、成果转化中产生的社会效益和经济效益等直接挂钩,向优秀人才和关键岗位倾斜,充分发挥工资的激励功能。至此,开始了真正意义上的高等学校工资制度的改革。

1999年年底,北京大学、清华大学率先实施了以校内津贴制度为重点

---

① 林健:《大学薪酬管理——从实践到理论》,清华大学出版社,2010,第15页。

的人事分配制度改革。随后，其他各高校根据各自的特点相继开始了这一改革。全国高校具体情况差异很大，实施人事分配制度改革的形式也有较大差异，但总体上看，人事分配制度都从注重人员级别、专业技术职务、资历到强调岗位责任、工作业绩，强化激励机制，向优秀人才倾斜的方向转变，并且在管理思想、管理手段等方面有了许多创新和进步。

这些改革方案各不相同，但大多与岗位聘任结合在一起。大体上可以分为四种模式：等级制、基础津贴+业绩津贴、业绩津贴、绩效薪酬。等级制的岗位津贴模式最早由清华大学和北京大学分别于1999年提出，采用"九级制"形式，将教师、干部、职工的岗位津贴设置成9个等级。这一模式后来被许多学校效仿，采用"九级制"或"类九级制"。基础津贴与业绩津贴并存的岗位津贴模式以浙江大学和中山大学为代表，这两所学校均是在2000年开始采用这种模式，但二者略有不同。该模式的特点是岗位聘任津贴与受聘人员的岗位职责、承担的任务和绩效挂钩。以业绩津贴为主的岗位津贴模式以北京师范大学为代表，该校于2000年开始实施，该模式的业绩津贴由岗位津贴、任务津贴、奖励津贴三部分构成。绩效薪酬模式是由五邑大学于2000年提出并于2001年实施。与前三种模式不同的是，该模式不设立岗位津贴，而是采取设立岗位绩效薪酬的方式，将绩效与薪酬直接挂钩，绩效薪酬占总薪酬的比例达55%，加大了薪酬的激励功能。

截至2005年，我国高校已经形成以国家工资、地方性补贴、校内岗位津贴（工资）和福利性收入为基本结构的多元化收入分配格局。

根据王处辉教授2001年对一所211大学进行的个案研究，大学教师之间的收入差距还在进一步拉大。拉大的原因很多，主要因素是从2000年开始实施校内津贴制度。该校学术地位最高的在岗教授和正校级领导的校内津贴为每年50000元，刚刚毕业的硕士研究生助教为每年3000元，两者之间的校内津贴级差达16.7倍，从而使教师之间的收入水平显著拉大。将制度性工资与校内津贴两项相加，学术地位最高的老教授与新助教之间的收入差距拉大到6.2倍。再加上学术地位高的老教授享有多种社会资源而新助教拥有的社会资源很少，所以两者的实际收入差距还要远远超过这一水平。

（五）岗位绩效工资阶段（2006～）[①]

2006年6月，人事部和财政部联合下发了《事业单位工作人员收入分配制度改革方案》。2006年10月，人事部、财政部和教育部联合下发了《高等学校贯彻〈事业单位工作人员收入分配制度改革方案〉的实施意见》。这次工资改革的核心是建立岗位绩效工资制度。

改革的总体目标是建立符合高等学校特点、体现岗位绩效和分级分类管理的收入分配制度，完善工资正常调整机制，健全宏观调控机制，逐步实现高等学校收入分配的科学化和规范化。

高校专业技术人员和管理人员设置65个薪级，工人设置40个薪级。每个薪级对应一个工资标准，不同岗位有不同的薪级起点。薪级工资主要体现工作人员的工作表现和资历，是指在同一岗位上设若干工资等级，工资等级（薪级）依据员工在该岗位的业绩和技术（技能）水平高低来确定，并进行定期考核评定升级。

绩效工资主要体现工作人员的实绩和贡献，是收入分配中的"活的部分"，是改革后高等学校工资收入的重要组成部分。国家仅对高等学校绩效工资分配进行总量调控和政策指导，并制定实施意见。高校主管部门核定高校绩效工资总量。高等学校在核定的绩效工资总量范围内，按照规范的分配程序和要求，采取灵活多样的分配形式和分配方法，自主分配。为此，高等学校要健全内部绩效评价机制，并将绩效考核结果作为绩效工资发放的主要依据。

这次改革的核心是建立岗位绩效工资制度；改革的关键是建立绩效薪酬体系与绩效评价机制；改革的重心在高等学校自身，即建立起适应高校自身特点、注重绩效、讲究贡献、鼓励创新、促进高校发展的分配激励机制。

从这一阶段的大学教师工资分配制度的变化可以看出制度的设计者希望更加贴近大学的实际，试图将事业单位的工资制度与国家机关的工资制度分离，建立符合事业单位特点的工资制度，但包括高等学校在内的各类

[①] 林健：《大学薪酬管理——从实践到理论》，清华大学出版社，2010，第16页。

事业单位的工资制度仍无法摆脱国家机关工资制度的影响,即体制内的工资不能高于对应级别的公务员工资。

这次工资分配制度的改革,大学教师的收入有一定的提高,缺陷是锦上添花的办法多,没有从根本上解决大学教师的工资起薪点低的问题,而是通过津贴、补贴的办法,把大学教师的收入差距拉得过大,甚至超过了1949年以前。2011年的调查中,大学教师们对现行的工资制度是否有激励作用的问题多数人持否定态度。

改革至今过去30多年了,就分配制度的改革历程看,距离适立市场经济要求的收入分配制度的建立还有很长的路要走,大多数大学教师的收入远未达到历史上曾经有过的水平,大学里的收入分配存在着众多的问题,一个稳定的大学分配体制的建立还处于不断摸索的过程中。

四 当前高等学校分配制度面临的问题

(1)与大学竞争力强的国家和地区相比较,与我国1949年之前的情况比较,我国高校的教师工资分配制度除了计划经济时期处于较长时期的稳定状态外,总是不能形成相对稳定的工资分配制度,总是处于不断的变动中。这种不稳定的社会分配制度,对于国家综合实力的提高是不利的,对于大学的建设与发展也是不利的,与发达国家和地区工资体系长期稳定有极大的差距。改革已经进行了30多年,建立一套稳定的、科学的、可调控的社会收入分配体系显得尤其重要。大学应该是知识精英聚集之地,大学是大师的舞台,更是未来大师的摇篮,建立有国际竞争力的薪酬制度是大学改革的重要内容。

(2)大学教师的收入,除少数人之外,大多数教师的薪酬相对处于历史的低点上,虽然就校内收入与对应的公务员差距不大,但是与社会平均收入水平差距远小于历史上的差距。由于现有的收入水平之下大多数大学教师无法摆脱生活的压力,教学及科研积极性受到极大影响。加上大学教师的福利待遇没有明显的改善,特别是很多大学无法给教师提供住房,有限的住房补贴使得教师们在不断攀升的房租面前倍感压力。这种情况在青年教师特别是青年男教师身上最为突出。缩小整个社会收入的差距的目标当然没有错，但是这一目标的实现，不应以限制大学教师提高薪酬为手段，因为，大学是知识精英所在地，大学教师培养的前期成本要大大高于其他职业。

（3）大学青年教师入职起薪点过低，生活压力大，不利于其安心教学及科研工作，造成一些大学教师队伍中部分人员素质低，而高素质人才流向公务员、流向国外、流向高收入的国企、外企，长期下去我国大学的竞争力将无从谈起。更由于高企的住房价格、子女教育成本的大幅提高迫使大学的青年教师把增加收入作为最现实的选项。本课题组的调查结果显示，现在能进大学任教的人取得博士学位是必备的条件，不少大学的辅导员岗位也要取得硕士学位。现在大学教师入职的校内收入，相对于入职前的高昂的教育投入明显的不合理。大学教师的起薪点，其实是社会对担任此项工作的评价尺度。这一尺度定得太低，会把很大比例的青年才俊挡在大学校门以外。已经进入大学工作的一些青年教师为了应对低收入带来的压力，不得不花大量的时间从事社会兼职，对学校安排的教学、科研工作抱着完成任务就行的心态。而那些无法获得社会兼职或存有理想一心搞教学与科研，拒绝把时间花在"挣外快"上的青年教师，只有安于清贫了。

（4）目前，在我国大学教师的校内收入中，国发比例太低，有的名牌大学已经降至30%以下，这不仅造成大学教师退休金的数额将大大低于相似级别的公务员的退休金，而且直接影响到高素质人才的职业选择。尽管教育行政主管部门、各大学都在想方设法规范大学教师的收入，但是由于始终没有建立起一套科学的、简单透明的、可调控的工资分配体系，致使我国大学教师的校内国发收入与校发收入倒挂日益严重。以国家的进步教育为本，国家对大学的教育投入在大学教师收入中的占比下降，是导致大学教师收入乱象的直接原因。

（5）社会上议论颇多的年收入过百万的大学教授的问题。高收入的大学教师虽然是少数，但其示范作用对大学教师的影响很大。问题不在于大学教授中有人有如此高的收入，关键要看我们有没有规矩，有了规矩是不是严格执行。通常能有高收入的大学教授在现阶段的收入来源总有很多灰色地带，或者说，在讲规则的社会里，一些灰色收入属违法收入，具有刑事责任风险。但是在我们这里，成了这些大学教师能力的注脚，是被人们称羡的成就，这对青年教师的影响太大。如果不尽快厘清大学教师收入的合法性，青年教师的价值取向将会被引导到错误的方向，要想在未来青年教师中间出学术大师就将更无指望。

（6）大学教师的薪酬问题讨论由来已久，其中有不少讨论集中到社会公平问题。各阶层对薪酬的讨论都有自己的参照系，都对现有的收入不满，并能找出很多历史的和现实的理由。在现阶段，由于利益的多元化，这种情况更加突出。但是许多调查表明，在纷乱的诉求中，有几个方面在社会上达成了共识。一个是对官员腐败问题，另一个是垄断行业的过高薪酬特别是中高级管理层的超高薪酬问题。这次调查中大学教师对薪酬的不满也主要缘于与这两部分人群的比较。这其实反映的，已经不仅仅是工资的合理性，而是社会的公平问题。

本课题组的调查发现，大学教师的收入与公务员比较比的主要不是薪酬，而是薪酬以外的东西，即公权力可能带来的好处；与垄断国企高管的比较，则是对其依靠垄断地位得到高薪的合理性的质疑。相反，人们对外企、私企或民营企业工作人员的薪酬高并无多少不公平的感觉。

此次"专业技术人员收入分配与激励机制研究"调研所反映的对大学薪酬分配制度的意见确有其合理性，是影响大学教师对现有薪酬满意度的重要因素。现在事业单位包括大学教师的工资分配制度的改革已经作了脱离公务员工资体系的制度安排，所以我们认为科学合理的大学教师的工资分配制度，重要的不是与公务员做比较，而是从参与国际竞争的大视野出发，以建立符合我国国情、有一定竞争力的高校教师收入分配制度为目标。

目前我国大学的收入分配制度虽然已经赋予大学一定的自主权，大学教师的工资水平已有很大的提高，但是面临着诸多的问题，建立长期稳定的可调控的大学工资分配制度，是改革现行的大学办学体制中的一个核心内容。

目前，我国大学的所有问题包括薪酬问题的核心，是我们的办学体制还基本维持计划经济时代的一套行政化管理的制度。在实行市场经济制度以后，这一套行政化管理的办学体制已经不能适应市场经济体制的要求。对于市场经济制度下大学如何办，政府与大学的关系，如何保证大学自由宽松的办学环境，都要求我们借鉴发达国家和地区的成功经验，做出符合我国国情办学体制的选择。

第二章 高校教师收入分配与激励机制总体状况分析

石秀印 张 荆*

一 调研目的

《国家中长期教育改革和发展规划纲要（2010~2020年）》提出，要实现发展方式转变、推动科技创新，"关键靠人才，基础在教育"；必须"全面提高高等教育质量"。高校教师既是培养高级人才这一重大任务的直接、具体的执行者，也是科技进步和创新的中坚力量。高等学校的行政人员和教辅人员的作用都是通过教师的教学和科研成果体现出来。高校教师的生活状况和工作状态对于这些国家宏伟目标的实现至关重要。

另一方面，北京地区的高等院校像全国高校一样已经并且正在进行改革。这些改革包括：扩大高校办学自主权和用人自主权，实行聘用制（含解聘/辞聘）和灵活用工、人事代理，采用岗位管理、岗位工资，推行绩效考核、绩效工资，建立课题申请和主持的项目组制，搞活内部收入分配和津贴、奖励，允许和鼓励在校外兼职（自办公司），推行社会保障的社会化，推行住房的市场化等。这些改革可以统称为"市场化"和"企业化"。另外，在治理结构方面，坚持和完善党委领导下的校长负责制，落实和加强党委、校长职权，

---

* 石秀印，中国社会科学院社会学研究所研究员。
张荆，北京工业大学人文社会科学学院教授。

各职能部门强化行政方式管理。这些，可统称为"行政化"。

无论是市场化、企业化还是行政化改革，其初衷都是调动高校教师的教学积极性和科研积极性，保证人才培养和科技创新的任务完成。本研究拟通过深入调查研究，考察已经进行的诸多改革是否已经调动起了高校教师工作的积极性，高校教师的收入状况、生活状态以及教学、科研积极性如何。本调研总报告的出发点是对上述问题寻求实践性答案，力求通过实证性的调查研究达成如下目的。

（1）客观、全面地描述北京地区高校教师的生活状况和工作状态。

（2）科学、深入地分析行政化、市场化、企业化改革对高校教师积极性的影响。

（3）深切、具体地发现其中存在和发生的问题，对既有改革的效果进行反思。

（4）为科学、可持续地调动高校教师的教学和科研积极性提出科学、可行的政策建议。

二　调研方法

本研究采用了定性与定量相结合的实证性调研方法。

（1）个案深度访谈。在北京地区访谈教育主管部门、高校负责人、高校教师（教授、副教授、讲师）60余人。

（2）召开座谈会。课题组组织召开全市17所高校工会干部座谈会1次；在两所市属大学召开座谈会4次，其中教师座谈会2次，人事管理部门负责人座谈会2次。

（3）问卷调查。根据北京地区高校的规模和人数数据，在市属高校2009年年末在职教职工1000人以上和部属高校4000人以上的高校中抽取样本。按照被调查高校2010年年末所有教职工按工资高低排序，用等距的方法确定调查对象，在11所市属院校[①]、7所部属院

---

① 这11所市属院校是：北京工业大学、首都师范大学、首都医科大学、首都经贸大学、北京信息科技大学、北京工商大学、北方工业大学、北京石油化工学院、北京建筑工程学院、北京农业学院、北京第二外国语学院。

校①计划对 1583 人进行问卷调查，在样本数量的选择上，市属高校按照 80% 的概率保证程度，根据人（年）平均工资的极限误差为 600 元，确定抽样调查人数为 982 人。部属高校按照 68.27% 的概率保证程度，根据人（年）平均工资的极限误差为 600 元，确定抽样调查人数为 601 人。为了保证样本的数量，每所高校多抽取 10% 的样本。18 所高校实际共收回有效问卷 1697 份。所有的调查问卷均使用 SPSS 进行数据录入与分析。

（4）收集文献和文件资料。另外，还进行了广泛的国内与国外的比较性调研。①在与北京对等的上海，对 7 所高校②的院系负责人和教师进行了访谈，在其中 1 所大学③的 10 个院系以问卷方式调查 450 人。②在西部地区，对 2 所高校④的教师进行了深度访谈。③在具有英国办学特点的香港，对 7 所高校⑤的负责人和教师做了深度访谈。④在日本，与 3 所大学的校领导座谈及对教师进行访谈。

三　过度市场化导致高校内部收入差距过大

继农村于 20 世纪 80 年代开始社会主义市场经济改革、城市企业从 1992 年正式进行社会主义市场经济改革之后，对高等院校也在市场性改革方面作了部署和推进。高校的市场性改革分为两个层面，一是允许和鼓励进行市场性经营，二是在高校人事制度中推行企业化管理。

高校的市场化改革指向两个目的。（1）激励教师的活力和积极性。从农村的承包经营责任制改革和企业的"自主经营、自我发展、自我约束"改革得到启发，鼓励教师'多劳而多得，为多得而多劳"。（2）减少政府财政对高校的支持。从企业的"独立核算、自负盈亏"得到启发，力图逐步

---

① 这 7 所部属院校是：清华大学、北京师范大学、中国人民大学、北京航空航天大学、北京交通大学、北京理工大学、中国农业大学。
② 在上海访谈的高校分别是复旦大学、上海交通大学、华东理工大学、上海师范大学、上海大学、华东政法大学、上海政法学院。
③ 这所高校是上海大学。
④ 这 2 所高校是云南的昆明大学和大理师范学院。
⑤ 这 7 所香港高校是：香港大学、香港中文大学、香港城市大学、香港教育学院、香港专业教育学院、香港公开大学、商业管理学院。

减少对高校的财政拨款，进行"甩包袱"，以便节省政府财政开支。

高校的市场化改革是将高校的某些领域"推向市场"，让高校自己从市场上、从教育和服务的购买者那里赚钱。在实践中，这种市场化是"多层次"的。（1）学校层次。可以多种形式办学，自主扩大招生，收取学费；鼓励和以指标迫使教师获取课题，学校提取管理费；从中发放绩效工资。（2）院系层次。可以举办多种形式的收费研究生班、学历班、培训班、MBA、EMBA等。（3）个人层次。可以在校外兼职（如担任翻译、律师、客座教授，去企业讲课、提供专家咨询，在民办学校担任院长职务等），开办或参与开办公司（如开画廊、影楼、诊所等），承担外部来的课题（纵向课题、横向课题）并从中得到收入，转让科技成果（专利）并从中得到分成，撰写文稿获取稿费和出售版权，得到评审费（评奖、评项目、评职称），到国外去讲学、应聘出国等。

市场性改革之后，高校教师的工资被分为两个部分。（1）基本工资（岗位工资、薪级工资），由政府财政负担。（2）绩效工资，由高校自行负担，自主分配，国家进行总量调控和政策指导。政府财政提供部分的数量低于公务员（没有绩效工资这一块），绩效工资靠自己去赚。一些高校发给教师两张工资卡，第一个是政府财政给的，第二个是学校创收的。在这样的体制下，高校、院系和教师个人都开始了在市场领域内"各自为战"。

然而，不同高校、院系和教师个人在市场中的处境并不相同。（1）市场机会不同。教育产品的市场需求不同，可出售性不同。例如，应用性学科外来的横向项目多，基础理论学科的可申请项目少得可怜。（2）市场能力不同。即使同是应用性专业的教师，所拥有的市场资源和市场能力也明显不同。一些人善于经营、有市场名望，另一些人无力经营。（3）市场意愿不同。有些院系的领导和教师对于在市场中赚钱有很高的积极性，很多领导或教师则对教学和学术研究感兴趣，不愿意在市场上耗费精力。

因为市场机会、市场能力、市场意愿等的千差万别，以及三个因素组合的千差万别，不同高校、不同院系、不同个人从市场中得到的收入千差万别。这可以概括为"六多六少"：（1）接近经济活动者收入多，距经济活动远者收入少。（2）各校的主流学院和系科收入多，边缘学院和系科收入少。（3）有行政资源者收入多，纯教学人员收入少。（4）有名望的教师

（例如院士）收入多，名望低的教师收入少。（5）职称高的教师（特别是教授）收入多，职称低的教师收入少。（6）外来课题主持人的收入多，课题组一般参加者的收入少。

本次问卷调查的数据表明，如果将教授的年收入（不含股票、赠予等）划分为从低到高的 10 个组别，每个组中包括 10% 的人数，那么，收入最低的 10% 的教授 2010 年的年收入仅为 56157 元，而收入最高的 10% 的教授则为 330642 元，最高者为最低者的 5.9 倍。对副教授做如此的 10 阶梯划分，可得出收入最低的 10% 的人 2010 年的年收入仅为 40935 元，而收入最高的 10% 的人则为 183659 元，最高者为最低者的 4.5 倍。对讲师做如此的 10 阶梯划分，可得出收入最低的 10% 的人仅为 31464 元，而收入最高的 10% 的人则为 123095 元，最高者为最低者的 3.9 倍（见图 2-1）。

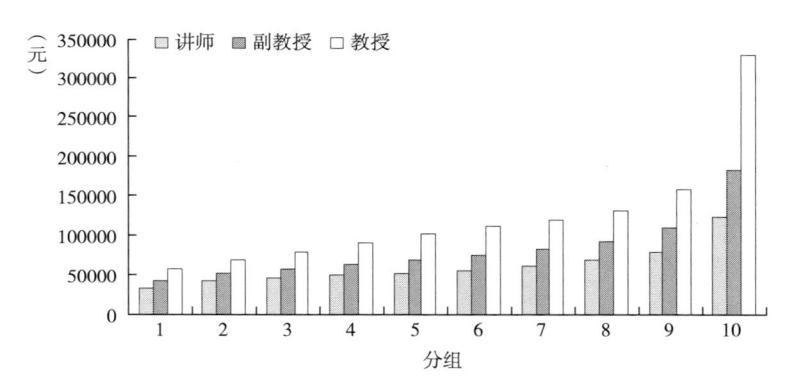

图 2-1 高校教师 10 级分组的年收入分布

如果不做分组而直接对个人进行比较，则同一职称者之间的收入差距更大。其中，教授 2010 年的年总收入（不含股票、赠与等）最低者只有 49500 元，最高者为 797000 元，最高者为最低者的 16 倍。副教授 2010 年年总收入最低者只有 28000 元，最高者为 671000 元，最高者为最低者的 24 倍。讲师年总收入最低者只有 22000 元，最高者为 570000 元，最高者为最低者的 26 倍（见图 2-2、图 2-3、图 2-4）。

上述数据统计表明了三个事实：（1）即使位于同一个职称等级，不同人之间的差别甚大。（2）职称的级别越高，其内部的收入差别越大。对不同职称教师各选取 10% 的最高收入者与 10% 的最低收入者分别进行比较，

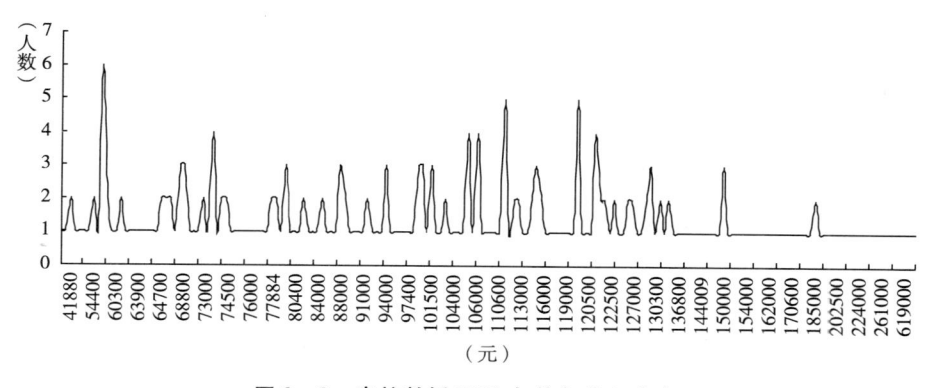

图 2-2　高校教授 2010 年的年收入分布

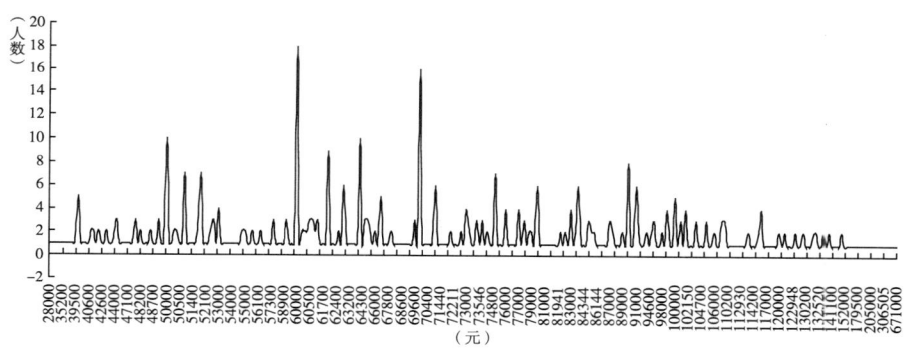

图 2-3　高校副教授 2010 年的年收入分布

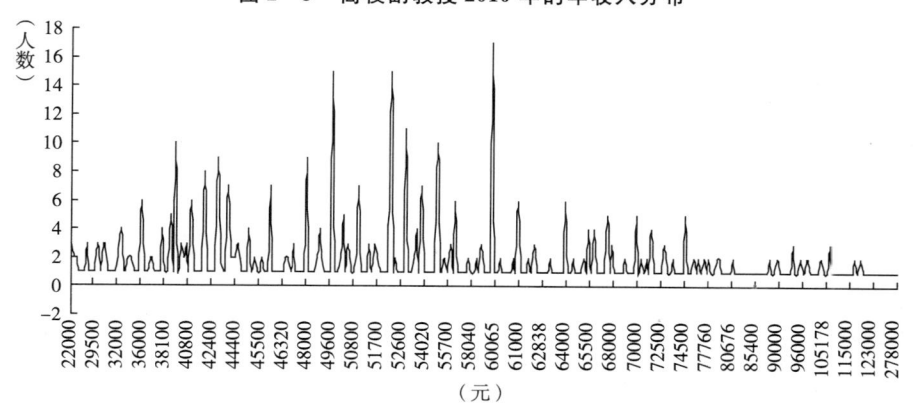

图 2-4　高校讲师 2010 年的年收入分布

不同职称的教师中收入最高 10% 相当于收入最低 10% 的倍数，教授为 5.9，副教授为 4.5，讲师为 3.9。(3) 职称等级与收入水平之间存在某种程度的倒错。讲师 10% 收入最高组为 123095 元，教授收入最低组为 56157 元，职称等级低的前者为职称等级高的后者的 2.2 倍（见图 2-4）。

在外兼职讲课收入方面，北京地区高校教授 2010 年最低者为 0 元，最高者为 65000 元，副教授 2010 年最低者也为 0 元，最高者为 60000 元（见图 2-5）。十分明显，两者之间的收入极为悬殊。

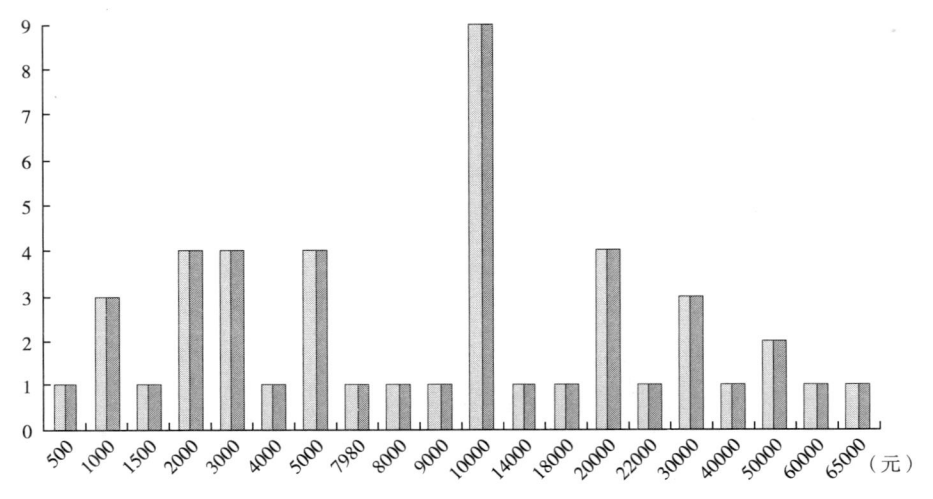

图 2-5　高校教授 2010 年的年兼职讲课收入分布

在承担课题所得收入方面，2010 年北京地区高校教授最低者为 0 元，最高者为 560000 元。副教授最低者只有 200 元，最高者为 80000 元，最高者为最低者的 400 倍。讲师中最低者只有 200 元，最高者为 55000 元，最高者为最低者的 275 倍（见图 2-6）。同样十分明显，即使专业职称相同，但承担课题所得收入差距甚大。

一位教授说："社会上流传大学教师的收入高，其实他们知道的都是那些神话人物，就像股市上流传的股神一样。股神在广大股民当中属于凤毛麟角。"另一位教授也指出："大学老师中有相当一部分其实是很惨的，只靠学校给的仨瓜俩枣。越是教基础课的，收入越少，教思想政治教育课、外语课的都很少。"

"市场化"收入体制和教师之间收入的急剧拉大，对教师的教学和科研积极性产生了十分不利的消极影响。

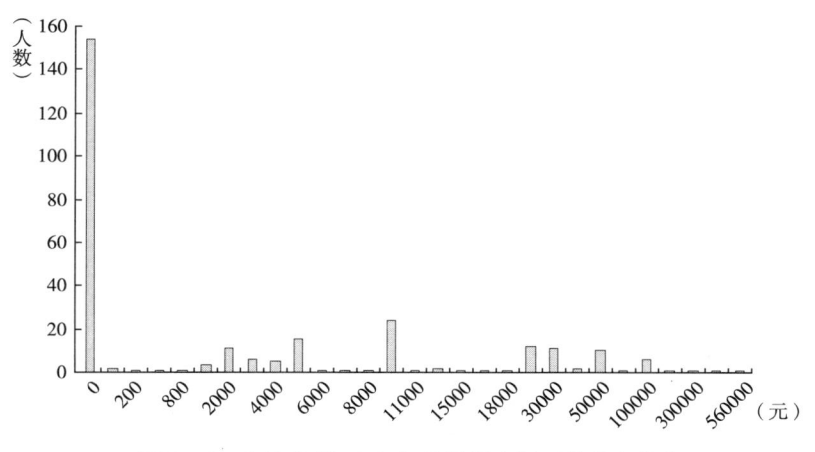

图 2-6　高校教授 2010 年从课题中得到的收入分布

（一）教师的视线和精力被导向学校之外的市场，涣散了教学和科研的积极性

院系和教授们各显神通，鱼有鱼道，虾有虾道。有些教师利用多种市场途径，既在外兼职又对外承担课题。在某些人那里，教学变成了副业，教学质量被忽视。有些教师课余时间在外兼职，回到教研室喊头疼、打瞌睡。某大学一位教师整天在外面兼职，而对于在校内所承担的教学任务，常常是在临上课前找一个烟盒，在背面草草列个提纲，上课讲两个小时了事。有些名教师不教本科生，只带研究生、做课题。有些教师经常在外，研究生见不到导师，硕士论文粗制滥造，有些硕士研究生上了两三年学还不会写学科文章。一些导师花大量精力在外面争取课题，然后安排研究生去做。一些人把科研的目的变成了申请经费、增加收入，对科研创新的实体内容不热心，"不能静下心来去刨根问底"。

一位教授诉说自己的"价值选择两难"说："人在江湖，身不由己。作为教授，我有学术追求，有教授的尊严，不屑于去做那些鸡零狗碎的破事。可是，你不做，在这个环境下就很难办，没准连教授也当不成。"

国家给的工资部分变成了保底收入。上不上课一个样，上好上坏一个样，没有激励、没有压力，缺乏刺激性和鼓舞性。另一些教师缺乏在外面挣钱的途径，可是看着别人大把地挣钱，内心焦躁，心绪烦乱，浮躁不宁，无心思搞好教学和追求创新，凑合着上课。

（二）教师的基本工资低于社会主流群体，为应对生活压力不得不为"稻粱谋"，分散了教学和科研的积极性

高校中不少教师并不喜欢到校外去奔钱，而是希望以本职的教学、科研安身立命，贡献国家，不负学生。然而这样一来，他们往往只能拿到国家给的"干工资"和学校给的不稳定的绩效工资。因为"干工资"标准低于公务员，他们的收入水平就明显低于政府机关的公务员和国有大企业专业技术人员。而另一方面，他们与公务员等面对着同一个市场，同一种消费压力。孩子同样需要上幼儿园和上学，自己同样需要花钱进修，老人同样需要供养，没房子的需要准备首付，已买房子的需要还贷，为未来的基本生活保障和退休后的生活水平需要攒钱，难以预料的风险（教师们称为"未知数"）需要时时准备应对。还有，物价不断上涨，经济形势难以预料，收入和消费都不可预期。为维持基本消费和起码的尊严、体面，他们不得不为"稻粱谋"，想方设法去奔钱。这明显地削弱了教学和科研的积极性。

一位教师在问卷中留言说："近几年物价上涨频繁、剧烈，但与此相对应，事业单位职工工资保持不变，实际可支配收入和购买力都有下降。而且相对社会其他收入群体的收入也在相对下降。"另一位教师留言说："医疗费上涨得这么快，老人做一个手术就需要几十万，没有医疗保险，那你做儿女的这个时候应该怎么办？"

女教师们反映，男教师的经济压力最大，"没结婚的必须买房子，结了婚的必须挑起家庭重担"。女教师的收入压力一般低于男性，但是这在很大程度上依赖于是否找到了一个能够挣大钱的老公。一位女教师感到欣慰的是丈夫在跨国公司工作，挣钱较多，然而她抱怨来自家庭和家务的压力大，必须多做家务让老公休息好。

一位教师在座谈会上发言说："住房、看病、教育新三座大山，把中产阶级压垮了。"

在大压力和低收入的情况下，教师们不得不去为"稻粱谋"，拼命赚钱，以致让积极性偏离教学和科研工作。教师们说："没有一个稳定的收

入,怎么可能有踏实和愉快的心情做教学、搞科研?""我现在是负债累累啊,每个月都要还一万多块钱的房贷,每天都必须奔钱,心里不踏实,不可能心无旁骛呀。""当我每天都要为柴米油盐赚那点钱的时候,不可能有那么好的心态,我的思路不可能集中想教学这些事,我得想我怎么去对付孩子的学费,怎么去满足这种柴米油盐。""我不挣钱怎么办,难道真的等死?"

教师们说:"这些年比过去十年忙多了,这是为了活得更好,为了社会体面。""安居才能乐业,有了住所,有了根,才能安心吧。"

(三) 教师由于收入低、生活窘迫,因而在学生面前自感寒酸,不够尊严和体面,以致缺乏应有的教学自信和科研自信

尽管开放了多种市场性的收入途径,但是真正能够在外面挣到钱的教师依然是少数。当只靠国家给的"干工资"的时候,收入就显得可怜,生活谈不上体面,而是显得贫寒。一位教师自嘲说,"穷得像个教授"。某大学的教师在座谈会上谈道,本校一个年轻博士,月收入只有3000块钱,租不起单元房(学校附近的二居室月租金4000多元),只好租了一间地下室,而且还是与别人合租的。学生们问他住在哪里,他吞吞吐吐,说住在一个很远的地方。还有两个博士夫妻加一个孩子,租住在10平方米的筒子楼,与别家共用厨房和卫生间。

相对于不少很有钱、大手大脚的学生,老师们却显得贫穷而寒酸。教师们说,"大学老师是体面的职业,但是收入真的不体面""与其他社会阶层的人相比,很是不体面"。甚至有教师说,"大学教师如今是斯文扫地,不再是一个受尊重的地位高的职业"。

对于问卷中的"您觉得目前的工资能体现您个人价值吗?"高校教授中认为"能"(完全能、能)体现的人数比例只有11.7%,认为"一般"(又能又不能)的接近一半(47.5%),而认为"不能"(不太能、完全不能)的达到了40.8%。副教授中认为"能"的人数比例少于教授,认为"不能"的人数比例多于教授。讲师中认为"能"的人数比例少于副教授,认为"不能"的人数比例多于副教授(见表2-1)。

表 2-1　高校教师对工资能否体现个人价值的评估

单位:%

项　目	完全不能	不太能	一般	能	完全能
正高级	11.0	29.8	47.5	11.3	0.4
副高级	18.2	35.4	38.9	6.7	0.8
中　级	18.2	39.7	37.2	4.3	0.6
初　级	14.0	35.1	43.9	7.0	

生活窘迫、显得寒酸，对教师的积极性造成了相当大的负面影响。(1) 不安心工作。他们说"除非对知识教学有兴趣，否则不会安心教师岗位，压力又大，又穷又酸"。(2) 工作提不起劲头。"没有物质支撑的激励不是激励。"(3) 工作没有信心。在学生面前抬不起头，讲起课来也心虚、缺乏底气、缺乏勇气。(4) 行为出现偏差。"如果寒酸了，就不顾及自己的体面了，就出现了不体面的行为。"还有的教师说，"学会了自嘲"。

（四）教师之间彼此比较，每个人都觉得收入比别人低，内心不满意，对于教学和科研产生懈怠

当市场发挥自发性作用的时候，将必然性地导致两极分化。学校之间、院系之间、教师之间的收入差距大大拉开之后，每个人与别人的收入相比，都会发现自己比有的人低。一方面，年收入 3 万元者感到比年收入 4 万元者低，年收入 20 万元者感到比年收入 50 万元者低。即使自己的兼职收入比别人高，但是来自课题的收入却比别人低。即使自己的收入在本校比较高，但是与外校比却较低。另一方面，他们与别人在教学方面并不少干，学生评教的分数还较高。内心不满意，收入与付出关系混乱，工作起来就会"气不顺"，对教学和科研的投入就会减少。

（五）教师与社会主流群体相比较，认为本群体的贡献大、收入低，滋生不公平感，降低了教学和科研的投入

在座谈和访谈中，教师们相同的抱怨是教师群体的贡献大、收入低。一位教师在问卷上留言："感谢此次调查能够有机会反映 60 后女性对收入的认识。周边很多朋友都认为，现有工资分配制度已不能反映对于在岗位上兢兢业业工作几十年以上工龄职工的奖励。基本工资收入与现在新就业同单位员工相差无几。在社会整体方面上，与我同龄、同学历、同等职称的人群相比，我的收入水平属于最低。"

教师们的抱怨：一是与中小学教师相比收入低，二是与国有企业科技研发人员相比收入低，三是与公务员群体相比收入低。然而，高校教师的贡献即使不比这些群体大很多，但起码不比他们低。例如，北京市中小学教师实行了公务员待遇，收入在接近公务员，高校教师对此很有疑惑："大学和中小学都属于教育系统，都是为国家培养人才出力。就工作性质来说，大学教师的工作毫无疑问比中小学教师的工作复杂系数和难度系数大。那么，为什么国家对大学教师不实行公务员待遇，却让大学的工资水平低于中小学？再如，国有企业的科技研发人员的收入很高，中国移动、中国石化、各大银行工作人员的收入都高得出奇。既然都属于国家的体制内，为什么他们的科技工作贡献能得到承认，大学老师就不能同样得到承认？""国家和企业都不会让企业的科技人员自己去奔钱，为什么偏要高校教师自己挣绩效呢？"

因为贡献大、收入低，高校教师滋生了较强的不公平感（如前文所述）。教师们抱怨，国家对高校教师"待遇不公平""亏待大学教师""不尊重高校的老师"。对于问卷中的"您努力工作的程度在工资中有明显的反映吗？"高校教授中认为"有"（一定有、可能有）的人数比例只有40.2%，副教授中认为"有"的人数比例少于教授（30.2%），讲师中认为"有"的人数比例又少于副教授（23.6%）（见表2-2）。就是说，专业职称越低，收入的不公平感越强。

表 2-2 高校教师对工资能否体现努力工作程度的评估

单位：%

职 称	完全没有	没 有	不一定	可能有	一定有
正高级	5.7	28.1	26.0	30.6	9.6
副高级	9.7	37.1	23.0	23.0	7.2
中 级	11.2	41.4	23.8	19.0	4.6
初 级	8.8	36.0	29.8	20.2	5.3

根据亚当斯的公平理论，当人们感到自己的收入与劳动、贡献相比不公平的时候，一般有两种应对方式。一是要求提高收入，二是减少劳动付出。当不能提出增加收入的要求或提出的要求不能解决的时候，唯一的方式是减少劳动付出。于是，对收入的不公平感不同程度地消解了高校教师对于工作的付出。

以上五个方面的原因，都不同程度地分散、消解、降低了教师们的教学和科研积极性，直接受到损害的是高校的学生，间接受到损害的是国家的发展和民族的崛起。

四 行政化障碍了高校教师的教学和科研积极性

要激励作为知识分子的高校教师，显然首先需要摸清他们的"脾气"。战国时期的一个案例是，秦国人冯驩听说孟尝君招贤纳士，闻讯而来，被安排在馆驿好生招待。他在馆驿里"弹其剑而歌曰：长铗归来兮，食无鱼！主人不顾兮，竟何如？贤士远游兮，徒奔趋"。孟尝君遂令迁之上舍，使人以鱼待之。吃过鱼之后，他"仍弹铗而歌曰：长铗归来兮，出无车！主人不知兮，长嗟吁。贤士远游兮，闻名誉"。孟尝君遂与之车马。

这则案例表明的是，知识分子希望得到良好的待遇，待遇的含义并非只是物质上是否优厚，而是还被解读为：（1）是否在地位上平等相待；（2）是否在人格上尊重和"看得起"。只有平等、尊重，才有"士为知己者死"。到了近代和现代，平等、尊重又与来自西方的平等、民主、人的尊严等融合到了一起，成为知识分子的源远流长、根深蒂固、"本性难移"的价值导向，即所谓"富贵不能淫，威武不能屈"。

积极性是价值和制度的函数，高校教师的价值和现实的制度形式共同决定着他们积极性的形成和所能达到的水平。本调查发现，高校内外挥之不去甚至逐渐增强的行政化，与高校教师所持有的价值观难于匹配，从而影响了他们教学和科研积极性的形成和高涨。

所谓行政化，指的是高校实行行政性管理，由行政领导人和行政机构决定与教师相关的各项事务，分配与教师权利和利益相关的各类资源。高校教师处于"被决定""被分配"的地位。

行政化的形态和结果主要表现在两个层面。（1）行政权力差距。行政人员掌握行政权力，支配和管理教师，教师少有民主和参与权。（2）资源分配差距。行政人员以行政权力分配资源，得到的资源多于教师。这其中也包括工资水平和津贴福利。这两个层面的共同结果，使高校教师感受到不平等和不受尊重。

（一）宏观层面的行政化障碍了高校教师积极性的调动

一位教授在座谈会上说，高校教师积极性问题的来源"主要在社会，而不是学校"。

1. 宏观的分配导向让高校教师感到不平等和不公平

高校教师们在座谈会和访谈中认为，政府是社会财富的分配者，近些年的分配导向出现了偏差，造成了对高校和高校教师的不平等和不公平。

分配导向的偏差之一，是对本属于公共教育的高等教育在财政开支上"甩包袱"，实行"差额拨款"，将高等学校部分地、渐进性地"推向市场"。国家只保正式教师的基本工资，所设计的单位绩效工资和福利津贴都依赖于学校和教师到市场中去赚取。然而，教育作为民生之本，同时又是为国家和社会培养人才，其价格不可能完全市场化，国家不能不制定多种规定加以规范。因而，高等学校赚不到多少钱，所设计的绩效工资和福利津贴就不能保障。而对于公务员，政府财政则同时保证其基本工资、绩效工资和福利津贴。这样政策的一个实际后果，就是一些教师只能得到基本工资，与公务员的收入形成明显的差距。

高校教师反映，大学老师属于社会上的高学历群体，中青年教师基本都是博士，可是教育的投入和产出不成比例，高智力劳动的价值得不到应有体现。根据北京市统计局的相关资料分析，2009年北京市在岗职工的平均工资是58140元，而本次调查的数据显示，北京市属高校2010年教师的平均工资卡内收入为55308.4元，低于2009年北京市在岗职工的平均工资。

本次调查的数据显示，北京高校不兼任行政职务的正高级职称者2010年的年收入平均为11.2万元，副高级职称为7.5万元，中级职称为6.0万元，初级职称为4.7万元。而在京中央国家机关正厅局级干部2009年的年收入平均为12.7万元，副厅局级为10.4万元，正处级为9.2万元，副处级为7.4万元，正科级为7.2万元，副科级为7.0万元，办事员为6.6万元。相比较而言，2010年北京市正教授的收入处于2009年中央国家机关正厅局级和副厅局级之间，副教授的收入处于其正处级和副处级之间但基本与副处级相同，讲师的收入既低于正科级也低于副科级，助教的收入则明显低于办事员。总体上说，北京市教师的收入低于中央机关的公务员，而且职称越低与公务员的差距越大。还应该注意的是，北京市公务员的工资水平要高于中央国家机关，所调查的北京市高校教师的收入时间是2010年，而中央国家机关的时间是2009年。如果考虑到这些因素，公务员的工资水平比高校教师的还要高。

2. 宏观的分配格局让高校教师感到被贬低、不被尊重

北京工商大学的教师们在座谈会上说，北京市政府部门的工资早就实行了"三、五、八、一"，处级干部月薪5000多元，局级干部月薪8000多元。可是，高校副教授的工资只有三四千元，一般教授的工资只有5000元左右。根据传统的职级对等，同等的专业技术职务比行政职务每月少几千元。政策是政府定的，政府干部不允许自己的收入比教授低。政府部门还在分房子，高校却不能自己建房子。一个两居室目前的市场价即二三百万。学校的一个名教授无论收入还是住房都不如政府的一个处长。政府部门的一个小官员就不仅让教授甚至让校长低三下四。

教师们说，国家《教师法》规定，教师的平均工资水平应当不低于或者高于国家公务员的平均工资水平，并逐步提高。《国家中长期教育改革和发展规划纲要（2010～2020年）》重申了这一条文。但是，这样的规定并未能切实落实，目前也没有相应的举措。据中国人事科学研究院院长吴江的报告，中国的公务员平均年薪比事业单位人员平均年薪高出1万元。[①]

一些教师提出，当前北京市的普教教师的收入在向公务员靠近，普教教师比高校教师的收入高，而普教教师的收入水平目前又比公务员低。为什么教育水平和工作复杂性更高的高校教师，却不能得到公务员待遇呢？有的教师举出日本、香港、台湾一些大学的例子，那里高校教师的工资等

---

① 郭少峰：《我国公务员平均年薪比事业单位人员高出一万元》，《教学报》2010年11月15日。

值于或高于公务员,为什么在我们这里却做不到呢?

3. 宏观的分配结果让高校教师感到寒酸,在社会上和学生面前抬不起头

一位教授在座谈时说,如今的大学教师"斯文扫地了"。高校教师的收入水平低于公务员,也低于主流的社会群体,享受不到师道尊严,失去了传道授业解惑的体面。一个博士毕业到高校工作,每月的工资也就是3000多元,在北京的三环之内租个一居室都不够。消费窘迫、吃住简单,比不上所教的学生,自感寒酸,在学生面前抬不起头。教师们说,"教授要是一个月只拿四千来块钱,还说他社会地位高,有体面有尊严,那是不可能的"。

归纳起来,高校教师积极性问题的来源之一是国家政策。这些政策导致教师的收入低于公务员等主流群体,也低于教师们的执教水平和劳动所创造的价值。由此,他们感到不平等,不被尊重。心理不平衡,情绪上烦闷,就难有高涨的积极性。

(二) 微观层面的行政化障碍了高校教师积极性的发挥

1. 行政治校导致了学术对权力的屈从,教授对官员的屈从

教师们反映,高校治理结构的行政化倾向相当浓厚,而且近些年有增强的趋向。一是行政部门独掌权力,教学人员缺乏民主管理和参与的权利;二是权力在行政体系中向高层集中,关键的人事权和财权都掌握在校级领导手里。教授在高校理应是有身份、有地位的人,然而实际上却是被管理、被控制、被低眼相看的群体。一些行政领导对教师的意见想听就听,不想听就不听。教师们办事情不得不左申请、右请批,被"拨来拨去",没有尊严、没有身份,显得卑屈。

教授们觉得最不能接受的是学术事务由行政决定。"学术上的事谁官大谁说了算,违背了科学。"谁能晋升教授,"领导说你行你就行,不行也行;说你不行,你行也不行"。一位教授说:"我们大学有六个正副校长,每个校长的权都很大,管一条线、管各个学院的业务。他懂吗?凭什么要他说了算呢,这没有道理。"

教授们对低三下四地求拜领导、搞关系既感到失去尊严,又觉得烦心。教师们的事情往往需要向领导求情,甚至送礼。"一到评职称了,那送礼一点不比病人给大夫送礼少""起码得混个脸熟,才能递材料"。某位教授申请下来一个实验室,然而哪个部门都不按照规定给他落实,他不得不为房间、设备和电线布线等到各个行政部门去"求情、送礼、说好话",到头来很多事情还是自己亲自动手。教授们认为,这样的体制既伤害了自己的尊严,又浪费了宝贵的备课和科研时间。"我最讨厌去搞关系。评职称了,你按照规定和程序来,我不够条件那就拉倒。我到这个水平了就评教授。我就全心全意地奔我的专业去了。可是,做不到。"

2. 行政治校导致了学校资源分配的不公,教师与行政人员机会不平等

在行政治校的格局下,学校的资源集中到了行政负责人和行政部门手中,由他们制定规则、操刀分配,于是他们近水楼台先得月,在分配中占得先机,多数教师难以得到应有的份额,受到不公平对待。在调查中,教师们将单位资源分配不公概括为以下 8 个方面。

(1) 将大量经费用于政绩工程。修大楼、换设备、搞美化,"领导能看到,媒体能登报",而不提高教师的收入。"有了大楼,没有大师""不培养教授,去乱挖教授"。

(2) 自己给自己提高工资等级。行政部门和行政领导人给自己的岗位确定较高的工资等级,给教师岗位确定较低的工资等级。例如,确定很高的行政职务津贴。

(3) 行政人员挤占教师的职称名额。行政人员不具备专业条件也能当教授,比专职教师的水平低却能抢先当上教授。某些学校的党委书记不搞教学,没有专业文章发表,也当上了教授。某些学校的校长新从行政部门调来,没有学术经历、学术积累和学术成果,却很快比 20 年教龄的教师先当上了教授。他们严重挤占了国家控制的十分有限的职称名额。

(4) 在行政部门担任行政职务,有教学职称而不从事教学,却拿着教学系列的较高工资。

(5) 以行政职务兼教授,既得到行政职位的好处,又得到教授职称的好处,并且对行政职务与教学职务的资源互相串换。

(6) 行政部门掌握校内科研经费,自己给自己设置和批准课题,自己给自己进行成果验收。行政人员手中的课题比教学人员和科研人员还多。

(7) 在教学经费、科研经费的分拨中搞权钱交易,从承担者那里得到各种返还。

（8）行政人员搞小金库，用其中的经费吃饭、旅游、住高档宾馆。

问卷数据表明，高等学校内行政人员的工资水平明显高于教学人员。以是否兼任行政职务为例，同样具有教授职称，担任或兼任行政职务者2010年的年工资性收入平均为13.6万元，不担任行政职务者只有11.2万元，后者比前者少2.4万元。同样具有副教授职称，担任或兼任行政职务者平均为10.1万元，不担任行政职务者只有7.6万元，后者比前者少2.5万元。

就从所承担课题中得到的收入而言，有行政职务的教师的数额显著高于不担任行政职务的"纯教师"。不担任行政职务的教授，2010年课题收入平均为15719元，担任行政职务的教授高达34174元，担任行政职务者的课题收入是不担任者的2.2倍。不担任行政职务的副教授，2010年课题收入平均为5636元，担任行政职务的教授为7042元，后者比前者高约1400元。

所兼任的行政职务越高，从课题中得到的收入数额就越多。其中，兼任科级职务的教师年收入平均为6359元，而兼任处级职务者为11250元，后者接近前者的2倍。

问卷数据还表明，高校的教学人员的工资水平与教辅人员基本持平，即一般行政人员拿到了从事高度复杂工作的教师的工资。

市属高校的教师反映，市属院校的官僚气氛比部属院校更为浓厚。其原因之一是，部属院校的教师能在学校外拿到较多的课题，而市属院校的教师更多地依赖于北京市下拨给学校的课题经费。北京市给高校下拨的课题经费有的比教育部下拨给部属院校的多，但是北京市属院校教师得到的不一定多，行政部门会根据自己的偏好分配相关经费。

概括起来，学校治理的行政化对于教学人员有两类不良后果，一是学术对权力的屈从，教师对行政的屈从；二是资源分配的不平等，机会获取的不公平。其共同作用是让教师感受到专业和知识的低价值，教学和科研的少意义。

很多教师从内心喜欢自己的教书育人工作，愿意在科研中作出重大的创新成绩。但是，他们或者受到学校气氛的裹挟，或者不断在内心质疑自己的价值追求的合理性，从而淡化了对教学和科研的热情，弱化了行动的积极性。

还有一些教师不得不接受现实，认为"当官有用，创新和教学好没用"，离开教师岗位到行政部门去做官，以致出现了教授去竞聘处长甚至副处长的情况。教师中对此有"校长一走廊，处长一礼堂，科长一操场"的概括，即高校内的行政职务过多，以及教学人员向行政人员转变。

总之，行政化的治理体制不利于高校教学和科研质量的进一步提高。

五 管理企业化异化了高校教师的教学和科研积极性

高校管理的企业化是指移植了市场经营企业的管理方式，特别是人力资源管理方式，包括聘任制度（解聘/辞聘）、绩效考核制度、绩效工资和奖励制度、职务聘任的竞争制度、课题申请的自由竞争制度等。这些制度形式一般都与个人收入挂钩，如学校津贴、课时费或超课时费、带研究生补贴、论文和专著补贴、教学奖等。实行这些企业化管理制度的目的是调动教师的积极性，施加引力和压力，提高教师乃至学校的教学和科研绩效。不过，因为高校具有与企业的不同特点，高校教师的工作性质不同于企业的操作工人，也不同于企业的工艺和产品研发人员，诸多的简单性移植反而导偏和耗散了他们的教学和科研积极性。

（一）管理制度的行政性导致了教师的"对策"行为

高校内的企业化管理制度往往由行政部门单方面决定。例如，人事处制定绩效考核的规章制度和奖励惩罚标准，并具体实施和执行；科技处制定学校课题申请的规章制度和科技奖的标准，并具体分配课题和进行评估。教学人员不能参加制度的制定，也不能加入制度的运作程序，基本处于"被规章""被决定"的位置。

这些规章制度和执行过程有时候并不符合学术的发展规律，在一定程度上体现的是行政部门的意图和意志，甚至是行政部门的人员表现自己的权力的方式，即迫使教学人员来"拜"来"求"。

当本身属于学术事项、属于切身利益的事项"被规章""被决定"，而教学、科研人员认为自己最懂行、行政部门缺乏相关专业知识和信息的时候,就会产生较强的抵触情绪,表现出"上有政策,下有对策"的行为。易言之,教师们感觉到管理制度是一种异己的、强制的外部力量,倾向于如何破解和规避它,让它归于失效,而不是认真遵守、主动达标。

在座谈中,教师们认为行政部门在"寻租"。"组织评估和评奖的部门的人有权力,你要这个奖,你得找我吧?"对于规定,则倾向于以旁门左道应对:"这些个奖项,可以说是腐败的温床。你知道吗?我要想拿奖给点钱就行,拿一等奖给他(评委)多少钱,二等奖给多少钱。这都是有规格的。有的老师整天待在实验室里,几年才写出一篇论文,他不可能拿到奖。可是别人拿点钱、吃个饭就能得奖。""大家现在所有的精力都放在哪儿,大家都在请客吃饭,在酒桌上。""只要是死规定,不合理,大家就能想办法对付。你以为没办法对付吗?"

(二) 管理制度的非专业性导致了教师行为的形式主义

一些管理制度本意是促进教学质量的提高、科研创新成果的出现和水平的提升。但是因为制度本身的问题,其所导致的结果却偏离了这些实质内容,导致了教师的工具性行为,走向了形式主义。

由于行政部门不具备相应的专业知识,所制定的规章和标准往往侧重于对外在可见行为的衡量和控制,而较少涉及内在和质量;也由于行政部门不具备相关专业知识,其执行和实施过程也就侧重于对外在可见行为的考察和纪录,较少对内在品质进行评估。例如,对于教学侧重考察课时数量,对于科研侧重考核发表科研成果的数量和发表刊物的等级,至于教学的质量、科研成果的创新性则被相对忽视。

如此管理制度的一个明显结果,就是将教师的教学和科研行为导向形式性、工具性。学校考察什么就做什么,不考察就不做或少做。你考察课时量就多上课,考察文章数量就完成篇数,让学生评教就讲让学生高兴的故事(一位教师说,学生认为好的课就是"热闹")。至于提高教学质量、在科研上真正创新,因为考核不到,所以被放到了一边。一位老教师说:"我看绩效考核什么的,现在的一套做法与当年的'放卫星''大跃进'是没有区别的。"

各种考核指标作为必须完成的任务,给教师施加了压力,迫使教师不得不偏离实质。一位副教授说:"学校考核教师,每年必须有多少课题,写多少篇文章。我每天想的都是这些指标，忙着到处找课题，四处找刊物。你必须完成这些任务呀！从良心说质量很重要，但是指标都把人压死了，质量就往后靠靠吧。""越是考核，教师与学生之间就越是关系疏远。人们关注指标完成，必须瞄准这些，而不是学生的培养。"

数量化的考核导致了教学、科研的随意性、零碎性，缺乏学术积累。一位学院负责人说："很多老师写的文章没有连续性，去年写那个方面的文章，今年写另一个领域。你要他写文章，他想起来什么就写什么，找到什么资料就写什么，要说进行学术积累是不可能的。"一位教师则说："我喜欢一个东西，本来可以做10年、20年，拿出一个货真价实的、认为好的东西给学校、给国家。可是现在没有机会这样做，不用10年，一年达不到规定的文章数量，绩效就没了。""为什么钱学森说中国产生不了诺贝尔奖、大的科学家？你没有给人时间去产生这些东西，让他天天想着同样的东西。我可能要做5年才发表一篇文章，但是我每年都得绩效考核，我就得把这5年的工作分成每年都得有文章，每一篇都不会太好、不会太大，你也没有心思和精力去憋一篇大的。那些诺贝尔奖的获得者们，哪个不是持续多少年，甚至一辈子的工作呀，我们这里能做到吗？"

数量化的考核导致了科研产品的粗俗、低劣，甚至弄虚作假。一位教师说："国外已经形成一个印象，中国来的文章是假的，就像中国造的鞋是伪劣假冒一样。审稿人一看是中国的，就判断可能是假的。""文章很快写出来了，但质量怎样呢，很糟糕的，非常差。现在国外专门针对中国人的文章做出软件来，只要你重复的超过30%，就认定你是假的，你是抄袭。但中国人更聪明，能做到我只有29%是重复的，其他的我再改。他的聪明没用到怎么把文章写好，而是怎么躲避防假软件。"

教师们自有苦水："并不是教师想造假，而是教师活得没办法，他才造假。"

考核指标的数量化导向也导致了教师的物质主义。"没有钱的工作，尽量少干。有钱的工作，争取多干。""越是考核，越是细，大家越是计较，每一项都要给钱。"

（三）管理制度的强压力性导致了教师的精力"耗散"

教师是高等学校的"一线生产人员"，所有的教学和科研任务都必须由他们完成。国家赋予高校的各项任务和学校从市场中取得收入的任务，最终都落实到教师身上。近年来，因为高等学校的总体任务量迅速增加（如扩招），每个教师所负担的任务大大增加，对于很多教师来说已经达到了严重超负荷的程度。

教师任务量的激增主要由三个指标体现出来。

1. 任务类别

各高校对教师的考核项目五花八门，类型众多。其中主要包括本科生教学、带研究生、发表论著、主持课题、参加课题、到校经费、获奖获证获政府批示等。这些考核项目的类别之间和方向之间都存在质的差异，每个教师的任务都具有多元化特征，而每个教师都必须完成全部考核指标。教师的总时间和总精力不但必须在各类任务中分配，还不得不在不同性质的工作之间不间断地穿梭转换。教师们几乎每天都要做几件不同性质的事情，带来了心理和精神的损耗。一位教授说："把教学搞得很好应该就是好教师吧？不是。还要做课题、发文章，杂七杂八。你没有这些怎么评职称啊，年终考核你的业绩的时候这是一条啊，所以你还得想办法。所以我很累，累就累在这里，不是全部精力用在教学上，很多用在杂事上。""如果要把这些事情都做好，我一天24小时就别想睡觉。"

2. 任务细目

每个任务类别中还分为若干个细目。仅就本科生教学而言，一位教师往往承担两门以上的课，每门课又有多个班次（"多个头"）。一位教师称自己本学期有6门课，其中4门课是两个头，每个头两节课，每个星期一共要上20节课。"我备课要写6个不同的教案，同样一个教案，在这个教室讲了又到那个教室再重复一遍，这还不算判作业，给学生答疑。"

3. 任务总量

各个考核项目的任务量加到一起，实际上是一个很大的数字。一位教师在调查者面前拿出笔来详细计算，结果去年承担和完成了600多学时的教学工作量。按每个学期20周计算，每周的教学工作量为15个。这还不包括承担的课题和写文章。

庞大的任务量导致教师的日工作时间超长，远远超过了国家的法定工作时间。一位副教授说："我从早晨到学校来，一待就是一天，晚上有时12

点以后回家。"一位教授说:"发觉我是越来越忙,从来没有在(夜里)三点前睡过觉。"

问卷调查的结果表明,教授中每天工作低于8个小时的仅有5.6%,每天工作8~11.9个小时的为67.9%,每天工作12~15.9个小时的为24.3%,有2.2%的人甚至在16个小时及以上。副教授中每天工作低于8个小时的仅为10.7%,每天工作8~11.9个小时的为77.3%,每天工作12~15.9个小时的为11.3%,有0.7%的人日工作时间16个小时及以上(见图2-7)。

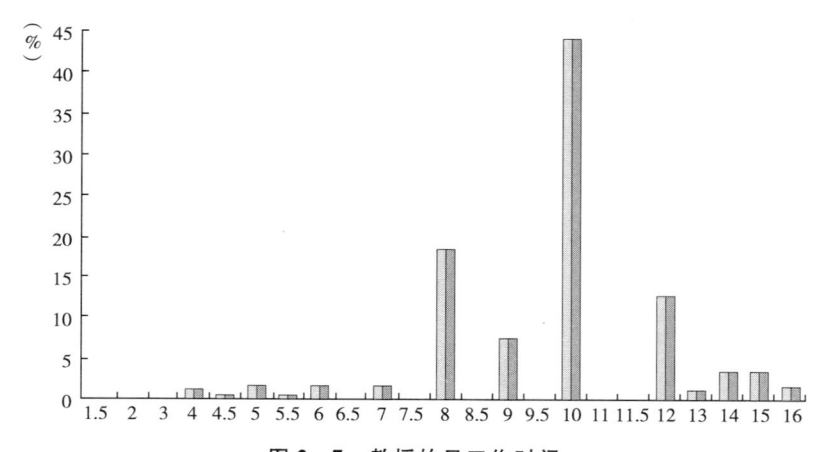

图 2-7 教授的日工作时间

总体而言,绝大多数教师的日工作时间超过10个小时。相比较而言,职称越高日工作时间越长。如果从不同岗位看,专任教师的工作时间明显高于其他人员,非教师岗位人员中占75.9%的人工作时间在8个小时及以下(见表2-3)。

表 2-3 教师的日工作时间

单位:%

职 称	7.9个小时及以下	8~11.9个小时	12~15.9个小时	16个小时及以上
正高级	5.6	67.9	24.3	2.2
副高级	10.7	77.3	11.3	0.7
中 级	11.3	78.7	9.2	0.8
初 级	9.7	85.8	3.5	0.9

第二章　高校教师收入分配与激励机制总体状况分析

很多教师的工作连轴转，没有休息日。问卷调查数据表明，教授中周工作时间在 4.9 天及以下的仅为 1.2%，5~5.9 天也仅为 24.0%，每周工作 6 天以上的达到 74.9%，其中工作 7 天（每天都工作）的高达 36.3%。如果以每天工作 10 个小时计算，那么教授的周工作时间大约为 70 个小时（见图 2-8）。这样的工作时间实际上大大超过了被认为是"超长工时"的农民工。

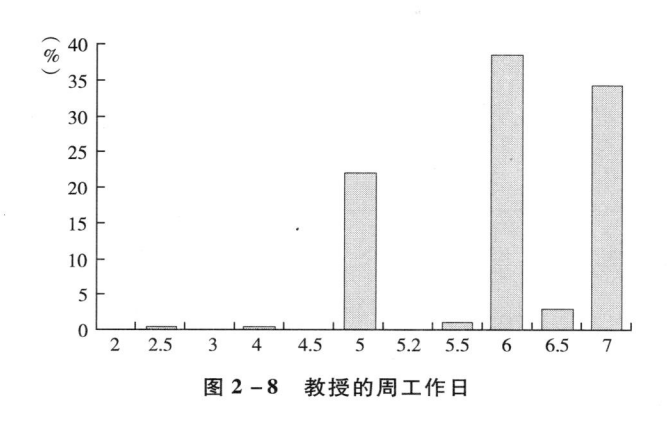

图 2-8　教授的周工作日

总体而言，绝大多数教师的周工作时间超过 6 天。相比较而言，职称越高周工作时间越长（见表 2-4）。如果从岗位不同看，专任教师的工作时间明显高于行政人员和教辅人员。

表 2-4　教师的周工作日

职　称	4.9 天及以下	5~5.9 天	6~6.9 天	7 天
正高级	1.2	24.0	38.6	36.3
副高级	3.9	43.4	35.4	17.2
中　级	6.0	55.1	29.6	9.3
初　级	6.3	76.6	17.2	

以一位教授为例："我没有休息日的概念，在我脑子里没有星期六、星期天。我这边要准备上课，那边又要总结，另一边又要准备带新的研究生，所以整个人就连轴转起来。只有出差的时候在路途上算是休息，参加学术会议的时候稍微轻松一点。""平常类似探亲访友或者类似旅游的这种事情根本没有。"

企业化管理诸多的考核指标和每个指标的数量要求对教师施加了沉重的压力。教授中感到压力"较大"的人数比例在一半以上（54.5），而感到压力"非常大"的人数超过了1/3（34.1%）。比较不同职称的教师发现，职称越高工作压力越大（见表2-5）。

表2-5 教师遭遇的工作压力

单位:%

职 称	很 小	较 小	一 般	较 大	非常大
正高级	0.4	0.4	10.8	54.5	34.1
副高级	0.2	0.8	17.7	52.4	28.8
中 级	0.2	0.9	24.1	53.8	21.1
初 级	1.8	2.8	32.1	54.1	9.2

繁重的多类任务、超长时间的工作和沉重的工作压力导致了教师的身体和精力耗散，令他们少有时间和精力去深入思考教学内容，改善教学方法；也少有时间和精力去思考科研内容，提出新的理论和新的方法。

（1）身体透支。教师们如此表述自己的身体状况："说实话，我是用超负荷工作量来完成考核量，挣挂钩的那些钱。""我知道是在透支生命，该有的病我都有，什么高血压、高血脂、高血糖、脂肪肝、糖尿病、颈椎病、胃病、肾病，出差必须带一个很大的药盒。""现在是用身体换钱，老了再用钱换身体。"

（2）精神倦怠。"工作压力那么大，我觉得是在疲于奔命。""每天都在精神紧张中过，到了晚上失眠，天亮了还睡不着觉，怕上课迟到，怕教学事故，怕发不出文章来。一个人出了教学事故，整个系里面都要受牵连，然后整个系的奖金全下去了，你能不怕？注意力集中不起来，什么都做不好。""一天的课下来很烦啊，心情很烦躁，你让我写文章，收集数据，搞创新，我有那个心没那个精气神，你说说，心里不安宁还能写出东西吗？""新课的系数是1.3，很多时候是准备不足，没有时间钻研，积累资料，提高质量。"

（3）精力耗散。总量一定的精力被分散在超常的时间段内，分散在多样的工作任务上，每个时间的精力都被"摊薄"了。一位教师说："一天忙下来之后，你感觉不到自己有什么成就感；一年忙下来之后，觉得没日没夜，却没做成什么像模像样的大事。你发现自己总在忙忙碌碌，却说不出来在忙什么。这导致了我这几年科研上没做什么，真的没什么成就，教学上倒是上了一堆课。"

在某高校的座谈会上，两个女教师不约而同地提到，自己是从教学岗位转到了行政岗位上：原来是副教授，现在担任学院的办公室主任。她们原来教机械制图，机械制图的教学必须布置大量的作业，每份作业做得千差万别，每个错误之处都要标出。由于课多、班多、学生多，判作业每次都到深夜。不但疲惫不堪，还担心出事故，不是睡不着觉就是做噩梦，梦见迟到了、出错了。而到了行政岗位，一下子显得松快了。

六　北京地区高校教师的教学和科研积极性相对低落

高等学校管理改革和人事制度改革的最终目的是充分调动广大教师的工作主动性和创造性，教书育人，科技创新。然而调查发现，高校教师的教学和科研积极性并不理想，甚至可以说比较低落。

（一）高校教师的教学积极性在各类专业人员中最低

根据本次调查的数据，同时，比对该课题组成员承担中国科协课题"科技人员收入和积极性调查"的数据，研究结论为高校教师、科研单位的科研人员、农林科研单位的科研人员、企业的研发人员、医疗部门的医生等五大类专业技术人员中，高校教师的工作积极性（教学）为最低。

在工作投入方面，表示自己"全身心投入工作"的人数比例，从高到低依次是医生（88.9%）、农林科研人员（87.6%）、科研人员（86.4%）、企业研发人员（83.7%），最后是高校教师（80.0%）。高校教师的工作投入比处于第一位的医生低大约10个百分点（见图2-9）。

在工作质量方面，表示力求"工作质量尽善尽美"的人数比例，依次是医生（69.45）、科研人员（59.1%）、企业研发人员（54.8%）、农林科研人员（54.0%），最后是高校教师（43.7%）。高校教师的质量投入低于处于第一位的医生25个百分点（见图2-10）。

一般认为，专业技术职称较高的教师地位高、收入高，所以教学积极

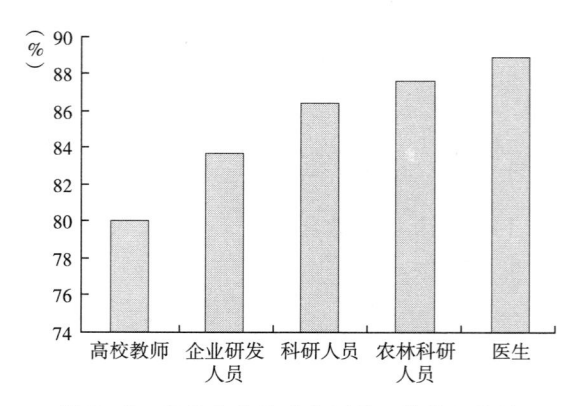

图 2－9　各类专业技术人员的工作投入比较

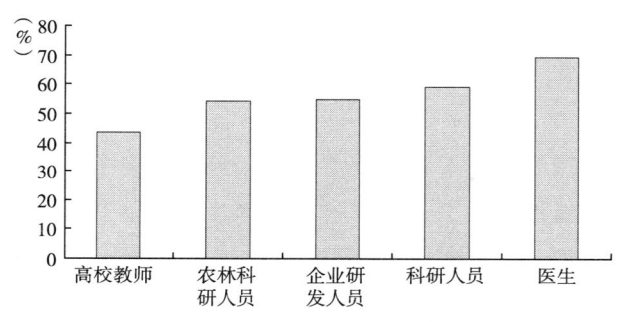

图 2－10　各类专业技术人员对工作质量的追求

性会较高。可是调查数据表明事实并非如此。在工作投入方面，表示自己"全身心投入工作"的，高校教师中高级职称者为 80.0%，中级职称者为 78.7%，初级职称者为 85.7%（见图 2－11）。就是说，初级职称者的工作

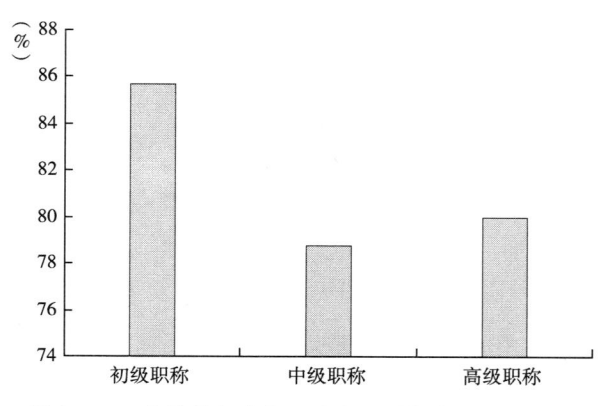

图 2－11　高校教师中各职称人员对教学工作的投入

投入程度最高，高级职称者次之，中级职称者最低。

（二）高校教师的科技创新积极性在各类专业人员中最低

在科研创新方面，表示自己"积极创新、创造"的人数比例，依次是农林科研人员（65.3%）、医生（58.5%）、企业研发人员（58.0%）、科研人员（47.6%），最后是高校教师（44.7%）。高校教师比创新倾向最强的农林科研人员低大约20个百分点（见图2-12）。

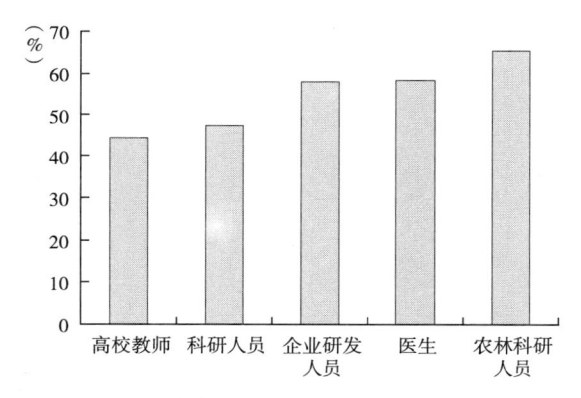

图2-12 各类专业技术人员的创新创造倾向比较

一般认为，专业技术职称较高的教师因为专业水平高，又有较多的科研经费支持，所以科研创新的积极性会较高。数据分析的结果却是相反。表示自己"积极创新、创造"的人数比例，最高是初级职称者（46.4%），高级职称者次之（41.5%），中级职称者最低（40.4%）（见图2-13）。

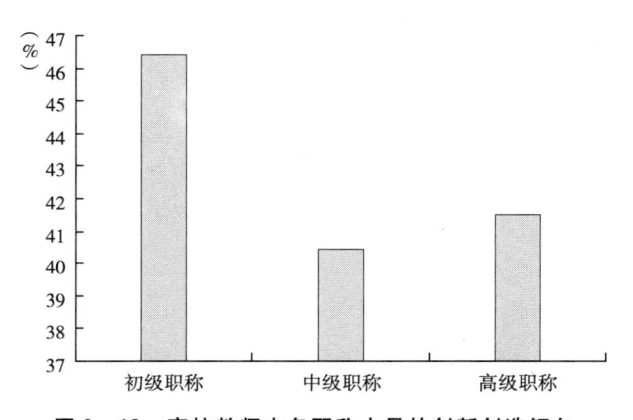

图2-13 高校教师中各职称人员的创新创造倾向

(三) 高校教师的工作满意感与行政人员相比较低

高等学校专任教师的工作满意感低于行政人员。专职教师对当前工作感到满意("满意"和"非常满意")的人数比例为31.3%,而高校行政人员(职员)感到满意的人数比例为35.8%。专职教师感到不满意("不太满意""很不满意")的为18.0%,行政人员则仅为12.6%。总体来看,行政人员的满意度高于教学人员(见图2-14)。

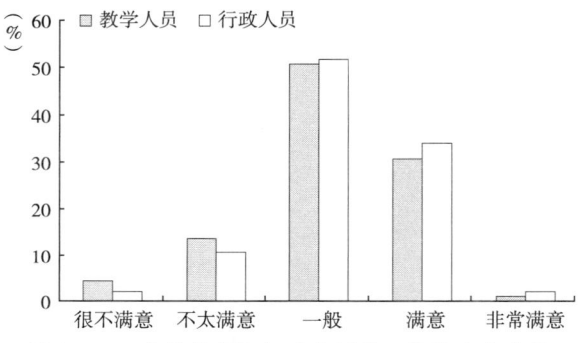

图2-14 高校教师和行政人员的工作满意度比较

教师中纯教学人员的工作满意感低于兼任行政职务的人员。以副高级职称的教师为例,纯教学职务的教师对当前工作感到满意的人数比例为28.8%,兼任教学和行政职务的教师的相应比例数字为36.7%。纯教学职务的教师对当前工作感到不满意的人数比例为19.7%,兼任教学和行政职务的教师的相应比例数字仅为9.7%。总起来看,兼任行政职务的教师的满意度高于纯教学人员(见图2-15)。

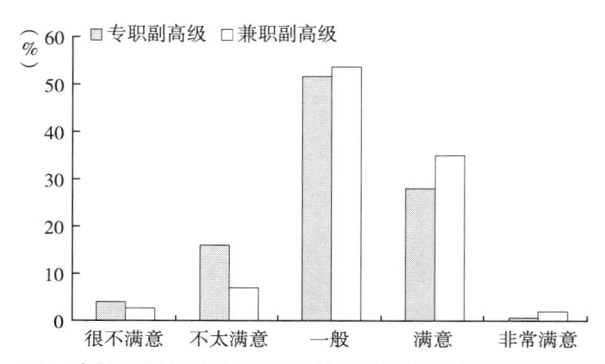

图2-15 高校副教授中专职与兼任行政职务者的工作满意度比较

（四）高校教师的收入公平感在学校各类人员中最低

在调查问卷中请被调查者对自己收入的公平程度进行评估，评估等级分别为很不公平、不大公平、一般、比较公平、很公平五个级别。在统计时，"很不公平"赋值为1分，"不大公平"赋值为2分，"一般"赋值为3分，"比较公平"赋值为4分，"很公平"赋值为5分。分析结果表明，学校领导的自我评分最高（3.50），基层领导的自我评分次高（3.33），行政办事人员位于第三（3.32），中层领导位于第四（3.30），专任教师的自我评分最低（3.08）。从图中可以看到，教师与其他四类人员之间具有一个相当明显的落差（见图2-16）。

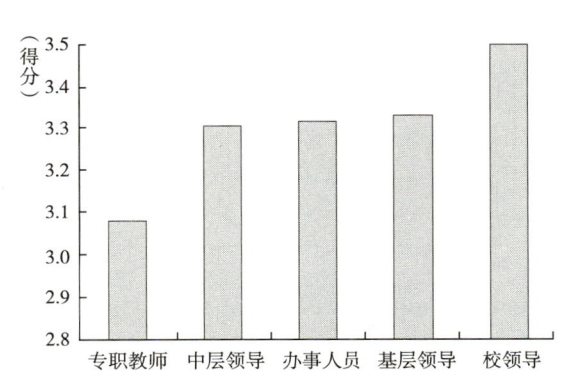

图2-16 高校中不同类别人员的收入公平感比较

对学校领导与专任教师的公平感进行比较，学校领导中认为公平（比较公平、很公平）的人数比例为75.0%，专任教师认为公平的仅为37.3%，学校领导是专任教师的2倍。中层领导中认为公平（比较公平、很公平）的人数比例为43.7%，比专任教师高6个百分点（见图2-17）。

对一般行政办事人员与专任教师的公平感进行比较，一般行政办事人员中认为不公平（不大公平、很不公平）的人数比例为15.8%，专任教师认为不公平的达29.5%，专任教师认为不公平的人数是一般行政办事人员的2倍（见图2-18）。

综上所述，高校教师的教学积极性、科研积极性水平都不容乐观。

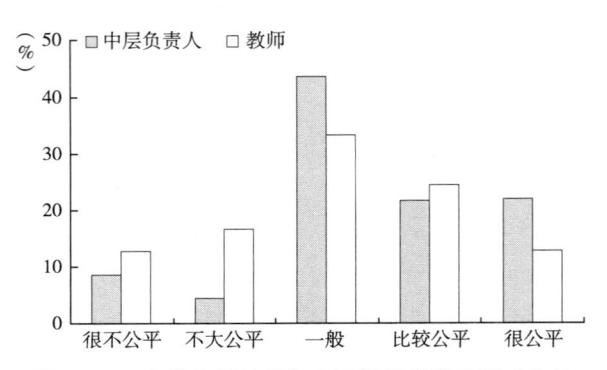

图 2-17　高校专任教师与中层领导者的公平感比较

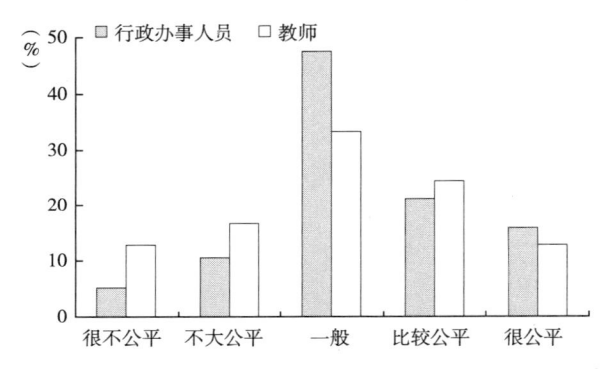

图 2-18　高校专任教师与一般行政办事人员的公平感比较

(1) 他们的直接性的教学、科研积极性水平较低，无论与行政人员还是与其他专业技术人员相比都是如此。(2) 他们的工作满意感、收入公平感较低，无论与学校的各级行政领导人员相比，还是与一般行政办事人员相比都是如此。在这样的精神和情绪状态下，较难有很高涨的教学与科研积极性。

　　高校教师就其所承担的职能来说，应当是高校中最有活力、最积极热情的一个群体。只有如此，高校的教书育人、科研创新功能才能最终实现。然而，现实中的他们却是一个活力和热情相当不足的群落。高等院校的领导人员和行政人员的作用本来必须通过作为"一线人员"的教师去实现，但现实中教师这一最为关键的环节却变成了一个相对缺乏激情和活力的瓶颈。

七 行政化、市场化、企业化叠加导致特定群体教学和科研积极性障碍

（一）行政化、市场化、企业化的叠加障碍了年轻博士教师的积极性形成

高校的行政化对行政等级较低的年轻的博士教师更为不利，市场化和企业化对职称和名声都较低的年轻博士也更为不利。行政化和市场化、企业化彼此叠加起来，将年轻的博士教师们置于一个特殊的困难境地。一个新毕业的博士教师在座谈会上说："刚当教师，很多地方让人不舒服。"所谓"很多地方"，包括待遇上、生活上、教学上、科研上。

1. "博士不如农民工"

博士们说，读了20多年书，收入不如初中毕业的农民工。一位博士算了一笔账，北京市的技术工人月收入已经有三四千元，有的达到了5000多元，而自己得到收入中的国家部分是1100元，学校给的是2500元，加到一块不到4000元。

2. "没有地方住"

博士的收入尽管近年来有所提高，但是跟不上房价的上涨。工作后买不起房子，学校的周转房早已没有空位，学校周围的房租畸高，这给年轻博士们出了一个凭其智力无法解决的难题。一位博士在问卷上留言说："本人是2009年来校工作的教师，北京大学毕业。在个人专业能力方面，应该是这个年龄段比较突出的。现阶段最不满意的就是收入水平低，买不起房子。本人是独生子，父母均年过60，属下岗职工。目前家庭收入及资产根本不可能买得起房子，现正申请限价房，也迟迟未有结果。"另一位博士在座谈会上提道，有个作家写了20世纪80年代博士毕业合住筒子楼，自己毕业了，发现住的地方与那个时候没有两样。不同的是，如今的房租不断涨价，真担心有哪一天付不起房租。他问道：经济发展了，社会进步了，博士的生活条件如何能够改善呢？

一位工会委员说，本系的一位女老师生了小孩，去看她的时候发现，

她们一家四口人住在不到 10 平方米的房间里。

3. "成不了家"

男博士们说,丈母娘们都要求结婚必须有房子,并且须是买的产权房。孔夫子说三十而立,自己三十多了也成不了家。再说,工资养不起一家人,不敢妄谈成家。

4. "孩子上不了学"

外地进京的博士因为没有住房,在高校只能上集体户口,而集体户口的孩子没有地方去上学,更上不了好一些的小学。女博士们说:"如果上学问题能解决,收入低一些也值。"

5. "申请不到课题"

博士们谈到申请科研项目时说:"博士在教师堆里是个小毛毛虫,课题哪里能轮得到年轻人。"一些高校设置了博士启动金,但不是每个人都有。

6. "为生活紧张奔波"

"想体面,物质是基础,民富才能国强嘛。"很多博士教师跟着别人做课题、出外讲课,挣些辛苦钱。有些博士凡是课题负责人接受就加入,有的同时加入七八个课题组,今天做甲课题,明天做乙课题,自嘲"每场戏都去跑龙套""狗揽八泡屎,泡泡揽不清"。

一位博士说:"有博士学位,要说挣钱也容易。你只要肯吃苦,每个月拿几千块钱也不是多难的事。可是呢,除了钱什么都没有了。连导师都提醒我,学术上该有长进了。"

7. "未来能好吗?"

博士们说:"不敢确信未来会比现在还好。""只要选了北京,就要做好吃苦的准备。""如此的整天奔波,什么时候是个头?"不少博士青年教师缺乏安全感,心有后顾之忧。

8. "我能成才成家吗?"

教授们在座谈会上说,新来的博士们比我们还忙,在最富有学术创造力的阶段却不得不为生活奔波,在某种程度上是我国出不来大师级人物的一个非常重要的因素。

（二）行政化、市场化、企业化的叠加干扰了教授们的积极性方向

教授们与年轻的博士教师不同。他们尽管在行政化体系中处于没有权力的一端，但是只要愿意和努力，就有担任或兼任行政职务的机会。在市场性的经营中，教授们显然处于有机会、有资源的高端。一些有名气的教授在高校过得"很滋润"。

但是，"教授也有教授的难处"。

1. 经营权力和圈子

教授们有资历和条件拿课题。然而，对于如何拿课题，则不能不"各有高招，有什么使什么"。一位教授的观察是"说是申请，其实是拉。拉课题说穿了，就是沟通权力，经营圈子，搞个人交易"。高校的课题大部分来自行政部门，一些教授频繁地"跑部进局"，送礼品、搞招待；还有就是进入评审委员会，各个评委彼此关照和串换。这位教授说："大家都不讲学术了，真是为国家的科研担心"。

2. 争相担任行政职务

因为行政部门掌握了学校的机会和资源，纯教学的教授们缺乏影响力，对能否申请到资源缺乏确定性，一些教授就争取当处长，甚至当科长。"当教授又当处长，机会就多""当官在学术上有损失，但总比被别人支配要强""荒废了学术，这是不得已而为之"。

3. 创新乏力

另一些教授采取争官和纯课题取向。"当官有用，做课题有用，创新和教学好没用。"于是，热衷于拉关系，当官员，做"双肩挑"，或热衷于拉项目，干实惠的，但不愿意搞创新、搞教学。

4. 学术粗糙和造假

一位"海归"教授指出，回到国内看到了不少学术造假，特别是胡编乱造。"你想想，我回来后，一个月几千块钱根本就不够。一天到晚，你的生活是非常艰难的。所以大家都要去搞项目，写这些论文，不管真假，然后再评职称。""一个新思考、新理论需要很长时间，酝酿不出来能行吗，抄吧。""逼着你造假，并不是你自己愿意造假，被逼无奈啊。"

5. 为生存安全而奔钱

一些教授尽管有绩效收入和个人经营收入，少数教授的这些收入还比较高，当前消费的压力不大，但是对退休后的生活却有强烈的"后顾之忧"。他们担心，退休后收入肯定会大大降低。一是在职收入中的很大部分不做基数计算，包括校内工资、绩效收入和课题收入、个人兼职等收入统统不再有。二是因为国家给的在职工资低于公务员，所以退休后的退休金依然低于公务员。三是退休费依据在职时的工资计算，退休后退休费却不再随在职人员的工资上涨而变化，因而越是退休早数额就越低。这些，都会导致退休后收入不稳定，生存不安全，生活不体面。预期到这样的未来困境，他们只好未雨绸缪，趁在职时多多攒钱。当然，这干扰了正常的教学和科研的积极性。

6. 凭良心教学和科研

一些将精力和时间集中于教学和科研的教授说，自己"教学凭良心"。"教机械制图，备课、教课的水分很大，灵活性很大，全靠良心，要是凑合也能凑合。"

八 高等院校改革应遵循教育的内在规律

（一）高校教师教学和科研积极性的调动应该遵循内在的、普遍性基本规律

《中华人民共和国国民经济和社会发展第十二个五年规划纲要》《国家中长期教育改革和发展规划纲要（2010～2020年）》都提出了建成"高水平的高等学校""达到或接近世界一流大学水平"的任务。同时也强调，高等学校发展的基本方向是"以提高质量为核心""培养高素质的人才""促进科技创新"，建设创新型国家。而这些，都必须依赖于教师的充分高涨的工作积极性。

调查表明，此前和当前改革具有鲜明的行政化、市场化和企业化特点，而且就程度而言明显"过度"。即"过度行政化""过度市场化""过度企业化"。"三化"与"过度"不仅未能如当初预想调动起高校教师的高涨的

教学和科研积极性，而且引起了诸多的混乱，干扰和障碍了他们积极性的发挥。这些，无疑影响了国家所确定的上述各项重大目标的实现。本次调研表明，高等院校教师本质上是好的，在政治上是忠诚的，在工作上是敬业的，在专业上是钻研的。其某些偏差性思想和行为是改革出现偏差造成的结果，是"三个过度"的结果。

实践表明，办好大学、激励教师，应该遵循管理大学、激励教师的一般性、普遍性规律。大学不是想怎么管就怎么管，对大学老师不是想怎么对待就怎么对待。无论是西方还是中国，办好大学、激励教师的规律都是相通的，"中国并不特殊"。

为此我们建议，应该重新审视此前和正在进行的高等院校改革乃至事业单位改革的方向，切实遵循高校管理和高校教师积极性调动的基本规律，纠正愈演愈烈的过度行政化、过度市场化和过度企业化倾向，以保证国家目标在高等院校的切实实现。

1. 应该充分地崇尚知识、尊重教师，保证教师对管理的切实参与

应该崇尚知识。要让教师重视教学，应该让其所教的知识具有足够高的社会价值；要让教师在科研中创新，应该让创新的科学知识、科学技术具有足够高的社会价值。在三大社会价值——权力、金钱、知识中，知识的价值应该具有相对独立性，其价值量起码不低于其他两种价值。而价值的尺度和衡量，一是收入，二是声望，三是自主的权力。只有如此，教师的行为才有足够的价值推动力。

应该信任教师。过去在极"左"思想下，存在对作为知识分子的高校教师的不信任，认为知识分子是西方敌对势力推行"和平演变"的力量，教授们"在政治上靠不住""容易被反动势力利用""进行颜色革命"。其实，当代的高校教师都是党和国家培养的新一代甚至新二代知识分子，与新中国成立前的旧政府和旧官僚没有任何经济和思想的关联。在思想和立场上，他们关心天下，关心苍生，关心国家，关心长治久安，追求社会的发展与和谐。知识分子的智力和智慧，使他们很少可能被"别有用心"者利用。很多高校教师都表示，知识分子对国家的耿耿忠心和善意期望不应该被误读。越是误解，越是不信任，他们越是感到不被当成"自己人"，就越容易形成隔阂。

应该尊重教师。"教师是天底下最高尚的职业。"要让教师做高尚的教学和科研工作，应该先让教师在人格上得到尊重。尊重的重要标志是平等，平等的主要内容是权利和身份的平等，收入和待遇的对等。应该给予充分的平等和尊重，让知识和教师的价值得到足够的体现，高校教师的积极性才能真正高涨起来，期待中的"大师"才有可能出现。

应该民主参与。要让教师积极从事教学和科研活动，应该首先让教师发自内心地感受到教学、科研是自己的事情，而不是异己的、外部的压力，不是另一个群体布置和强加给自己的任务。教师们能够像管理自己的事务那样参加对高校事务的管理，能够根据自己的意志对其施加能动的影响，才能在内心里接受这样的活动，积极从事并投入时间和精力。教师们能够根据科学规律和管理规律自主地支配教学和科研过程，对所产生的成果具有主体感，才能产生持续的工作推动力。

2. 应该让高校教师得到与其贡献相匹配的收入，其收入应该位于社会的中上水平

高校教师应该得到公平的收入。"公平的收入"是与其人力资源品质和专业贡献相匹配的收入水平。教授们说，"知识分子的收入不算很低，但是不公""不解决公平问题，就不能解决积极性问题"。一个职业群体的收入水平应该与所承担社会功能的重要程度相适应。

高校教师对于收入是否公平所持的重要标准是公务员。每个人的心中都有一杆秤。只要高校教师的收入低于公务员和其他主流群体，就会感到不平衡、不公平。一是认为被轻视、不尊重；二是感到多劳不多得，窝火、不尽力；三是感到寒酸，不体面，没热情。

高校教师应该得到平等的收入，其含义之一是等值于公务员。国家公务人员应该与包括高校教师在内的广大知识分子成为一家人，"同灶吃饭"，而不应该"分灶用餐"。

高校教师应该得到社会中上水平的收入。首先，高校教授的收入应该达到让他们相对满意的水平。只有在这样的水平上，他们才能心情舒畅，内心宁静，积极向上，踏实工作。其次，高等学校教师的收入应该达到社会的中上等水平。这样，他们在相对温饱和小康的基础上，才能衣食不愁，心无旁骛，安心教学科研，进入"没有经济压力的心灵自由"。让高校教师的收入水平处于全社会的中上位置,是各个国家的普遍性政策。

高等学校教师的收入应该相对稳定,退休后也能维持体面的生活。这样,他们就能既没有后顾之忧也没有当下之忧,从而保持持续的学术兴趣和积极的心态。而且,高校教师与其他行业的退休人员相比,很多人在退休后依然兢兢业业地为国家培养人才,献身于科学研究。

高等学校教师的收入水平应该跟得上经济与社会的发展,跟得上高收入人群的收入增长速度,及时并合理地分享到发展成果。

最后,应该消除学校间因为行政隶属关系和专业特征造成的收入差异。

3. 应该让高等学校教师享有较高水平并稳定的收入、福利保障,切实实现安居乐业

高等教育应该坚持其公益性质,由公共财政予以足够支持。过度的市场化已经给高校和教师、给国家和民族造成了诸多不利后果,随时间的发展这些后果越来越被明显地观察到。对于过度的市场化、对于财政的甩包袱,应该及时和合理地加以抑制。

无论是哪个领域,市场化的后果之一都是收入的两极化。两极化对高等院校的负面作用远远大于在物质生产领域的负面作用。高等院校必须对市场的副作用,特别是过度市场化的副作用进行平衡和补偿。

高校教师必然面对学校外的消费市场,其收入的变动往往难与市场的变动相一致,其收入的增加很容易被市场的力量和运作所吞噬。应该对教师提供合理的市场保护,给他们构建一个防波堤以缓解市场的冲击。为此,应该为教师提供最起码的甚至相对充分的福利,包括住房、医疗、子女教育和老人赡养。

4. 应该体现鼓励和引导原则,辅以淘汰不适合教师职业者

高等教师的工作积极性调动应该坚持"鼓励为主,引导为主"。对教师的教学品质和科研成果,应该予以奖励,刺激其学术价值、学术兴趣和内在热情,而不应施加过多的外部行政压力和经济压力。应该通过规章制度、考核标准、课题指南等引导教师努力的方向,让他们理性和清晰地知道应该朝哪个方向前进。应该增加高校管理规则的制度化和程序化,让教师们相信"只要在教学和科研上积极努力,就能得到承认、得到奖励"。同时,应该对教师进行思想引导、道德引导,启示他们的工作和人生方向。

在人事管理中,应该加强教师"入口"和"出口"的制度建设和技术建设。高校的"进口"应该能够吸引真正对大学教学和科研感到有价值、有兴趣的人才进入。高校的"出口",应该促使那些不适合做大学教师工作的人员流出。通过"精炼队伍",避免那些为了管住个别不适合者将所有好的教师都束缚和压抑的制度。

(二) 高等院校教师教学和科研积极性的调动应该进行制度和政策创新

1. 改革和改善高等学校的治理模式,让教师真正和广泛地参与学校决策

改善和完善党委领导下的校长负责制,让高校管理走向科学化。高校管理应以科学的管理理论为基础,采用科学的管理制度和方法,避免简单的行政倾向。校长和党委书记都应是高等学校管理专家,而不仅仅是某一学科的专家或仅仅是行政官员。建立公立高校校长的资格证书制度,只有考取了资格证书才能担任校长,党委书记应该参照执行。对中层行政职务应进行岗位资格考试。高校的各级行政负责人每年应至少接受总时间一个月的科学管理培训。

教授委员会(或教师委员会)决定学术事务,参与和监督政策的执行。高等学校校长和党委书记的任命应该征求教授委员会的意见,并具有试用期。学校的学术事务(教学事务、科研事务)和相关人事事务应该以教授委员会为主进行决策,包括专业和课程设置、专业职务设置、教师招聘和录用、专业职务聘任、专业人员考核、校内各类科研项目的设定和评审、学术奖项的设定和评选等。在学术领域,教授委员会应该成为决策机构,决定政策和规章制度;行政机构应该成为执行部门,根据规章制度具体执行和落实,教授委员会对此进行监督。

教职工代表大会参与学校重大行政事项的决策,对重要相关事项行使决策权。这包括校内的干部制度、资金使用、工资制度、福利制度、住房保障制度等。行政部门起草相关制度,征求教代会意见应成为必经的程序。应设立政策制定与修改的听证会制度、说明会制度、咨询会制度,由学校工会负责组织和运行。关涉教师切身利益的事项应该由教职工代表大会投

票通过。应明确学校工会的职工利益代表职能和权利维护职能，以工会和教代会为主建立起教职工申诉机制和人事纠纷调解机制。

设置和改进制度模式、决策程序，实现党委、校长、教授委员会、教职工代表大会的合理配置和有机衔接。各个权力机构的决策和运行，都应该有其他权力机构的制度嵌入；各项重要事务的决定，都应该同时或相继地由各个权力机构参与。由此，实现对学校共同事务的广泛性、多层面社会协商。例如，党委对于重要事项的决定，应该作为必经程序由校长、教授委员会、教职工代表大会参加意见。教授委员会对于学术事务的决定，应该作为必经程序由党委、校长、教职工代表大会参加意见。应该实行和完善多方参加的委员会制度，例如，教授委员会的代表（党员）担任学校的党委委员，教授委员会的代表担任学校管理委员会的委员，党员教授作为党委的代表担任教授委员会的委员，教代会内设置教学、行政、教辅等代表团组。

设置微观领域的民主管理和广泛参与制度，保护最基层教师的利益。例如，课题组长应向课题组成员报告经费开支等。

2. 将高等教育定位于社会公益事业，由政府全额或足额投入经费

让高等教育回归公益，作为公共财政的重要职能。高等院校走向市场经营的历史和现实都表明，其负面作用大大超过其正面作用。公共财政对高校应该像对中小学一样实行全额拨款，对学生的收费应该严格限制并逐渐减少。应该鼓励开办私立的高等学校，当前的某些公办高校也可以转为私立学校，实行收入的市场化或民办公助。但是，只要是国家开办的高等学校，就应该由开办者全额或足额投入经费。

3. 对高校教师实行公务员待遇，收入达到社会中上水平，实行高薪养教

应明确对高校全职教师实行公务员待遇，甚或建立专业技术人员的公务员系列。迄今为止，德国、法国、日本，国立和公立高等学校教师都属于公务员序列，中国台湾和香港高校教师的待遇情况基本相同。在香港，高校教授的收入等级对等于特区政府的部长。在日本，大学教授的收入在129种职业调查中位居第二位，仅次于飞行员。将高校教师与公务员剥离，实行职位、待遇的差异化，无论对于教学、科研还是对于政治稳定、社会和谐皆无利处可言。应该建立职务/职位对应制度和联动制度，让高校教师

的工资福利与相应职务的公务员对等，并随公务员的工资提高而提高。

应建立统一的工资制度，使相同职位的教师的收入基本相同。同一个学校的各个院系，同样级别的教授，其工资（国家资金、学校资金）应基本相同。北京市属各高校之间、市属高校与部属高校之间，同样级别教师的收入应该基本拉平。

对教学、科研工作相对突出，工作时间较长的教师，提供特殊的物质奖励。对踏实教学、保证质量的教师提供特殊津贴。

4. 建立与高等教师特点相适应的保障制度，提高福利水平

在日本，国家或公立高校都为教师提供住房（低租金或低价格），中国台湾和香港高校教师的情况也大致如此。这些国家或地区的高校管理者认为，根据教师职业和工作积极性形成的特点，无论如何都应该解决他们的住房问题。我们应该给新进入高校的年轻教师提供免费的或低租金的宿舍，让年轻教师安居乐业。地方政府应该出台针对高校年轻教师的特殊政策，提供特殊的廉租房。应该允许高校出资为本校教师建设廉租房或周转房。

高校的幼儿园、附属小学、附属中学应该为本校教职工子女提供足够的入学名额，降低学费。

高校的医院应该进一步改善医疗条件，为本校教师提供高质量、低价格和方便性的医疗服务。

5. 规范高校和教师的市场行为，将市场经营限制在狭小的范围之内

限制教师个人的市场经营行为。限制教师在外兼职全职和半职职务，禁止开办以营利为目的的公司并担任负责人。

课题经费的使用应坚持项目用途，只能用于项目运行，加强对课题完成的质量检查。应建立学术休假制度并鼓励教师利用学术休假进行科研活动。应制定和修改课题经费的管理制度，教师学术假期间的工资可以从课题费中列支，寒假和暑假的科研活动也可从课题费中列支。

高校教师的科研成果转化应该属于职务行为，由学校资助、学校出售、学校收益，根据国家和教授委员会制定的政策奖励创新者。

第三章　高校收入分配影响因素分析

赵卫华[*]

一　当前中国高校的收入分配问题

长期以来，我国高校收入分配体制是带有浓厚的计划经济色彩的国家管理工资体制，具有重资历、重身份的特征。经过多次收入分配改革，特别是20世纪90年代末期以来，高校人事分配制度改革不断深入，各高校逐渐建立起以"岗位绩效"为核心的收入分配和激励制度。目前已经形成了以国家工资、地方性津贴、岗位津贴和福利收入为基本结构的多元化收入分配格局，高校内部的收入差距在不断拉大。[①]

中国高校的收入分配制度改革旨在打破身份制，建立以"绩效"为核心的收入分配和绩效考核制度。当前，高校收入分配制度改革取得进展，但是这种改革是否达到了预期目的，是否真正建立了以"绩效"为标准的收入分配制度，收入分配制度是否具有良好的激励作用，则是值得讨论的。

当前高校收入分配还存在很多问题，导致员工普遍感到不公平，收入分配体系缺乏有效的激励作用。收入分配改革的一个结果是高校内部收入差距拉大，特别是在备受诟病的高校行政化影响之下，收入差距拉大被认为难以发挥收入分配的激励作用，反而引发了强烈的收入分配不公平感。根据本课题组的抽样调查数据，北京高校教职工的平均年收入是74328元，

---

[*] 赵卫华，北京工业大学人文社会科学学院副教授。
[①] 吕黎江、盛亚东：《高校收入分配政策之实证分析》，《浙江社会科学》2002年第5期，第99~101页。

但是有高达60%以上的人收入水平在平均值以下。10%的最高收入者平均收入是10%最低收入者的3倍以上。比全国最高10%和最低10%的收入差距还要大。从教师的感受看，50%的人认为高校内部专业技术人员之间收入差距大，72.3%的人认为单位领导与专业技术人员之间的收入差距大。高校教师对收入分配的公平感和满意度都较低。很多教师认为收入水平不能反映自己的劳动付出，内部收入分配不公平，对高校的行政化导向意见很大。

本研究的问题是，在高校，哪些因素在决定着高校教职工的收入水平？人力资本（学历）、学术地位（职称）、行政资源、劳动投入这些在劳动力市场上都非常重要的因素与高校教职工的工资和收入有着怎么的关联？对于高校教职工来说，体制内的收入（工资收入）和市场化影响下的市场化收入（总收入）在决定机制上存在什么差异？这种收入分配决定机制的背后原因是什么？

二 关于收入决定机制的研究

关于收入的决定机制，最常用的是人力资本收益率模型。在教育收入研究中，教育被看做一项投资，教育收益率是衡量教育投资收益的一个重要指标。教育收益率研究的是教育作为一项个人（以及家庭）和社会（政府公共支出）投资的收益率的大小，可以分为个人收益率与社会收益率。计算个人教育收益率的一个重要模型是研究者普遍采用的明瑟教育收益率模型。明瑟收益率指的是利用明瑟收入函数计算出的教育边际收益率，反映了受教育者多受一年教育收入的变化率。明瑟的人力资本投资函数只考虑了两种人力资本形式对个人收入或工资的影响，一是从学校教育中获得的知识，可以用教育年限作为代理变量；二是在工作实践中积累的技能，可以用工龄作为代理变量。估算明瑟收益率只需要毕业生收入数据。[①] 由于简便易行，明瑟法成为教育经济学领域计算教育收益率的主要方法。但是这个方法意味着个人教育收益率在劳动力市场上是统一决定的，因而它与

---

① 陈晓宇等：《20世纪90年代中国城镇教育收益率的变化与启示》，《北京大学教育评论》2003年第2期，第65~72页。

企业的所有制性质、行业差异、地区差异是无关的。另外，它还意味着如果不同所有制单位之间、不同行业之间、不同地区之间存在着收入差异，教育并不成为人们就业选择的决定因素。在这样的假定前提下，教育的间接效应是不存在的，于是，教育的毛收益和纯收益是相等的。显然，这些假定是与中国城镇的劳动力市场的现实状况不一致的。① 所以，在中国，研究者通常根据自己的研究目的，在模型中加入其他变量，如性别、城乡、地区、所有制等控制变量。

在国内，不少人做过教育收益率方面的研究。从国内的研究看，学者们在应用明瑟人力资本投资函数时，从不同侧面考虑了中国劳动力市场的分割性。不同研究者根据自己的研究对象和研究目的，增加了各种控制变量对收入的影响。例如，李实在基本模型中加入了性别、党员身份、工作单位所有制、单位盈亏状况、单位所在产业、地区等控制变量。陈晓宇等运用基本模型计算了我国不同年份总的教育收益率，分别在扩展模型中计算了不同所有制和不同参加工作时期的教育收益率。李春玲在模型中，对影响因变量收入的自变量采用了教育程度、工龄、性别、教育年限、城乡、单位类型、部门等多个变量，计算了教育收益差异以及失业率差异。

总体来看，国内研究教育收益率都是对一个复杂的劳动力市场的研究，而很少有对一个同质性较强的行业进行的研究。高校系统作为一个同质性较强的行业，不存在劳动力市场的分割问题，不存在行业差距、地区差距、所有制差距等问题，所以更符合明瑟教育收益率的假设条件。本文拟根据北京市高校的抽样调查数据，从教育回报率的视角出发，对高校系统的收入分配影响因素进行分析。

三　高校收入决定机制的实证分析

本研究主要根据前人有关收入分配决定机制的基本指标以及当前在教师收入分配中比较具有争议的一些因素提出研究假设，并通过大样本的抽

---

① 李实、丁赛：《中国城镇教育收益率的长期变动趋势》，《中国社会科学》2003年第6期，第58~72页。

样调查数据进行验证。

（一）研究假设

大学是一个知识传授和知识生产的地方，是高层次人才云集的地方，经典的人力资本回报的模型所关注的因素，即学历以及工龄对个人的收入有怎样的影响呢？高学历是带来高收入的原因吗？高校经过历次改革，还是论资排辈吗？工龄是决定收入高低的因素吗？这是经典的人力资源收益模型最关心的问题，也是本研究第一个要回答的问题，由此得出假设一：

假设1：人力资本假设，即在高校内部，受教育程度、工龄对收入具有显著影响，受教育程度高者、工龄长者收入也会较高。

教师是学校的宝贵财富，重视教师，是重视学术的一个重要表现。学术地位在高校收入分配中有怎样的影响呢，一般来说，相较于其他方面而言，学术地位应该在高校收入分配中有充分的体现，所以本研究的假设之二即学术地位假设。

假设2：学术地位假设，即在高校内部，代表学术地位的职称对收入具有很大影响，专业技术职称高者收入水平也高。

近年来，社会上对大学行政化的批评不绝于耳，大学行政化却愈演愈烈。行政力量在大学的影响力日益强大，那么在高校内部的收入分配上，行政化产生了怎样的影响，这是本文试图回答的问题之一。关于行政化，本文有两个层次的变量。

一是在单位层次上单位行政级别的影响。在转型研究中，美国的著名学者魏昂德在其关于中国的研究中发现，在再分配经济中，组织的权力对资源配置有非常重要的作用，工作单位的预算级别决定了单位的地位，并对个人的收入分配产生影响，改革开放以后，单位的预算级别依然对收入和福利有重要的影响作用。[①] 那么在高校经历了多次市场化改革之后，学校的预算级别对高校人员的收入分配的影响是否还存在呢？具体来说，地方院校与部属院校，进入211工程、985工程与没有进入这些工程的院校，对

---

① 魏昂德：《再分配经济中的产权与社会分层》，《市场转型与社会分层》，三联书店，2002，第116~144页。

个人的收入分配是否有明显的影响呢？

二是在个人层次上行政因素的影响。这有两个方面，一是在高校担任行政职务对个人收入分配的影响；二是单位内部教师工作岗位和非教师工作岗位对个人收入分配的影响，由此得到假设之三。

假设3：行政资源假设，（1）在高校之间，行政级别较高的学校，教职工的收入较高，这里的级别有两个指标：一是部属学校比市属学校教职工收入高，二是985高校教职工比其他高校收入水平高。（2）在高校内部，行政资源对收入分配有很大影响，有行政职位者会比没有行政职位者收入高。这里有两个指标：一是担任行政职务的影响；二是教学岗位（即教师与非教学的教辅及行政管理岗），对这两个岗位的影响分别检验。

假设4：劳动投入假设，即劳动投入越多，收入越高。随着20世纪90年代以来的大学市场化改革，大学成为一个市场主体，其创收的冲动非常强烈。大学要创收，教师也要创收，这种创收的压力传导到每一个教师的身上。在这样一种市场化的导向下，拉课题、做课题成为衡量教师工作业绩的重要指标。教学和科研压力巨大，教师超时工作的现象非常普遍。那么劳动投入和教师收入是怎样的关系呢，这是要验证的假设之四，即劳动投入假设。在高校中，对教师绩效的考核一般是教学科研成就，但是由于近年来量化考核带来的粗制滥造作品泛滥，所以用论文著作的数量来衡量绩效饱受诟病。本研究假设高校教职工单位工作时间投入所创造的价值是一样的，进而用一周工作时间作为劳动投入指标，一周劳动时间越长，收入越高。

（二）模型

以明瑟教育收益率模型为基础，建立多元回归分析模型：

$$Ln（Y）= a + b_1 S + b_2 X + b_{21} X^2 + b_3 Q + b_4 T + b_5 P + b_i Z_i + \varepsilon$$

式中Ln（Y）为个人收入的对数，Y表示收入，S为受教育年限，X表示工龄，工龄的平方项用来反映工龄与收入的非线性关系，Q表示有无行政职务，T表示是否教学岗位，P表示职称高低，ε为误差项，b表示各变量的回归系数。系数b_1即在不考虑教育成本的情况下就业者从学校教育中获得的个人收益率,又简称为教育收益率;而就业者从工作经验中获得的人力资本的个人收益率从系数 b_2 和 b_3 中获得,b_3、b_4、b_5 则分别是行政资源和学术地位对收入的贡献率。

根据上述基本模型,在工资性收入的决定机制模型中,因变量是工资收入的自然对数,[①] 自变量包括:受教育年限、工作年限、教育年限×工作年限、专业技术职称、工作岗位(是否教师)、行政级别、专业技术职称×行政级别、学校类别、学校的隶属关系、个人的劳动投入(一周工作时间),另外,还有一个作为控制变量的性别,变量的具体操作化指标如下:

自变量:受教育年限是把学历换算为受教育年限;工作年限是指从开始工作到2010年;专业技术职称是定序变量,作为定距变量纳入模型,即设有定级=1、初级=2、中级=3、副高=4、正高=5;工作岗位(是否教师)是虚拟变量,教师=1,非教师=0;行政级别、性别是定序变量,作为定距变量纳入,专业技术职称×行政级别的交叉影响是二者的乘积;学校类别为虚拟变量,985院校=1,其他=0;[②] 学校隶属关系是虚拟变量,市属=0,部属=1。考虑到高校绩效指标的数量化存在种种问题,所以对于工作绩效,采用工作投入时间,即一周工作小时数;性别是虚拟变量,男性=1,女性=0。

因变量有两个:一是年工资收入的对数,工资收入是教职工从学校活动的工资、福利、奖励等各项学校发的工资总额,工资表明一个人在单位工作的回报。

另一个是年总收入的对数。总收入既包括工资收入,也包括教职工在单位以外获得的各种收入,包括校外兼职讲课、评审、投资等收入,总收入包括了一个人由职位因素和非职位因素带来的市场化收入。

---

① 对工资性收入取对数是为了校正工资收入分布的非正态性,笔者用工资收入和工资收入对数分别进行了测算,两者在统计结论上没有差别,但是系数有些微变化,为了利于与同类研究比较,故采用收入的对数作为因变量。

② 北京是重点高校云集的地方,部属高校大多是985和211,市属高校只有1所211,没有985,而且这所高校的收入在北京市属高校中也属于收入偏低的类别。在模型中,分别将985高校、211高校和其他高校三类放入模型,三者的差别不显著,把985和211作为一类和其他类比较,不能增强模型的解释力,最后分类为985和其他高校,提高了模型的解释力。

表 3-1 数据基本情况

自变量		频数	百分比	自变量		频数	百分比
性别	女	829	49.5	专业技术职称	未定级	26	1.5
	男	846	50.5		初级	114	6.8
教育程度	高中、职高、技校及以下	9	0.5		中级	656	39.0
	中专	6	0.4		副高级	602	35.8
	大专	62	3.7		正高级	284	16.9
	本科	337	20.0	行政级别	不担任行政职务	1198	70.9
	硕士	511	30.4		科级以下	95	5.6
	博士	756	45.0		科级	199	11.8
工作岗位	非教师	417	24.7		处级	194	11.5
	教师	1273	75.3		司局级及以上	4	0.2
高校隶属关系	部属	708	41.9	是否985	985高校	526	31.1
	市属	981	58.1		非985高校	1164	68.9
工作年限		16.7年		一周工作时间		51.6小时	

本研究使用的数据是本课题组2011年在北京高校调查获得，本次调查采用分层抽样，首先在北京抽取18所高校，其中市属高校11所、部属高校7所。高校选取的标准是市属高校2009年年末在职教职工1000人以上，部属高校4000人以上。其次采用随机抽样方法，在市属高校按照80%的概率保证程度，根据人（年）平均工资的极限误差为600元，确定抽样调查人数为982人。部属高校按照68.27%的概率保证程度，根据人（年）平均工资的极限误差为600元，确定抽样调查人数为601人。18所高校实际共收回有效问卷1697份。考虑到市属高校和部属高校教师人数的比例和教师职称结构不同，利用北京地区2009年年末市属高校和部属高校教职工总人数的比例，对调查数据进行了加权处理。

（三）数据结果

1. 工资收入的决定机制分析

关于工资收入的决定机制，分别拟合了7个模型，这7个模型都非常显著。模型1是根据明瑟教育收入率的基本模型计算的，主要看受教育年限和工作年限对收入的影响，从模型结果看，在高校，受教育年限和工作年限都对工资收入有显著影响，教育毛收益率是 4.9%，即多接受一年教育，工资收入增加 4.9%。这个模型能够解释 20.2% 的误差。在模型 2 中，加入了专业技术职称的影响，R^2 值升高到 0.303，模型的解释力显著增强。在模型 3 中，进一步增加行政级别变量，模型的 R^2 值提高到 0.333，教育年限、专业技术职称和行政级别都显著，但是工作年限不显著了。在模型 4 中，进一步加入工作岗位变量（教师 = 1，其他 = 0），模型的 R^2 值下降，工作岗位变量不显著，说明是否教师在工资收入上没有显著差别。接着剔除工作岗位变量，进一步加入性别、行政职务与技术职称的交互影响、教育程度与工作年限的交叉影响纳入模型，得到模型 5，模型 5 的 R^2 值进一步提高，达到了 0.345。考虑到单位差别可能对教职工的收入分配有影响，把高校的行政隶属关系和类型的差别变量，即高校是省（市）还是部属以及高校是否是 985 高校两个变量纳入模型，R^2 进一步升高，工作年限不显著了，但这些单位属性的变量则都是显著的，也就是说市属高校和部属高校，985 高校和其他高校的教职工在工资收入方面存在显著的差距，最后把绩效指标，即一周劳动时间纳入，得到模型 7，结果，劳动投入时间不显著，其他变量的影响方向都没有变化，但 R^2 进一步提高到 0.358（见表 3-2）。

根据回归分析结果得到以下结论。

第一，教育收益率和工作经验的影响。大学教职工是一个高学历的群体，至少都接受了中等教育和高等教育，在这个群体内，教育收益率相对于社会整体来说并不高，从人力资源回报率的模型看，其毛收益率是 4.9%，低于全行业的教育收益率。当控制了其他因素的影响后，教育收益率逐步下降，特别是在模型 6 中，教育的收益率是负的，而且不显著，说明受教育年限对收入的影响极其微弱。

工作经验（工作年限）是人力资源的一个重要方面。在改革开放以前，在单位体制内部，工龄与收入存在一种直线关系，[①] 但是改革开放以后，很多研究都表明，工资与收入之间并非直线关系，在一定年龄劳动者收入达

---

① Xin Meng 2000, Labour Market Reform in China, Pitt Building: Cambridge University Press.

表 3-2 工资收入的决定模型

	模型 1	模型 2	模型 3	模型 4	模型 5	模型 6	模型 7
(常量)	9.621	9.898	9.808	9.814	10.250	10.215	10.203
受教育年限	.049*** (.004)	.010* (.004)	.014** (.004)	.013** (.079)	-.009 (.008)	-.007 (.008)	-.006 (.008)
工作年限	.023*** (.003)	.006* (.003)	.005 (.003)	.005** (.003)	-.016* (.007)	-.014 (.007)	-.014 (.008)
工作年限的平方	.000* (.000)	.0000 (.000)	1.426E-5 (.000)	1.320E-5 (.000)	5.718E-5 (.000)	2.669E-5 (.000)	2.463E-5 (.000)
专业技术职称		.197*** (.013)	.192*** (.013)	.191*** (.013)	.132*** (.025)	.131*** (.025)	.121*** (.025)
行政级别			.047*** (.005)	.047*** (.006)	.63*** (.009)	.060*** (.009)	.062*** (.009)
工作岗位 (教师=1)				.007 (.023)			
行政级别与专业技术职称的交叉					.012** (.004)	.012** (.004)	.013** (.004)
受教育年限与工作年限的交叉					.001** (.000)	.001** (.000)	.001** (.000)
部属=1						-.136*** (.027)	-.139*** (.028)
985 高校=1						.169*** (.028)	.175*** (.029)
工作时间							.000 (.001)
性别					.054** (.017)	.048** (.017)	.047** (.017)
	N=1602 F=136.105*** Aj. R²=0.202	N=1598 F=174.361*** Aj. R²=0.303	N=1598 F=160.459*** Aj. R²=0.333	N=1598 F=133.654*** Aj. R²=0.332	N=1586 F=105.480*** Aj. R²=0.345	N=1585 F=88.780*** Aj. R²=0.356	N=1514 F=77.589*** Aj. R²=0.358

因变量:工资收入的对数,格中第一个数是非标准化回归系数,括号内是标准误,***Sig<0.001,**sig<0.01,*sig<0.05。

到顶点后会逐渐下降。而本研究结果表明,在高校,原来的那种单位制的工资模式已不存在。资历不再是决定收入高低的重要因素。在模型1中,工龄的平方是显著的,说明收入与工龄是非直线关系,但是当加入了专业技术职称等其他因素的影响后,如加入行政职务、性别、行政职务与职称的交叉、受教育年限与工作年限的交叉影响、学校隶属关系以及是否985高校等因素之后,工作年限的系数是负的,而且其对工资收入的影响是不显著的。这说明,在高校,工作年限对收入的影响是非常微弱的。

教育和工作年限对收入的影响表现在二者的交叉效应上。从模型6看,教育与工作年限的交叉影响是正的、显著的。这说明,在高校,虽然高学历并不带来高收入,甚至有的高学历者收入还会更低一些,如刚毕业的博士,但是随着工作年限的增长,教育的收益会逐渐显现出来,但是这种影响也是比较微弱的,其系数只有0.1%。

第二,学术地位对工资收入的影响最大,而且与行政职务有累积效应。以专业技术职称为标志,专业技术职称越高,收入越高,专业技术职称对收入的贡献最大。从模型6看,在控制了其他因素的影响后,专业技术职称每提高一级对工资收入的贡献达到13.1%。这说明,学术地位是体制内高收入的最重要影响因素。而且,学术地位与行政级别的交叉效应也是显著的,这意味着,如果学术地位高,又有行政职务,二者还会产生一种累积效应,进一步提高其在收入分配体系中的地位。

第三,行政地位对收入的影响,一是表现在行政级别越高,其收入越高。平均来看,行政级别提高一级可能增加6%的收入。二是表现在教师和非教师岗位没有差别,模型4显示,[①] 教师和非教师岗位在工资收入方面并没有显著差别,说明在高校内部,不同工作岗位,即教师和行政办事人员在工资收入方面并没有差别,这种分配模式也是行政化的又一个表现。三是高校的行政级别,是否进入985工程对教职工的收入分配影响较大。部属高校、985高校教职工的收入水平要高于市属和非985高校的收入。

第四,工作投入对收入的影响。从工作投入时间看,高校教职工工作投

---

① 由于该变量对模型解释力没有贡献,在后面的模型中剔除了该变量。

入时间对工资收入的影响不显著，工作时间多少与工资收入没有直接关系。

第五，性别对收入分配的影响显著，说明在高校，虽然表面看来男女是同工同酬的，但是在机会结构等方面，隐性的性别差别还是存在的。

2. 总收入的决定机制分析

总收入是工资收入与工资外收入之和，总收入的差别实际上体现的是教师通过本职工作和市场化方式获得收入的差别。对于总收入的决定机制，也拟合了7个模型。在模型1中，采用明瑟收益率模型测算高校内部的教育收益率。教育年限和工作年限都是有显著影响的，但是模型的解释力不高，调整后的 R^2 值只有0.178。在模型2、模型3中，逐次加入专业技术职称和行政级别两个变量，结果显示，这两个变量的影响都非常显著，加入这两个变量以后，工作年限的影响不再显著。在模型4中，加入了工作岗位的变量，结果显示，这个变量不显著，对整个模型的解释力也没有贡献。去掉这个变量，在模型中加入了控制变量性别、专业技术职称与行政级别的交叉影响、受教育年限与工作年限的交互影响，模型的解释力进一步提高，而且，这种交互影响不但显著，也改变了其他因素对收入的影响，如教育本身的影响也变得不显著了。考虑到单位性质，即高校隶属关系、级别对教职工收入的影响，加入学校隶属（是否部属）、是否985高校，构建模型6，模型6中学校隶属关系不显著，但是否985高校则影响显著。最后加入工作时间变量，模型7显示，工作时间对总收入的影响也是不显著的（见表3-3）。

关于总收入模型分析的几点结论。

总收入的决定机制与工资收入有很多相似之处：

第一，教育和工作年限的影响。教育对总收入的影响是复杂的。从明瑟收益率模型看，教育的毛收益率达到了6.3%，很多学者在20世纪80~90年代有关中国教育明瑟收益率的研究结果在2%~6%，低于世界平均水平（约为10%），而李春玲采用全国抽样调查数据所估计的教育收益率为11.8%，加入关键性的制度和结构控制变量，教育收益率则为5%~6%。

在本研究中，与工资收入一样，受教育年限和工作年限对总收入的影响都是不显著的。说明个人在市场上获得收入的能力与教育和经验都没有关系，但是教育年限和工作年限的交叉影响是显著的，也就是教育程度高、工作年限长者，其获得工资外收入可能就多。

表 3 – 3　总收入的决定模型

	模型 1	模型 2	模型 3	模型 4	模型 5	模型 6	模型 7
（常量）	9.489	9.824	9.736	9.773	10.116	10.133	10.102
受教育年限	.063＊＊＊（.004）	.015＊＊（.005）	.019＊＊＊（.005）	.016＊＊（.005）	-.001（.009）	-.002（.009）	.002（.009）
工作年限	.026＊＊＊（.003）	.005（.003）	.004（.003）	.004（.003）	-.015（.009）	-.014（.009）	-.013（.009）
工作年限的平方	.000＊＊（.000）	-7.373E-6（.000）	5.141E-6（.000）	-1.581E-6（.000）	4.262E-5（.000）	1.232E-5（.000）	8.206E-6（.000）
专业技术职称		.224＊＊＊（.016）	.238＊＊＊（.015）	.234＊＊＊（.016）	.227＊＊＊（.030）	.216＊＊＊（.030）	.211＊＊＊（.030）
行政级别			.047＊＊＊（.007）	.049＊＊＊（.007）	.048＊（.010）	.046＊＊＊（.010）	.048＊＊＊（.011）
工作岗位（教师 = 1）				.039（.027）			
行政级别与专业技术职称的交叉					.002（0.05）	.002（.005）	.003（.005）
受教育年限与工作年限的交叉					.001＊（.000）	.001＊（.000）	.001＊（.000）
学校隶属（部属高校 = 1）						-.025（.033）	-.014（.034）
985 高校 = 1，其他 = 0						.106＊＊＊（.035）	.100＊＊＊（.035）
工作投入时间							-.001（.001）
性别					.067＊＊＊（.020）	.061＊＊＊（.020）	.061＊＊＊（.021）
因变量：Ln 工资收入	N = 1655 F = 120.424＊＊＊ Aj. R² = 0.178	N = 1651 F = 164.772＊＊＊ Aj. R² = 0.284	N = 1651 F = 146.220＊＊＊ Aj. R2 = 0.305	N = 1651 F = 122.274＊＊＊ Aj. R2 = 0.306	N = 1638 F = 95.148＊＊＊ Aj. R² = 0.315	N = 1637 F = 77.498＊＊＊ Aj. R² = 0.318	N = 1558 F = 77.498＊＊＊ Aj. R² = 0.320

注：因变量是总收入的对数，格中第一个数是非标准化回归系数，括号里面是标准误，＊＊＊Sig＜0.001，＊＊sig＜0.01，＊sig＜0.05

第二，学术地位的影响。职称对总收入的影响最大。职称越高，总收入也越高。职称提高一级带来的总收入提高达到21.6%。这意味着高技术职称不但是获得较高工资收入的最重要决定因素，更是获得较高总收入的最重要决定因素。

第三，行政地位的影响。一是个人的行政级别，个人行政级别对总收入的影响非常显著，其非标准化回归系数是0.046。也就说，行政级别每提高一级可能带来4.6%的总收入增长。二是学校的行政地位，学校的行政地位对收入有显著影响，985学校的教职工比非985高校的教职工拥有更多的市场化收入，其非标准化回归系数是0.106。

第四，工作投入对总收入的影响。从模型看，工作投入时间不显著，即工作投入时间多少与总收入多少也没有任何关系。

第五，性别的影响。性别对总收入的影响也非常显著，男性比女性的总收入更高一些。

比较总收入和工资收入的决定机制发现，代表学术地位的职称和代表行政地位的行政级别、高校隶属关系、是否985高校这三个因素是决定工资收入和总收入的最重要因素，职称高和行政级别高，既是获得较高工资收入的因素，也是获得其他较高收入的因素。而学历本身对收入并没有影响，只有工作一定年限后，学历的优势才有所凸显，但是其对收入提高的效应是很小的。

四 几点讨论

目前，很多高校建立了岗位绩效工资制度，旨在建立与岗位职责、工作业绩、实际贡献紧密联系和鼓励创新创造的分配激励机制。虽然高校收入分配制度改革建设取得了很显著的效果，但是调查中发现，这种收入分配制度在实际执行过程中仍然存在较多问题，并没有很好地为高校教职工所认同。通过本文的分析可以看出，高校收入分配的决定机制确实存在一定的不合理之处。

（一）行政地位对收入分配的影响太强

从数据结果看，第一，在高校，个人的行政资源越多，行政地位越高，收入越高；而且，学术地位和行政地位的交互效应对提高工资收入也有显著的影响，一个人学术地位高，又有较高的行政地位，比只有一种地位的人有更高的工资收入。第二，与其他人员相比，专任教师在高校收入分配中没有任何优势。第三，不同级别的高校在资源获取上能力不同，由此也影响到学校教职工的收入水平。总之，个人所在学校的行政地位越高（获得财政资源的能力越强），个人的收入越高。单位组织内部，个人越接近权力中心，获得的收益越多。

当前，中国高校行政化的现状和趋势饱受质疑，行政权处于支配地位，教师在教学、科研和学校管理中缺乏发言权。作为学校主体力量的教师，其智力劳动并没有很好地在工资和收入中有明显体现，这种过度行政化对于高等教育发展是不利的。第一，这是影响高校教师工作积极性的非常重要的因素；第二，行政职位的这种资源积聚能力也是很多教师"学而优则仕"的直接动力。在高校，很多教授去竞聘一个副处长位置的情况并不鲜见，甚至是最流行的升迁路径。学术权力依附于行政权力，导致创新动力不足，影响学术发展。

从理论上看，本研究从一个行业的样本回答了"市场转型理论"中持久争论的问题：社会主义国家从"再分配经济"转向"市场经济"以后，再分配权力是"市场转型"了还是"维续"的？从本研究看，对于高校的收入分配，人力资本的影响很弱，学校的级别、个人的行政职务对收入的影响都非常显著，这也是对"权力维续论"的一个支持证据。[①]

（二）高校职称的评定机制问题

职称，一般来说，作为一种技术资格，级别越高，代表水平越高，作为教育和科研单位的高校，职称高，收入高，这是没有问题的，在其他国家也是如此。但是为什么大家还会感到收入分配不公呢？问题在于职称评

[①] "市场转型理论"，是关于社会主义国家由"再分配经济"向"市场经济"转型后，其分层机制如何变化的理论，Victor Nee 1989 年提出关于社会主义国家市场转型后将出现一系列的分层机制的变迁，其中包括再分配权力将被削弱、人力资本的回报将上升、市场机会将增加等四个命题，该研究引发了社会学界关于社会主义国家转型后不平等机制的持久争论。边燕杰主编《市场转型与社会分层——美国社会学者分析中国》（三联书店，2002）一书中对这一理论争论有比较全面的收录。

定的标准是否科学、合理，职称评定是依据教学科研水平的高低还是依据其他因素，职称评定到底能不能反映能力和业绩，这是最主要的。

当前很多单位突出了"能者上"的原则，一些优秀的中青年教师可以被聘为较高的学术职称，突出了业绩和能力的重要性，这是很大的进步。但是，也应该看到，在很多高校，因为资历、行政地位而获得学术地位成为教授的并不鲜见。为评教授而拼凑文章，教授不教课、不做科研者亦不鲜见。这些现象的背后则是高校职称评定机制的不合理。一个教师学术水平的高低，同行是最有发言权的。而我国高校教师职称评定，恰恰缺乏同行的认可。因此，对目前的学术职称的评聘机制是否合理则是需要反思和改进的。①

（三）青年教师的待遇问题

在高校，学历（受教育年限）和工作资历（工作年限）对个人工资收入和总收入没有显著影响，只有高学历伴高资历才会带来收入的小幅度提高，但是其提高效应非常小。那些工作年限长，但没有职称和行政职务优势者，其收入是低的。工作资历在收入中不再起作用，这说明，过去计划经济时代长期存在的重身份和资历的"论资排辈"已经被职称和职位的高低取代了。

另外，在这个高学历者云集的地方，学历对收入没有影响，学历必须与资历结合才有影响，这恰恰反映了青年教师（大部分是博士）的困境。青年教师收入低，又缺少获得各种课题的机会，他们只能依附于有名气的教授，跟着教授的兴趣做各种课题。在他们最具有学术创造力的年龄，要为稻粱谋，这对他们的学术创造力是一个遏制和扼杀。

（四）高校收入分配的公平性

高校现有的分配机制改革的目标之一是数量化"绩效"，但是由于高校的绩效本身是不好界定的，对绩效的机械的、量化的认定标准则可能带来扭曲的结果。现在高校收入分配的一个结果就是"赢者通吃"，所有的资源

---

① 2012年4月23日，武汉大学法学院副教授因为没有评上教授而对评委教授大打出手。这个报道在社会上引起了较大反响，谁是谁非一时难辨，但却凸显了我国高校职称评定工作的问题之大。

倾向于集中到有名气的教授和有职务的人身上，越是有名气，获得资源的机会越多。而普通高校教师，则越来越被边缘化，这既表现在收入分配方面，也表现在其他各个层面。这种收入分配的决定机制大大影响了高校教师的工作积极性和收入公平感。

劳动投入多少对收入没有影响，也是公平性缺失的一个方面。虽然教师普遍存在超时工作的现象，但这些并不能在收入中得到体现。科研教学工作没有止境，想做好必须投入时间，但是，由于教育的投入产出比较难以衡量，在目前普遍的量化考核机制下，一个人上几节课、写几篇文章是考核的标准，而上课质量（效果）的好坏、文章质量的好坏，则难以纳入考核的范畴，这也是高校绩效考核的难点所在。时间投入与收入不成比例，在一定程度上会影响教师的工作积极性。

在调查问卷中有一个对学校收入公平度的评价题目，有很不公平、不大公平、一般、比较公平、很公平五个级别。"很不公平"赋值为1分，"不大公平"赋值为2分，"一般"赋值为3分，"比较公平"赋值为4分，"很公平"赋值为5分。分析结果表明，学校领导的评分最高（3.50），基层领导的评分次高（3.33），行政办事人员位于第三（3.32），中层领导位于第四（3.30），专任教师的自我评分最低（3.08）。教师与其他四类人员之间具有一个相当明显的落差。总体来看，比例较大的职称不高、无行政职位的普通教师在这种分配体制中处于不利地位。这也验证了我们的访谈结果。

教师是一个知识的传播者和创造者，其工作需要一种主动性和主体精神。当他们的地位越来越边缘化时，这个群体便成为一个被动的、消极的工作者。我们的调查显示，高校教师在各类科技人员中"积极创造、创新"的比例是最低的，在高校内部，普通高校教师的收入公平感是最低的，低于行政办事人员、学校基层领导和中高层领导。普通教师对工作的满意度是最低的，低于高校行政人员以及有行政职务的教师。可以说高校的这种分配体制及管理体制是很多教师工作积极性不高、收入公平感不高、工作满意度不高的重要原因。

总之，从目前高校收入分配决定机制来看，资源过度向职称和职位的顶部集中，对于调动广大教师的工作积极性是有不利影响的，对于青年教师的学术成长也是不利的。

第四章 不同类型高校教师的收入分配特点与激励效果研究

王　颉*

中国的高等院校分为中央部属高校和地方属高校两类。中央部属高校全称为"中华人民共和国中央部门直属高等学校",指以国务院教育行政部门和国务院其他有关部门为主管部门,并由其保证办学经费来源的高校。地方属高校指由省、自治区、直辖市人民政府为主管部门,并由其保障办学经费来源的高校。部属高校主要面向全国,培养关系国家发展全局以及行业性强的人才;地方属高校主要面向地方,为地方培养专业化人才。

研究北京市高等院校教师的收入分配特点与激励机制,不仅需要不同国家(地区)高等院校间的相互比较,也需要对北京市内的部属高等院校与市属高等院校的情况进行比较。① 两类大学的不同收入分配水平互为参照,本身就构成了或正或负的一种激励效果,而且比跨行业的比较更直观、可比性更强。本次调查共抽取了18所高校,调查问卷1697份。

不同类型高校教师的收入分配与激励效果问题越来越受到社会各界的关注。课题组认为,体制弊端和资源垄断构成了不同类型高校教师收入分

---

* 王颉,中国社会科学院社会学研究所研究员。
① 北京市共有中央各部委直属高等院校34所;市属高等院校22所;公办大专14所;民办高等院校8所。其中有"211"大学24所,即北京交通大学、北京工业大学、北京科技大学、北京化工大学、北京邮电大学、北京林业大学、中国传媒大学、中央音乐学院、对外经济贸易大学、北京中医药大学、北京外国语大学、中国地质大学、北京政法大学、中央财政大学、华北电力大学、北京体育大学。"985"大学8所,即清华大学、北京大学、中国人民大学、北京航空航天大学、北京理工大学、北京师范大学、中国农业大学、中央民族大学。由于"985"大学全部为"211"大学,所以"211"大学包括8所"985"大学,共计24所。

配的整体差距，过度的行政化与畸形的市场化加剧了教师群体的分化，拉大了个体间的贫富差距，从而颠覆了平等竞争的基础，造成了激励机制的低效甚至无效，阻断了中间群体形成和发育的链条，形成了部属高校教师与北京市市属高校教师收入分配上的整体差距和个体之间的两极分化。

一 不同类型高校教师薪酬收入的全面差距

高校教师的薪酬主要包括基本工资、年终奖金、节假日福利分配、讲课费收入、兼职讲课收入、科研收入、评审收入、稿费收入及其他兼职收入等。调查结果显示，从总体上看部属高等院校教师的各方面收入均高于北京市市属高校（以下简称市属高校）教师的收入。

（一）市属高校教师工资收入低于部属高校教师工资收入

工资是绝大多数高校教师的主要收入来源，特别是以授课为主要工作的教师其工资总收入中所占比例更高。问卷调查统计显示，市属高校教师工资收入明显低于部属高校教师工资收入（见表4-1）。

表4-1 两类高等院校教师工资收入情况

年工资收入（万元/年）	部属高校（%）	市属高校（%）
2万以下	0.7	1.7
2万~3万	4.1	4.4
3万~4万	9.4	12.7
4万~5万	17.6	20.6
5万~6万	19.3	21.3
6万~7万	17.1	18.0
7万~8万	8.6	6.3
8万~9万	8.4	6.0
9万~10万	3.1	3.3
10万~15万	9.6	4.6
15万~20万	1.3	0.6
20万以上	0.7	0.4

如表 4-1 所示，年收入 5 万以下的较低收入者所占比例，部属高校为 31.8%，市属高校为 39.4%；年收入 5 万~7 万的中等收入者所占比例，部属高校为 36.4%，市属高校为 39.3%；年收入 7 万~10 万的较高收入者所占比例，部属高校为 20.1%，市属高校为 15.6%；10 万~20 万的高收入者所占比例，部属高校为 10.9%，市属高校为 5.2%；年收入 20 万以上的最高收入者所占比例，部属高校为 0.7%，市属高校为 0.4%。

以上数据反映出，市属高校教师的年工资收入分组中，低收入群体所占比例高于部属高校 7.6 个百分点；中等收入群体所占比例高于部属高校 2.9 个百分点；较高收入群体所占比例低于部属高校 4.5 个百分点；高收入与最高收入群体所占比例低于部属高校 6 个百分点。可见，市属高校教师的工资收入明显低于部属高校教师的工资收入，二者的工资收入相差的幅度远远超过课题组调查前的预想。

（二）部属高校教师年终奖金数额高于市属高校

年终奖金是中低收入教师年收入的重要组成部分，其数额常常相当于一个月甚至数月的工资。调查资料显示，市属高校教师中有高达 47.7% 接近半数没有年终奖金；部属高校中没有年终奖金的教师仅占 25.8%。如果进一步分析，就可看到在分配金额上两类学校同样存在较大差距。年终奖金为 2000 元以下的，在市属高校教师中占 13.7%，在部属高校教师中仅占 7.3%。市属高校教师中，年终奖金以中低等为主，得到 2000~4000 元的占 16.1%。在部属高校教师中，普遍获得的是 4000~6000 元、6000~8000 元、8000~10000 元的高额奖金。更为突出的是，部属高校教师中获得 10000~20000 元以及 20000 元以上年终奖的比例高达 33.8%，占教师总数的 1/3 强。市属高校教师中获得最高年终奖的比例仅为 10.0%。可以说，市属高校教师中近半数没有年终奖金，半数能得到年终奖的教师，其奖金数额也是以中低等为主；部属高校教师获奖面近 3/4，多数教师所获年终奖金以高等级和最高等级为主（见表 4-2）。

表4-2　两类高校教师年终奖金收入情况

年终奖金数额（元）	部属高校（%）	市属高校（%）
0	25.8	47.7
0~2000	7.3	13.7
2000~4000	13.9	16.1
4000~6000	11.6	8.0
6000~8000	4.3	2.5
8000~10000	3.4	2.0
10000~20000	18.4	7.7
20000元以上	15.4	2.3

（三）节日福利收入

两类高校教师的节假日福利收入差距不大，没有收入和2000元以下的低收入分组在部属高校和市属高校教师中的比例大体相似。2000~3000元、3000~4000元的中等收入分组所占比例，市属高校略高于部属高校。4000~5000元及5000元以上的高等收入分组所占比例，部属高校均高于市属高校。作为高校教师的节日福利，在中低收入分组中所占比例，部属高校教师与市属高校教师基本持平；而高额收入和最高额收入分组所占比例部属高校均高于市属高校，这与部属高校拥有更多的资源、利用科技优势、居于垄断地位以及社会声誉较高等有利条件相关（见表4-3）。

表4-3　节日福利收入

节日福利收入数额（元）	部属高校（%）	市属高校（%）
0	17.3	15.7
0~1000	38.6	40.2
1000~2000	16.4	17.9
2000~3000	8.5	9.0
3000~4000	4.1	7.4
4000~5000	6.5	5.7
5000元以上	8.5	4.0

(四) 讲课费收入

作为高校教师,讲课是本职工作。为鼓励教师立足本职搞好教学工作,给讲课多的教师更多的讲课费体现的是公平公正、多劳多得。在同一所学校里一部分讲课多的教师获得更多的讲课费应该不成问题,问题是在不同类型的高校之间讲课费的分配却相差许多,市属高校教师对此颇有微词,一位教马克思主义课程的教师问:"同在一所大学毕业,又讲的是同一门课,只因为我在的学校不是部属大学,跟部属大学的同学比,每年不仅工资少两万元,讲课费也比同学少一万。我实在想不通。"

如表4-4所示,在有讲课费收入的教师中,市属高校教师与部属高校教师相比,讲课费为0~5000元的比例低5个百分点;5000~10000元的比例低4.4个百分点;10000~20000元的比例低1.2个百分点。分组统计结果显示,市属高校教师讲课费略高于部属高校教师的只有20000元以上组,二者的比例之差为0.4个百分点。考虑到20000元以上分组没有进一步细分,而0.4个百分点也难以反映出两类高校的高收入教师群体的实际情况,笔者认为,并不影响我们对两类高校教师"在讲课费收入上存在一定差距"的基本判断。

表4-4 两类高校教师讲课费收入情况

讲课费收入金额(元)	部属高校(%)	市属高校(%)
0	68.1	78.3
0~5000	13.3	8.3
5000~10000	8.5	4.1
10000~20000	5.1	3.9
20000元以上	5.0	5.4

(五) 兼职讲课收入

为了增加高校教师的收入,北京市的高等院校对教师采取了较为宽松的政策,允许高校教师兼职讲课,但是,有条件兼职讲课的教师所占比例并不高。部属高校没有兼职讲课收入的占88.7%;市属高校的这一比例更高达91.5%。市属高校教师与部属高校教师相比,兼职讲课收入0~5000元的比例高 0.7 个百分点；5000 元以上的比例低 2.5 个百分点。综合结果，市属高校教师的兼职讲课收入比部属高校教师的兼职讲课收入低（见表 4-5）。

表 4-5　两类高校教师兼职讲课收入情况

兼职讲课收入金额（元）	部属高校（%）	市属高校（%）
0	88.7	91.5
0~5000	4.7	5.4
5000 元以上	5.6	3.1

（六）科研收入

科研工作是高校及教师担负的重要任务之一。高校的科研经费主要来自国家和各级政府的下拨或由企业提供等渠道。显然，在获得经费上，与市属高校相比部属高校具有更大的优势。因此，部属高校教师的科研收入比市属高校教师多。市属高校没有科研收入的教师比部属高校没有科研收入的教师高 11.6 个百分点；0~5000 元低收入者略高 0.2 个百分点；在其余的中高收入和最高收入组别中，部属高校教师的比例均高于市属高校教师，5000~10000 元、10000~20000 元及 20000 元以上三个组别中，市属高校与部属高校相比，比例分别相差 2.6%、2.8% 和 6.3%。可见，两类高校教师在科研收入上的差距是极为明显的（见表 4-6）。

表 4-6　两类高校教师科研收入情况

科研收入金额（元）	部属高校（%）	市属高校（%）
0	62.5	74.1
0~5000	12.5	12.7
5000~10000	8.8	6.2
10000~20000	6.7	3.9
20000 元以上	9.4	3.1

（七）评审收入

部属高校享有更高的社会声誉，教师拥有较高的学术地位，因此部属高校教师获得了更多的参与各类评审活动的机会。评审收入为 0~2000 元的，部属高校教师比市属教师高 14 个百分点，评审收入为 2000 元以上的，部属高校教师比市属高校教师多4.9个百分点。近几年，各高校和各级部门的评审活动名目繁多，参与活动的收入不断提高，名校名师的评审收入更是水涨船高，评审收入以万做结算单位并不鲜见，名校名师参与一次评审活动的收入甚至可以相当于一个普通教师的数月工资。所以，市属高校教师与部属高校教师相比，工资外收入的差距越拉越大（见表4-7）。

表4-7 两类高校教师评审收入情况

评审收入金额（元）	部属高校（%）	市属高校（%）
0	65.8	84.7
0~2000	25.8	11.8
2000元以上	8.3	3.4

（八）稿费收入

稿费收入情况比较复杂，表4-8之所以列出"0元以下"的选项，原因在于目前出版学术著作多数情况下需要作者提供赞助费或版面费，只有极少数畅销书的作者可能得到出版社的稿费。作者所得的稿费通常情况是由课题经费开支，或以转账的形式将稿费转至出版社，再由出版社转给作者；或以劳务费的名义直接发给参与写作的课题组成员；或采用变通方式，由课题组成员提供发票及报销凭证，以各种可以报销的名目得到"稿费"。无论是采取何种方式，调查结果显示，市属高校教师所得到的稿费收入都低于部属高校教师。市属高校教师中没有稿费收入的比例高达80.8%，比部属高校没有稿费的教师的比例高7.2个百分点；在有稿费收入的各个组别中，即0~1000元、1000~5000元和5000元以上三个组别中，市属高校与部属高校相比分别低3.6个百分点、1.7个百分点和1.4个百分点。

表4-8 两类高校教师稿费收入情况

稿费收入金额（元）	部属高校（%）	市属高校（%）
0元以下	0.6	0.1
0	73.6	80.8
0~1000	16.9	13.3
1000~5000	5.9	4.2
5000元以上	3.0	1.6

(九) 其他兼职收入

调查资料显示,高校教师中有其他兼职收入的所占比例并不高,部属高校教师没有其他兼职收入的比例为96.5%,市属高校没有其他兼职收入的比例为97.0%。其他兼职收入为0~10000元及10000元以上的教师所占比例,部属高校均略高于市属高校(见表4-9)。

表4-9 两类高校教师其他兼职收入情况

其他兼职收入金额(元)	部属高校(%)	市属高校(%)
0	96.5	97.0
0~10000	2.4	2.1
10000元以上	1.1	0.9

(十) 投资性收入及其他收入

调查数据显示,两类高校的绝大多数教师除工资及上述其他收入外,部属高校教师中有投资性收入的所占比例达10.1%,这一比例比市属高校教师中有投资性收入的所占比例(7.2%)高2.9个百分点(见表4-10)。

表4-10 您有没有投资性收入

单位:%

有无投资性收入	部属高校	市属高校
0	0.3	0.1
有	10.1	7.2
没有	89.6	92.7

表4-11显示,通过其他途径获取的收入,两类高校略有差别,收入为0~10000元的市属高校教师所占比例略高,二者相差1.9个百分点。而高端收入10000元以上的部属高校教师所占比例略高,二者相差0.1个百分点。

表 4-11　两类高校教师其他收入情况

其他收入金额（元）	部属高校（%）	市属高校（%）
0	98.1	96.2
0~10000	0.6	2.5
10000元以上	1.3	1.2

表4-10和表4-11说明一个事实，高校教师中的大多数人的收入由工资、奖金、节假日福利、讲课费、兼职讲课费、科研收入、评审收入、稿费及其他收入组成。此外，投资性收入和其他收入也是高校教师经济收入的重要组成部分，部属高校教师中拥有投资性收入和其他收入者所占比例，均高于市属高校教师的同类收入者所占的比例。

那么，依据表4-1~表4-11提供的数据，能否认为市属高校教师的年收入整体上低于部属高校教师的年收入呢？如果是低于部属高校教师的收入，这一差别究竟有多少？从两类高校教师的回答中，可以为我们提供一些解答问题的线索。

表 4-12　两类高校教师对"去年您个人收入"问题的回答

年收入额（元）	部属高校（%）	市属高校（%）
2万元以下	0.6	1.5
2万~4万	8.3	16.2
4万~6万	27.8	41.1
6万~8万	25.9	23.5
8万~10万	16.4	9.2
10万~12万	10.6	5.4
12万~14万	4.1	1.7
14万~16万	2.2	0.6
16万~18万	1.7	1.7
18万~20万	1.0	0.4
20万元以上	1.4	0.4

表4-12显示，大多数市属高校教师的年收入在6万元以下，这一比例高达58.8%，其中有16.2%的高校教师年收入仅为2万~4万元。仔细分析可以看出，部属高校教师中的高收入群体与市属高校教师中的低收入群体在比例上基本一致，部属高校教师中收入为6万~8万元和8万~10万元两个组别所占比例之和为42.3%；市属高校教师中4万~6万元的低收入群体

所占比例为 41.1%。在 10 万~20 万元的更高收入教师中，部属高校教师所占比例达 19.6%，而市属高校教师中同样的高收入者所占比例仅为 9.8%，二者相差近 10 个百分点。年收入在 20 万元以上的最高收入者，部属高校比市属高校高 1 个百分点。

综上所述，北京市市属高校教师与部属高校教师相比，二者间的收入差距是全方位的。实现不同类型高校资源获取的公平公正、逐步缩小不同类型高校教师之间的收入差距将作为改革高校薪酬制度和完善激励机制的重要目标。

二 不同类型高校教师收入分配差别的构成归因

如前所述，部属高校和市属高校教师之间的收入差距是全方位的，主要原因是教育体制和政策，决定了中国高校的不同分类。不同类型的高校拥有的各种资源在数量多寡、质量优劣上大相径庭，形成了不同高校的不同社会地位及社会影响，并导致了不同高校在政治、经济、社会等诸多资源进一步发展扩张上的不同结果。因此，体制和政策的弊端、对资源分配权力的垄断，直接和间接地造成了市属高校教师薪酬收入整体上低于部属高校教师的薪酬收入。

部属高校与市属高校在资源获得和分配上差距较大，条件更加优越的部属高校，在引进和聘用教师时对教师的素质和个人条件要求更高。而且，部属高校利用学校自身的优势对高端人才具有更大的吸引力，因此部属高校在人才选择上占得先机。高端人才的逐年集聚进一步加强了部属高校的优势地位，加之，市属高校缺乏广泛吸引高端人才的资源，多年来过于看重北京首都的特殊地位，在改善教师待遇方面缺乏新办法，近年来对高端人才引进和聘用上的劣势地位日益凸显。笔者认为，不同类型高校在教师队伍结构上的固化趋势在短期内已经很难化解。

（一）两类高校的划分对教师素质、自身条件及其薪酬收入的影响

1. 学历对高校教师的薪酬收入影响很大，入校时部属高校教师学历普遍高于市属高校教师

表 4-13 显示出两类高校教师入校时的学历情况，可以看出，部属高校

引进和聘用的人才以博士为主，而市属高校引进和聘用的教师以硕士为主。部属高校教师入校时属于博士学历的高达 41.1%；市属高校教师入校时拥有博士学历的仅占 24.1%，比部属高校低 17 个百分点。

表 4-13　两类高校教师入校时学历情况

入校时学历	部属高校（%）	市属高校（%）
博士	41.1	24.1
硕士	27.3	33.1
本科	25.1	29.8
大专	3.5	5.9
中专	1.3	2.8
高中、职高及以下	1.7	4.3

2. 最终学位授予学校方面的差异

最终学位授予学校虽不能完全反映每一位高校教师的全部素质和水平，但是能在一定程度上呈现出不同类型高校教师队伍的某些差别。表 4-14 显示，在部属高校教师中，最终学位授予学校为"985"高校的比例高达 58.1%，毕业于"211"高校的教师达 25.3%，二者之和高达 83.4%；在市属高校教师中，最终学位授予学校为"985"高校的教师比例仅为 20.2%，不及部属高校的一半，毕业于"211"高校的为 32.9%，二者之和为 53.1%。两类高校的"二者之和"相差 30.3 个百分点。这一比较从一个侧面揭示出，部属高校教师从入校初期就拥有了较高起点，为其日后进一步提高职称和获得较高的薪酬收入准备了条件。

表 4-14　最终学位授予学校

单位：%

学校类型	部属高校	市属高校
"985"高校	58.1	20.2
"211"高校	25.3	32.9
国内其他院校	7.1	38.7
国内科研院所	3.2	4.0
境外大学	6.4	4.2

3. 与入校时相比，部属高校教师中的学位提升者比市属高校教师学位提升者更多，提升的速度更快

这一现象引起了我们的关注，在吸引和聘用高端人才上已经占据优势地位的部属高校，在培养提高校内教师素质和水平上有着比市属高校更加优越的条件，加之，部属高校教师薪金收入较高、后顾之忧较少，部属高校教师整体素质的提升速度明显快于市属高校教师。部属高校教师入校时学历为博士的占41.1%，至本次调查时点博士所占比例已升至56.8%，提高了15.7个百分点，部属高校教师中博士的数量超过了半数。而同期市属高校教师中博士的比例，从入校时的24.1%提高到36.3%，尽管上升了12.2个百分点，市属高校教师中博士所占比例仅为1/3强。同期部属高校教师中硕士所占比例从27.3%下降到23.3%，下降了4个百分点。市属高校教师中硕士所占比例从33.1%上升到35.5%，提高了2.4个百分点。部属高校教师中本科学历从25.1%下降到16.7%，下降了8.4个百分点。市属高校本科学历从29.8%降低到22.6%，降低了7.2个百分点（见表4-13、表4-15）。

表4-15 您现在的学历

单位:%

现在学历	部属高校	市属高校
博士	56.8	36.3
硕士	23.3	35.5
本科	16.7	22.6
大专	2.5	4.6
中专	0.6	0.2
高中、职高及以下	0.1	0.8

两类高校的划分为教师素质的改善与提高提供的条件和环境不同，有助于提高教师素质与水平的综合因素在数量和质量上存在较大的差距。一方是以博士为主的部属高校教师队伍，另一方是以硕士为主的市属高校教师队伍，区别和差距显而易见，学位的差别直接间接造成了高校教师薪酬收入上的差距。

4. 年龄结构不同对两类高校教师薪酬收入的差异有影响

资料显示，两类高校教师的年龄结构存在一定差异，部属高校 30～50 岁年龄段教师所占比例高于市属高校；市属高校 30 岁以下年龄段教师所占比例高于部属高校。部属高校教师的骨干正处于年富力强阶段，30～40 岁的中青年占 38.5%，40～50 岁的中年占 36.1%，处于黄金年龄段的中青年比例高达 74.6%，经过几年的培养和锻炼，以拥有正、副高级职称者为主的教师队伍迎来了创业和收获的最佳时段。市属高校教师的年龄结构略有差距，20～30 岁青年教师所占比例比部属高校高 5.6 个百分点，30～50 岁的中年和中青年教师所占比例比部属高校低 4.7 个百分点，年龄较轻而拥有正、副高级职称教师所占比例较低，共同作用造成了两类高校教师薪酬收入上的差距（见表 4-16）。

表 4-16　两类高校教师年龄分组

单位：%

年龄分组	部属高校	市属高校
青年（20～30 岁）	11.7	17.3
中青年（30～40 岁）	38.5	38.4
中年（40～50 岁）	36.1	31.5
中老年（50～60 岁）	12.7	12.4
老年（60 岁以上）	1.0	0.4

5. 部属高校拥有的高级职称教师比例高于市属高校拥有的高级职称教师

职称的高低直接决定了高校教师的薪酬收入水平。调查资料显示，部属高校拥有的正、副高级职称教师所占比例均高于市属高校。部属高校正高级职称所占比例比市属高校高 11.9 个百分点，副高级职称所占比例比市属高校高 10.3 个百分点，拥有正、副高级职称教师之和比市属高校多 22.2 个百分点，这意味着部属高校拥有的中、初级职称的教师所占比例均低于市属高校（见表 4-17）。

可以认为，部属高校教师队伍以拥有正、副高级职称的教师为主（所占比例高达 65.6%）。市属高校教师队伍以拥有中、初级职称的教师为主（所占比例达 54.4%）。可见，即便是不存在两类高校的划分，拥有正、

表 4-17　两类高校教师职称分组

单位:%

职　　称	部属高校	市属高校
正高级职称	23.8	11.9
副高级职称	41.8	31.5
中级职称	31.0	44.7
初级职称	2.7	9.7
未定级	0.7	2.1

副教授较多的部属高校教师的收入水平高于市属高校教师收入水平也是不足为奇的。事实是，大部分部属高校教师既占有着各种优势资源，又拥有正、副高级职称，两类高校教师的薪酬收入只可能不断拉开距离。

6. 部属高校教师中研究生导师所占比例高于市属高校

与正、副教授所占比例较高相同，部属高校与市属高校相比，拥有的研究生导师同样较多。统计结果显示，部属高校教师中博士生导师所占比例为17.3%，硕士生导师所占比例为36.8%；市属高校教师中博士生导师仅占3.3%，硕士生导师占26.9%，同样也低于部属高校。研究生导师所占比例较高与部属高校教师的薪酬收入较高之间必然呈正相关关系（见表4-18）。

表 4-18　您是否担任研究生导师

单位:%

选　　项	部属高校	市属高校
博士生导师	17.3	3.3
硕士生导师	36.8	26.9
未担任导师	45.9	69.8

7. 部属高校教师获得继续教育培训机会多于市属高校教师

对于"您是否有在国外留学或研究的经历"问题的回答，部属高校教师中表示"有"的达到35.4%；市属高校教师中回答"有"的仅为18.1%。出国留学或参与研究工作，不仅是提高个人的素质和水平的途径，为提高教师的薪酬收入水平打下基础，也突出显示出市属高校与部属高校之间在学校发展建设和教师培养方面存在着较大的差距（见表4-19）。

表4-19 您是否有在国外留学或研究的经历（半年以上）

单位:%

是否有机会	部属高校	市属高校
有	35.4	18.1
没有	64.6	81.9

以上述及的大都为影响高校教师薪酬收入的个人因素，但是决定和影响这些个人因素的作用力多来自个人难以左右的社会大环境及其所在高校的不同类型，市属高校与部属高校是在不同的发展基础和发展环境下进行着不平等的竞争，学校的问题和困境靠自身的力量是难以缓解的，令人不安的是现实中两类高校的各方面差距仍在以几何级数日益扩大。因此，为了均衡教育资源，更普遍地体现教育的公平，应该改变对高校的类型划分方式和区别对待，更重要的是对政治、经济、社会、文化资源的分配政策予以深刻的反思并进行深入的改革。只有不断改革才能创造一个良性的竞争环境，为提高教师队伍综合素质、改善高校教师的工作生活条件打下坚实基础，从根本上解决上述问题。

（二）过度的行政化与畸形的市场化拉大了教师群体内的贫富差距

高校是以教学和科研为主的教书育人场所，近年来，过度的行政化与畸形的市场化交互作用，严重影响了教书育人的社会环境，金钱至上已经成为很多干部和教师的信条。应该引起关注的是那些由于不合理的行政制度和商业行为导致的日趋加大的贫富差距。由于部属高校教师收入水平整体上高于市属高校教师收入水平，部属高校教师中的高收入和特高收入者与市属高校教师中的低收入者相比，同为居住在北京的高校教师，二者间的贫富差距更为惊人。人们不满意的是分配的不公，而不是一般的分配不等。最近，中国青年报记者走访了几所北京的高校，在一所"985"高校的院系办公地和家属区，仅"宝马"就有十余辆，奔驰、奥迪越野一类的豪华轿车亦不鲜见。记者感叹道"大学教授收入悬殊，富教授开宝马，穷教授骑飞鸽。即使在同一所学校的同一院系教授之间的贫富差异也显而易见"①。

究竟是哪些人的暴富引起了广大高校教师的不满和义愤？回答是：那些巧妙地利用过度的行政化与畸形的市场化，在过度的行政化与畸形的市场化过程中，既不犯法又不违规、善打擦边球的人。

一是那些较多地占有和分配体制内资源，最大限度地使用手中权力为个人或小团体谋取不正当利益的人。一位专门研究薪酬和激励机制的教授，在北京的一所部属高校调研之后感到十分震撼，说"教师收入悬殊之大让人咋舌"。这所部属大学制定了据说能拉开收入差距、充分调动广大教师积极性的分配方法。该校将教师工资分为两部分，一部分是基本工资，全校教师统一标准，基本一致；另一部分称作"业绩收入"，按所谓"业绩点"计算，一个"业绩点"每月发放3000元，发放一年。然而，全校教授每年每人平均只有0.6个"业绩点"，该校有20%的教授拿不到任何"业绩点"，只能靠基本工资勉强度日。与此同时，有少数教授每年能拿到十几个甚至几十个"业绩点"，这些"富教授"每月的"业绩收入"就可达到数万元，每年收入几十万甚至数百万元。对比高达20%的没有"业绩点"的教授，二者的年收入相差几十倍甚至上百倍。因此，"富教授开宝马，穷教授骑飞鸽"并不鲜见。然而，在这所部属高校中毕竟有80%的教师可以得到"业绩点"，即便是只有0.6个"业绩点"，一年也可获得上万元。

二是将市场和市场行为泛化，充分利用畸形的市场化环境，不择手段谋取个人利益的人。由于校内的资源分配存在诸多不公平不公正的问题和弊端，一些教师将主要精力投向了校外，开公司，拉项目，到校外兼职，以获得较高收入。例如，拼凑"辅导班""补习班"等，利用名校名师的优势占据教育市场，赚取高额讲课费。"考研热""考证热""考艺热"等使学费不断提高，也让一部分教授迅速富起来。

---

① 《大学教授收入悬殊　富教授开宝马穷教授骑飞鸽》，《中国青年报》2011年11月3日。

三是在过度的行政化与畸形的市场化环境中左右逢源、游走自如、获取较多个人利益的人。一些手握行政权力，执掌科研组织分配大权，同时又可承担一定课题研究的人，将"科研提成"当做生财之道。一所"985"高校的教授介绍了普遍推行的"科研提成"，按照通行规定，"纵向课题"，即政府课题，包括自然科学基金、社科基金、部委课题等，一般提成占课题全部经费的10%左右，那些和企业合作的"横向课题"，提成可以高达40%。这样，到手一个1000万元的科研项目，项目承担者的提成可以高达100万，甚至数百万之巨。几个课题还没有搞下来就可以先变出几个富翁来。

某部属大学的社会学教授将高校中的"富教授群体"的成员概括为四类：①所谓"学霸"，那些实行"学科点负责人制"的硕士点、博士点、博士后流动站等都是可能产生"学霸"的温床。学科点负责人基本上都是独断专行，一个人说了算，牢牢掌握经费使用权，命题、判卷、录取权，以及立项、出国、学术会议等所有事项的审批和决定权。②所谓"权威"，掌握和控制一些国家课题的专家委员会成员，拥有一定的人脉，凭借手中的项目资源为个人或小团体谋取利益，抑或是"权威"们纠集在一起，在审批分配课题时，进行暗箱操作。③所谓"学官"，例如集副校长、博导、教授于一身，行政管理部门的处长、部长兼教授等"亦官亦学"身兼多种角色的人，利用行政资源和学术资源，巧妙地将两类资源结合利用，同样是学校中的富翁。④兼职教授，在各大学之间"走穴"，相互邀请、交换资源，形成网络，共同发财。另有教授在校外任董事长或直接办公司。"学术掮客"也属于兼职教授，只是他们没有具体的兼职单位，他们利用密集的人脉关系网络，专门为学校或科研部门疏通门路争取建立博士点、硕士点，争取科研项目等，跑下来一个大的项目即可获得几十万"奖金"或"提成"。

与少数"富教授"同在一所大学的是一个庞大的"穷教授群体"，"穷教授"一般没有课题，没有项目，只靠单纯讲课获取薪酬收入。"穷教授"主要集中于基础学科授课和那些无法实现市场化，以及得不到社会重视的专业领域。由于没课题、没项目，只能得到基本工资和微薄的讲课费，在许多市属高校中基本工资只有每月3000元左右，而讲一节课的收入仅为

30~50元，与大学生做外教收入差不多。"穷教授"在课题组调查的高校教师中约占90%。基本上属于"没有兼职"的教师，"没有兼职"者在部属高校教师中的比例是96.5%，在市属高校教师中的比例为97.0%；除去工资、讲课费而"没有其他收入"者也是"穷教授"的主体，"没有其他收入"者在部属高校教师中的比例是97.6%，在市属高校教师中的比例是96.2%；很多"富教授"都从事各种投资，靠投资性收入致富，而"穷教授"大都属于"没有投资性收入"，"没有投资性收入"者在部属高校教师中的比例是89.6%，在市属高校教师中的比例是92.7%。考虑到部分受访对象在问卷调查中可能"藏富不漏"，笔者根据大量访谈推测，高校中"富教授"的比例大约为10%，也就是说"穷教授"的比例约为85%~90%。由于部属高校的工资收入、奖金、补贴和其他收入都高于市属高校，所以这里的贫穷应该是相对贫穷，也就是说市属高校教师中的"穷教授"比部属高校的"穷教授"更穷。

综上所述，体制弊端和资源垄断造成了不同类型高校教师薪酬收入的整体差距；过度的行政化与畸形的市场化，进一步加剧了高校教师群体的两极分化。

三 消失的中间层

综上所述，高校教师群体中出现了贫富差别加大，两极分化的现象日趋严重。应该注意到，伴随两极分化现象的是高校教师中同时存在着教师群体的整体性相对贫困化，一个期望中的相对富裕的"社会中间层"已经以整体的规模滑落为社会的中下层。

有关资料显示，2009年北京市在岗职工的年平均工资是58140元。高等学校在岗职工的年平均工资是58009元。在绝大部分教师拥有高学历、大多数教师拥有博士和硕士学位（部属高校博士和硕士占80.1%；市属高校博士和硕士占71.8%）、正副教授占有相当大的比例（部属高校教师中正副教授占65.6%，市属高校教师中正副教授占43.4%）的高校教师群体中，教师的年平均收入居然还略低于北京市的平均水平，这一问题不能不引起我们的深思。如果将拥有正副高级职称的教师单独分析，

2010年北京高校不兼任行政职务的正高级职称者年收入平均为11.2万元，副高级职称者年收入平均为7.5万元。教师中拥有中级职称者年收入平均为6.0万元，初级职称者年收入平均为4.7万元。与中央机关和北京市委市政府各级干部及公务员相比，高校教师的工资都低于同级别的干部及公务员。

以上引用的数字大都为平均值，很难具体说明高校教师的收入与其他社会群体之间的实际差距，尤其是在不同类型的高校之间的收入差距与高校内部教师之间的收入差距，共同构成了错综复杂"中间阶层"或言"中产"阶层的分化，形成了高校教师的整体相对贫困化。

通过高校教师拥有的家产数量也可以初步了解到他们的生存状况。以100万元为分界点较为合适，因为就目前的北京房价衡量，拥有一套住房至少需要120万元左右，按照一些部属高校自建房或经济适用房的价格计算至少也得六七十万元。因此，拥有100万元资产的教师只能算作勉强维持生活。拥有100万~200万元资产的属于一般偏下的生存状态。拥有200万~300万元资产的属于中等生存状态。拥有300万元以上资产的属于富裕的生存状态。表4-20的数据证明前文的判断是符合实际情况的，高校教师中"富教授"的比例大约占10%左右，市属高校的"富教授"比例稍低。比例高达85%~90%的高校教师居于中低收入水平，其中的绝大多数属于"穷教授"。

表4-20 两类高校教师现有资产

资产（元）	部属高校（%）	市属高校（%）
资产为负	0.2	0.4
0	7.2	3.2
0~50万	33.1	34.3
50万~100万	16.3	18.3
100万~150万	4.2	7.3
150万~200万	15.4	18.3
200万~250万	2.2	2.5
250万~300万	9.0	7.0
300万元以上	12.5	8.6

从前文的分析中可以看到部属高校教师的薪酬收入整体上比市属高校教师的薪酬收入水平高，而将高校教师整体与其他社会群体进行比较时，又可以看到高校教师的收入属于中低收入群体。以中青年为主体的高校教师群体面对着低收入、高支出的工作生活条件，还要克服生活困难，不断提高自己的能力水平，同时还必须高效优质地完成本职工作。社会各方面尤其是领导和管理者应该对高校教师的生存状况认真调查研究，共同探讨改进措施，以利于充分调动高校教师的积极性，推动教育事业的发展。

（一）孩子教育支出与补课支出

以中青年为主的高校教师队伍正处于结婚、生子或孩子入托、上学的关键时期，孩子的教育支出负担越来越重。表4-21显示，高校教师中"孩子教育支出"负担者的比例，部属高校教师比市属高校教师高10%，原因之一是市属高校教师的年龄结构中青年教师的比例更高，而部属高校教师中中年教师比例更高，孩子的教育问题更加突出，因此部属高校教师的孩子教育费用支出更高。具体负担情况如下，在有孩子教育支出负担的教师中每年为孩子教育支出5000元以下，也就是这方面负担稍轻的，部属高校教师中的比例为11.4%，市属高校教师中的比例为9.6%；15000~30000元为重负担者，部属高校教师中重负担者占26.7%，市属高校教师中重负担者占25.7%；30000~40000元和40000元以上的为孩子教育的极高支出者，部属教师中占13.0%，市属教师中占9.5%。孩子教育支出的重负担者中大多数依靠节衣缩食承受重负，而孩子教育支出极高者尤其是40000元以上支出者大都属于高校教师中的高收入群体。

表4-22显示出"孩子补课支出"的情况。有"补课支出"负担的部属高校教师中的比例略高于市属高校教师中的比例。每年支出15000元以下者，部属高校教师中占39.4%，市属高校教师中占31.9%；15000~25000元的重负担者，部属高校教师中占7.8%，市属高校教师中占6.9%；"孩子补课支出"为25000~30000元及30000元以上的属于负担最高者，部属高校教师中负担最高者占6.1%，市属高校教师中负担最重者占2.9%。这些数据同样反映出高校教师群体经济负担较重，两类高校

教师间的收入差距以及教师群体内部的贫富差距,亦即两极分化严重的问题。

表 4-21 孩子教育支出

支出数额(元)	部属高校(%)	市属高校(%)
0	29.9	36.9
0~5000	11.4	9.6
5000~10000	11.9	12.6
10000~15000	7.0	5.8
15000~20000	15.4	14.5
20000~30000	11.3	11.2
30000~40000	4.2	3.2
40000元以上	8.8	6.3

表 4-22 孩子补课支出

支出数额(元)	部属高校(%)	市属高校(%)
0	46.8	58.2
0~5000 元	19.6	14.5
5000~10000 元	13.9	13.2
10000~15000 元	5.9	4.2
15000~20000 元	7.0	5.5
20000~25000 元	0.8	1.4
25000~30000 元	3.2	1.5
30000元以上	2.9	1.4

(二)继续教育支出

继续教育是作为教书育人的教师保持和提高自身素质必须坚持参与的职业活动。因此继续教育的支出也成为高校教师必须接受的经济负担。高校教师中一部分学科带头人、博士生导师、硕士生导师和教授无须参与市场化的继续教育活动,因而没有继续教育的经济负担。部属高校教师中没有"继续教育支出"的教师所占比例为58.6%,市属高校教师中没有"继续教育支出"的教师所占比例为52.4%;"继续教育支出"在10000元以下的,在部属教师中占34.6%,在市属高校教师中占38.9%;"继续教育支出"在10000~30000元及30000元以上的,在部属高校教师中占6.8%,在市属高校教师中占8.7%。实际情况是收入越低越需要继续教育,"继续教育支出"已经成为低收入高校教师沉重的经济负担(见表4-23)。

表4-23 继续教育支出

支出数额(元)	部属高校(%)	市属高校(%)
0	58.6	52.4
0~5000	24.4	27.0
5000~10000	10.2	11.9
10000~20000	4.3	6.2
20000~30000	1.5	1.3
30000元以上	1.0	1.2

(三)住房支出(包括物业、取暖、房租、水、电、煤气等)

在住房价格飞涨的今天,买房支出已经成为大部分高校教师背负的沉重包袱。除去一部分部属高校可以为教师提供廉价住房外,绝大部分高校尤其是市属高校大都没有向教师提供任何住房,很多教师尤其是中青年教师基本上靠租房解决住房问题。表4-24显示的仅仅是包括物业、取暖、房租、水、电、煤气等住房支出的情况。住房支出在各项支出中已经属于最沉重的负担之一。没有"住房支出"的教师,在部属高校教师中只占3.3%,在市属高校教师中比例稍高,也仅为4.7%;住房支出在5000元以下的教师,在部属高校教师中占37.0%,在市属高校教师中占40.3%;住房支出为5000~15000元的教师,在部属高校教师中占33.8%,在市属高校教师中占38.4%;住房支出在15000~30000元的教师,在部属高校教师中占17.5%,在市属高校教师中占12.1%;住房支出为30000~40000元及40000元以上的重负担者,在部属高校教师中占8.4%,在市属高校教师中占4.4%。

表4-24 住房支出（包括物业、取暖、房租、水、电、煤气等支出）

支出数额（元）	部属高校（%）	市属高校（%）
0	3.3	4.7
0~5000	37.0	40.3
5000~10000	25.9	32.4
10000~15000	7.9	6.0
15000~20000	10.6	6.2
20000~25000	2.1	1.4
25000~30000	4.8	4.5
30000~40000	4.3	2.1
40000元以上	4.1	2.3

（四）汽车使用支出

由于高校教师中大部分属于低收入者，所以相当多的教师并没有购买汽车。没有汽车的教师，在部属高校教师中占38.0%，在市属高校教师中占47.0%。在购买了汽车的教师中有相当多的人本来并没有购车用车的经济力量，是为了解决工作和生活困难勉强参加了"有车族"，高校教师中中青年比例较高，一般居住地离学校较远，家庭困难多，时间非常紧迫，工作负担重，汽车成为教师的必备交通工具。汽车在提供了交通便利的同时也增添了高校教师的经济负担。汽车支出为10000元以下的教师，在部属高校教师中占29.8%，在市属高校教师中占26.4%；汽车使用支出在10000~20000元的教师，在部属高校教师中占26.0%，在市属高校教师中占21.6%；汽车使用支出最高，20000~30000元及30000元以上的教师，在部属高校教师中仅占6.2%，在市属高校教师中只占5.0%。汽车使用支出情况真实地反映了高校教师的经济状况、生活负担及两类高校教师间的差距（见表4-25）。

表4-25 汽车支出

支出数额（元）	部属高校（%）	市属高校（%）
0	38.0	47.0
0~5000	8.5	8.9
5000~10000	21.3	17.5
10000~15000	11.4	10.5
15000~20000	14.6	11.1
20000~25000	1.2	1.2
25000~30000	2.5	1.6
30000元以上	2.5	2.2

(五) 医疗支出

医疗支出的情况比较复杂，高校教师中有近半数医疗支出为"零"或在 2000 元以下；医疗支出 2000～8000 元的教师，在部属高校教师中占 33.7%，在市属高校教师中占 32.6%；医疗支出在 10000～20000 元及 20000 元以上的教师，在部属高校教师中占 6.5%，在市属高校教师中占 7.7%。总体看高校教师的经济负担大，工作负荷繁重，比例占 50% 以上的教师身体健康状况较差（见表 4-26）。

表 4-26 医疗支出

支出数额（元）	部属高校（%）	市属高校（%）
0	8.9	8.5
0～2000	40.0	43.0
2000～4000	11.9	13.6
4000～6000	19.2	17.6
6000～8000	2.6	1.4
8000～10000	10.9	8.3
10000～15000	1.0	1.8
15000～20000	3.9	3.7
20000 元以上	1.6	2.2

(六) 业余休闲娱乐支出较少甚至支出为零

总体看，高校教师缺乏业余休闲娱乐活动，部分原因是因为终日忙于工作，闲暇时间较少。不可否认，薪酬收入不多、生活负担过重、经济条件不允许过多参与休闲娱乐活动，导致高校教师很少乃至没有休闲娱乐支出。没有"业余休闲娱乐支出"的高校教师，在部属高校教师中占 18.2%，在市属高校教师中占 22.1%；以 10000 元为划分标准，业余休闲娱乐支出在 10000 元以下的教师，在部属高校教师中占 62.3%，在市属高校教师中占 65.4%；业余休闲娱乐支出在 10000～20000 元的教师，在部属高校教师中占 11.6%，在市属高校教师中占 8.3%；业余休闲娱乐支出在 20000 元以上的教师，在部属高校教师中占 7.9%，在市属高校教师中仅占 4.1%。可见，两类高校的大多数教师都缺乏有利于身心健康的必要的业余休闲娱乐活动（见表4-27）。

表 4-27 休闲娱乐支出

支出数额（元）	部属高校（%）	市属高校（%）
0	18.2	22.1
0~5000	42.5	50.7
5000~10000	19.8	14.7
10000~15000	2.4	3.0
15000~20000	9.2	5.3
20000元以上	7.9	4.1

大学教师应该享有很高的社会地位，拥有充分的民主权利和社会事务的参与权。在一个理想的社会结构中，高校教师群体应该居于社会阶层结构的中上层，教师的经济收入同样应该居于各阶层的中上水平。从教师阶层内部结构看，应该是中间大、两头小的"橄榄形"结构，高层部分和底层部分都应该是少数，并且，"橄榄形"是以整体规模居于社会中上层次为背景的。目前的状况是教师内部的贫富差别极大，少数教师早已成为社会的贵族，而绝大多数教师之间并无太大差别，从整体上看，大学教师的经济收入至多相当于各阶层的中下水平。过度的行政化与畸形的市场化，导致了教师群体的两极分化，造成了本应归于"社会中间层"或曰"中产"阶层的高校教师阶层的相对贫困化。高校教师群体的整体低层次化，已经成为中国社会中间层发展迟缓、近年来甚至趋于消失的主要因素。

四 对薪酬收入满意度低与激励机制的低效

调查和研究高校教师收入分配结构特点的目的是为了建立科学合理公平的激励机制，充分地调动起高校教师的积极性，进而推动中国的教育事业走向现代化。但是，无论从高校的薪酬制度和分配方式的角度，还是从目前通行的激励机制的角度衡量，运作的结果都不尽如人意。笔者认为，主要原因在于高校教师普遍对自己的工资收入不满，而目前通行的激励机制也无法满足高校教师提高收入的愿望。

(一) 高校教师对薪酬的满意度低

调查资料显示,对薪酬收入表示"不太满意"和"很不满意"的高校教师,在部属高校教师中占48.4%,在市属高校教师中占52.9%,对薪酬收入的满意度低反映了高校教师工资相对较低的现实,而两类高校教师的满意度差距显然与薪酬收入的差距存在因果关系。在表示"非常满意"和"比较满意"的教师中,在部属教师中占15.2%,在市属高校教师中仅占10.9%,同样,"非常满意"和"比较满意"二者的比例既是两类学校中"富裕教师"的真实表白,二者之间的比例差别也是两类学校薪酬收入差距的真实反映(见表4-28)。

表4-28 您对单位提供的薪酬(包括工资、岗位、奖金及其他收入)的满意程度

单位:%

项 目	部属高校	市属高校
非常满意	1.1	0.7
比较满意	14.1	10.2
一 般	36.4	36.1
不太满意	30.1	31.3
很不满意	18.3	21.6

(二) 高校教师对薪酬满意度低的主观体验归因

一部分高校教师对薪酬收入满意度低的直接原因来自主观体验,其中体验最深的莫过于对个人付出和个人价值的理解和认识。

1. 工资收入与付出关系的主观判断

一般情况下,当一个人感觉自己的付出得到了应有的尊重,特别是得到了相应的工资收入时,这种主观体验会转化为高满意度,从而激励起更大的积极性;当一个人感觉自己的付出得不到尊重,尤其是感到工资收入不及自己工作的努力程度时,肯定会产生极大的挫折感。调查结果显示,从个人付出与回报的角度判断,当前高校教师对工资的满意度较低。认为自己的努力工作程度在工资中"没有"和"完全没有"明显反映的教师,在部属高校教师中占42.2%,在市属高校教师中占50.1%;对工

资收入与个人付出相符持肯定态度表示"一定有"的教师，在部属高校教师中占7.7%，在市属高校教师中仅占5.4%，这与高校教师中高收入者居于少数以及"富裕教师"在两类高校中所占比例高低相关（见表4-29）。

表4-29 您努力工作的程度在工资中有明显的反映吗

单位:%

项 目	部属高校	市属高校
一 定 有	7.7	5.4
可 能 有	22.7	22.5
不 一 定	27.4	22.1
没 有	34.2	39.3
完 全 没 有	8.0	10.8

表4-30中的选项分布正是上述态度和认识的基础，在回答关于"您的工作负荷度情况"的问题时，选择"超负荷"和"满负荷"的高校教师，在部属高校教师中占79.2%，在市属高校教师中的比例也高达75.0%。选择"一般"的教师，在部属高校教师中占19.7%，在市属高校教师中占24.0%。选择"较轻松"的高校教师，在部属高校教师中占1.1%，在市属高校教师中仅占0.9%。可以说，是沉重的工作负担和有限的收入，导致了高校教师普遍地感受到所获工资难以反映出自己为中国的高等教育事业所作的贡献。

表4-30 您的工作负荷度情况

单位:%

项 目	部属高校	市属高校
超负荷	23.9	22.2
满负荷	55.3	52.3
一 般	19.7	24.0
较轻松	1.1	0.9

2. 工资与个人价值关系的主观判断

高校教师的一个显著特点是拥有高度的自我实现愿望，因而特别看重外界和他人对自己的价值的评价和肯定。对于工资他们更愿意将其看为对个人价值的评价。在回答"您觉得目前的工资能体现您个人价值吗"时，表示"不太能"和"完全不能"的教师，在部属高校教师中占49.1%，在市属高校教师中占55.2%。回答"能"和"完全能"的比例较小，在部属高校教师中占7.7%，在市属高校教师中仅占6.7%。从总体上看，由于占半数左右的高校教师认为目前的工资难以体现个人的价值，因此，较低的满意度必然会影响到高校教师工作积极性的发挥（见表4-31）。

表4-31 您觉得目前的工资能体现您个人价值吗

单位:%

项目	部属高校	市属高校
完全能	0.6	0.7
能	7.1	6.0
一般	43.2	38.1
不太能	33.2	38.1
完全不能	15.9	17.1

（三）影响满意度的潜在因素——与他人或群体的对比

对满意度影响较大的因素，除去主观感受到的"他人态度"即"镜中我"之外，还有将各种可以作为比较对象的他人当做参照系，在与自己的比较中，构建或修正自己的满意度。

1. 与单位内部的专业技术人员比较

这是最普遍、最经常化的比较方式，与单位内部的专业技术人员比较首先考虑的不是工资的多少，而是是否公平公正。各类高校之间薪酬收入差距较大，高校内部也存在贫富差距，但是，在学校内部同级之间的贫富差距并不明显，所以在回答"与单位内部的专业技术人员比较，您对您的收入是否满意"时，观点较为分散。部属高校教师和市属高校教师的最高选项都是"一般"，分别占54.3%和46.4%；表示"不满意"和"非常不满意"持否定态度的教师比例同样不少，在部属高校教师中占29.3%，在市属高校教师中占40.4%；表示"比较满意"和"非常满意"持肯定态度的教师，在部属高校教师和市属高校教师中分别占16.4%和13.3%（见表4-32）。

表 4-32　与单位内部的专业技术人员比较，您对您的收入是否满意

单位:%

项　目	部属高校	市属高校
非 常 满 意	1.3	0.5
比 较 满 意	15.1	12.8
一　　　般	54.3	46.4
不　满　意	24.6	31.1
非常不满意	4.7	9.3

2. 与同行业不同单位的专业技术人员相比

当回答"与同行业不同单位的专业技术人员相比，您对您的收入是否满意"时，部属高校教师和市属高校教师在态度上的差别立即显现出来，原因之一是两类高校教师都将对方作为参照系，造成了表 4-32 显示的结果。部属高校教师中表示"非常满意"和"比较满意"的共计 11.0%，市属高校教师中的这一比例为 8.4%。部属高校教师中满意度较高者多于市属高校教师中的这一比例。回答"不满意"和"非常不满意"持否定态度的教师，市属高校教师的比例又高于部属高校教师的比例，前者高达 60.6%，后者为 53.4%。与同行业不同单位的专业技术人员相比，市属高校教师中的多数人对自己的收入表示不满意（见表 4-33）。

表 4-33　与同行业不同单位的专业技术人员相比，您对您的收入是否满意

单位:%

项　目	部属高校	市属高校
非 常 满 意	0.7	0.4
比 较 满 意	10.3	8.0
一　　　般	35.7	30.9
不　满　意	38.4	41.6
非常不满意	15.0	19.0

3. 与其他行业的专业技术人员相比

我们注意到，当把"其他行业的专业技术人员"作为比较对象测量对收入的满意度时，两类高校教师不约而同地都将比所在高校收入更高的

"其他行业的专业技术人员"作为参照系，表达出对本校收入的不满意倾向，尽管作为参照的对象并不具体，但是在表示"不满意"和"非常不满意"的高校教师，在部属高校教师中占比达58.0%，在市属高校教师中占比更高达64.8%。二者相比市属高校教师对收入的满意度更低。在与"其他行业的专业技术人员"相比时，表示"非常满意"和"比较满意"的教师，在部属高校教师中占8.0%，在市属高校教师中占7.2%。选择"一般"作为答案的教师，在部属高校教师中占34.0%，在市属高校教师中占28.0%。部属高校教师比市属高校教师高6个百分点。整体看，两类高校教师对自己的工资收入的满意度较低，市属高校教师的满意度更低（见表4-34）。

表4-34 与其他行业的专业技术人员相比，您对您的收入是否满意

单位：%

项　　目	部属高校	市属高校
非常满意	0.3	0.5
比较满意	7.7	6.7
一　　般	34.0	28.0
不　满　意	39.9	42.8
非常不满意	18.1	22.0

（四）影响满意度的单位内因素

如果让高校教师与学校内部人员作比较，一般会选择单位内的专业技术人员和领导干部作为参照对象，这种比较对高校教师的满意度有着极其深刻的影响。

1. 对于单位内专业技术人员之间收入差距的认识

在针对"您认为你们单位专业技术人员之间的收入差距"进行表态时，表示"一般"的高校教师中，部属高校教师中的比例为45.9%，市属高校教师中的比例为48.8%，选择"一般"的比例较高反映了高校内平均主义和"大锅饭"现象严重，多数教师的收入整体上差距不大。认为单位内专业技术人员之间的收入差距"非常大"和"大"的高校教师，在部属高校教师中占41.0%，在市属高校教师中占38.7%。

这部分教师的着眼点更多地集中于高校内部的两极分化现象。认为单位内专业技术人员之间的收入差距"小"和"非常小"的高校教师，在部属高校教师中占 13.1%，在市属高校教师中占 12.5%，持这种观点的教师中不乏一部分高收入者（见表 4-35）。

表 4-35　您认为你们单位专业技术人员之间的收入差距

单位:%

项　目	部属高校	市属高校
非常大	10.4	9.6
大	30.6	29.1
一般	45.9	48.8
小	10.8	10.1
非常小	2.3	2.4

2. 单位领导与专业技术人员之间收入差距

本单位的领导与专业技术人员之间的收入差距往往是高校教师关注的重点，也是高校教师感触最深、呼声最高的重要问题。对单位领导收入的认识和判断影响着高校教师工作积极性的发挥。认为"单位领导与专业技术人员之间收入差距""非常大"和"大"的高校教师，在部属高校教师中占 50.3%，在市属高校教师中占 60.8%。从收入差距"非常大"和"大"的选择中可以看到高校教师对分配不公和贫富差距日益悬殊的焦虑和不平。认为"单位领导与专业技术人员之间的收入差距""小"和"非常小"的高校教师，在部属高校教师中占 5.5%，在市属高校教师中占 3.8%，较低的比例从一个侧面揭示了在单位领导与专业技术人员之间存在较大的收入差距已经成为多数教师的共识。选择"一般"作为态度表达的教师大致有两种情况，一是"官本位"的影响根深蒂固，认为即便是收入差距大也不足为怪，单位领导理应得到较高收入；二是认为本单位领导与专业技术人员之间的收入差距既不大也不小，正常合理。从整体看，大多数高校教师都认识到单位领导与专业技术人员之间在收入上的差距，由于市属高校教师的薪酬收入较低，他们比部属高校教师对收入差距的关注度更高（见表 4-36）。

表 4-36　您认为你们单位领导与专业技术人员之间收入差距

单位:%

项　目	部属高校	市属高校
非常大	18.0	21.1
大	32.3	39.7
一般	44.2	35.3
小	4.0	3.3
非常小	1.5	0.5

（五）个人生活状况与满意度的关系

个人生活状况是高校教师对自己所处社会地位认知的主要依据，决定着工作和生活态度，我们所说的激励机制包括了个人对工资与生活关系的主观体验。在描述个人的生活状况时的选项，可以看到，居于"因为工资很高，自己的生活过得非常富裕"以及"因为工资太低，日子过得非常困难"两极的教师比例较低；选择"我的工资除维持基本生活外，有一定的节余"的教师占比最高，部属高校教师中比例达48.8%，市属高校教师中比例达42.0%，基本反映了高校教师生活"温饱有余"的实际状况。值得注意的是表示"我的工资只能维持最基本的生活开支"的教师的比例同样较高，在部属高校教师中占34.0%，在市属高校教师中占42.5%。如何使高校教师都能过上体面的生活，已经成为一个十分紧迫的问题摆在政府的面前（见表4-37）。

表 4-37　以下关于工资与生活的关系，哪个最接近您的实际情况

单位:%

项　目	部属高校	市属高校
因为工资很高，自己的生活过得非常富裕	1.0	0.3
我的工资除维持基本生活外，有一定的节余	48.8	42.0
我不太确定二者之间有什么关系	11.6	10.0
我的工资只能维持最基本的生活开支	34.0	42.5
因为工资太低，日子过得非常困难	3.0	3.8
其他	1.6	1.4

(六) 影响满意度的直接因素——对理想工资收入的期望

要建立针对高校教师的高效激励机制，就必须了解他们对薪酬收入的基本要求，表 4-38 显示了高校教师对薪酬的期望。年收入 10 万~20 万是两类高校教师的共同期望，在部属高校教师中比例达 72.6%，在市属高校教师中比例达 65.2%。实际上，高校教师们的期望和要求并不算高，只相当于一些部门和单位的局级甚至只相当于处级干部的年收入。笔者认为，达到了这样的标准，才谈得上具备了初步合理的有效激励机制，要建立高效的激励机制需要一系列完善的举措，而且只有将高校工资分配与激励机制改革上升到国家战略的高度认真抓紧抓好，建设适应现代化需要的高校教师队伍才可能实现。

表 4-38 您期望在单位的年收入（包括工资、岗位、奖金及其他收入）为多少元

数额（元）	部属高校（%）	市属高校（%）
10000.00	0.5	0.2
20000.00	0.3	0.3
30000.00	—	0.2
40000.00	0.2	0.2
50000.00	1.1	3.4
60000.00	1.5	4.9
70000.00	1.7	3.5
80000.00	7.1	13.3
90000.00	0.9	2.7
100000.00	28.5	35.6
120000.00	12.3	11.0
150000.00	15.4	9.4
200000.00	16.4	9.2
250000.00	1.1	0.6
300000.00	4.2	0.7
350000.00	0.2	0.1
400000.00	0.6	0.1
500000.00	1.8	0.2
600000.00	—	0.1
1000000.00	0.3	0.1

五 走向公开、公平、公正、透明——重建分配收入标准与激励机制

作为承担着教学和科研任务的高等院校，都有着崇高的社会责任与社会义务，同时，不同类型的高校还拥有各自的社会价值与特征，发挥着无可替代的社会功能。我们在研究高校教师的收入分配特点与激励机制效果的时候，必须充分重视高校的共性和个性特征，更要自觉地将不同类型的高校作为彼此的背景和参照系进行对比研究。

笔者认为，收入水平与实际贡献的严重脱节、贫富差距扩大造成的两极分化以及激励机制的低效和失效，已经成为阻碍高校发展的严重弊端和消极因素。不同类型的高校，无论部属高校还是北京市市属高校，薪酬收入都成为教师普遍不满意的共同问题，从总体看，高校教师的薪酬收入在社会各层次结构中居于中下水平。从学校内部看，教师与教师之间，教师与领导之间都存在薪酬收入的差距，应该承认，高校教师中已经出现较大的贫富差距。

体制弊端和资源垄断构成了不同类型高校教师收入分配的整体差距；过度行政化与畸形的市场化加剧了教师群体的两极分化。诸多因素综合作用的结果导致了中间阶层的趋于消失，形成了高校教师整体规模的相对贫困化。

针对影响教师充分发挥积极性的各种弊端和消极因素，笔者认为，应该从以下五个方面推进教育制度的改革，以利于不同类型的高校都能够在公平公正的条件下得到全面和具有特色的发展。

第一，彻底解决不同类型高校教师的收入分配差距及激励效果的问题，是个极其复杂和困难的系统工程。从问题的产生和发展的过程看，必须上升到国家战略的高度，集思广益，由顶层作出决策才能够逐步从根本上将高校建设与发展中的弊端和问题彻底解决。

为了便于领导，促进中国的教育事业繁荣和发展，针对不同类型的高校可以分类，但是这种分类必须有利于高等教育的平衡发展，而不应该将一部分高校和教师打入"另册"，另眼看待，尤其是应该尽快采取措施缩小

部属高校和非部属高校之间的明显差距，首先应该从体制和政策上实现部属高校和各地方属高校分类和差别模糊化。要从保证公民受教育权利公平的战略高度，改变忽视学校特质，突出行政级别，以行政级别区分和对待不同高校的做法。改变在领导任命、经费划拨、基础设施建设方面忽视教育规律，在高校分类区别对待的主观随意性做法。我们不反对给予部属高校若干政策上的优惠和经济上的照顾，反对的只是专门针对地方属高校的"另类待遇"，高校之间只有分工的不同，培养的方向、对象的区别，而不应该存在地位高低贵贱及其与政府关系远近亲疏的不同。

第二，我国高校中的分配不公和激励机制的低效的根源在于过度行政化。而过度行政化造成的弊端和问题牵涉的范围更广，最突出的问题是，过度行政化侵害了多数高校教师的民主权益，剥夺了高校教师对学校事务的参与、决策和监督权利。两类高校教师在享受民主权益和充分尊重方面的缺失和不足的问题是相同的，区别在于问题和差别的严重程度不同，一般而言，部属高校教师在享受民主权益和得到尊重方面的问题比市属高校的程度轻一些。

过度行政化的主要问题是带来高校内的官本位泛滥，长官意志取代管理和学术民主，领导个人独断专行，事关资源占有和利益分配等问题少数人说了算。过度行政化造就了许多集行政学术教学研究于一身的干部教授，如果不能洁身自好，利用手中的"权力"为己谋利，则贻害高教事业。过度行政化导致教授官僚化，使教授放松本职工作，专心致力于官场钻营。解决高校过度行政化的问题，首先要在整个社会提倡尊重知识，尊重知识分子，在地位上平等对待高校教师。更重要的是必须发扬管理和学术民主，充分调动教师的管理参与权，在学校管理、学科设置、课题分配、培训提高、薪酬分配、出国考察、学习深造等方面的决策时，应该充分征求教师群体的意见，决策应公平、公正、公开、透明。

第三，高校教师人均年收入低于同级公务员的年收入，甚至低于北京市在岗职工的平均年收入，此外，在不同类型的高校教师之间还存在一定的收入差距。解决高校教师人均年收入低于平均水平的问题，改变部属高校教师与市属高校教师之间的待遇不平等问题，逐步解决在薪酬和福利待遇、科研课题与经费分配等关系科研教学、生活方面的不平等问题。工资收入水平居社会各阶层中上等。构建有利于充分调动教师积极性的工资分配体系。打破高等学校间实际存在的等级，按照教师的实际水平和工作贡献大小进行分配。

高校教师是教育事业的脊梁，是中国的精英，理应过上更体面的生活，解决他们的住房、子女入托入学等困难，得到与他们的付出相匹配的工资收入，满足他们的基本需要，应该是政府的责任。

第四，解决不同类型高校教师之间的收入差距，既要解决过度行政化和官本位的弊端，又要千方百计创造条件、提供机会，为教师的深造培训和不断提高素质服务，使一部分低学历低职称的教师焕发积极性，尽快得到发展和大幅度进步。只有将学校和教师的两方面积极性结合起来，才能激发起教师积极向上的进取精神，缩小不同学校之间以及学校内教师工资收入差距日趋拉大的状况。

对于因资源分配不合理和畸形市场化造成的贫富差距拉大的问题，应该引起有关部门的高度重视。高校教师中的两极分化问题已经存在相当长的时间，对于大多数安心工作的教师而言是极不公平的，也给学校的工作造成了混乱。因此，彻底扭转高校的畸形市场化倾向也是解决高校教师贫富差距拉大两极分化的有效途径。

第五，要建立公平合理的高校分配制度，建立健全高效的激励机制，才能改变目前单一的薪酬结构模式，充分调动起高校教师的积极性，进一步实现教育现代化的理想。

目前高校实施的激励机制是低效的甚至可以说是失败的。因为多数教师感觉不到激励作用的存在，也就是说很难和无法通过这种激励机制受到鼓励，更难以得到与付出相匹配的收益。目前的激励机制是以多数人共享平均主义"大锅饭"和少数人凭借权力受益成为暴发户，制造两极分化的低效甚至无效的"激励机制"，已经日益苍白，失去活力。

建立科学高效的激励机制应该将近期激励与长期激励结合起来；将物质激励和精神激励结合起来，应该充分体现教师职业和教师劳动的特点，满足教师的基本需求，而不是从教师的基本工资中划出一部分充当所谓的"激励"。激励是鼓励教师努力奉献，是对教师辛勤工作的奖励，与教师的工作绩效相挂钩。同时，完整的激励机制应该实现正激励与负激励的完美结合。

第五章 高校教师收入分配与激励机制的性别比较

姜海珊*

一 高校教师收入分配与激励机制性别差异现状

本研究采用"北京市专业科技人员的收入分配与激励机制研究"课题组在北京18所高校进行调查的数据，其中北京市属高校有11所，教育部属高校有7所，共抽样调查了1697人。由于在统计数字上部属高校教师人数多于市属高校，而调查的部属高校教师人数少于市属高校人数，为了避免抽样误差带来的影响，根据市属与部属高校的教师数量（统计数字）以及抽样数量，计算出权重，在分析中使用加权分析，从而使样本能够代表北京高校教师的总体状况。

为了进行性别比较分析，首先剔除了性别缺失的样本，然后剔除非教师人员（实验员、图书馆员、辅导员等），最后共得到教师样本1260个，其中部属高校570人，市属高校690人。经过加权后得到男性713人，占56.6%；女性547人，占43.4%。

（一）高校教师人力资本特征的性别差异

从高校教师的学历情况看，随着近年来女性学历水平的提高，高校具有研究生学历的女教师比例也在不断增加。具有研究生学历的男女教师比

---

* 姜海珊，北京工业大学马列学院讲师。

例都达到了 85%，但是在更高的学历水平上表现出了差异，男教师中有 69% 具有博士学位，女教师中的这一比例为 53%，男教师比女教师高出 16 个百分点（见图 5-1）。

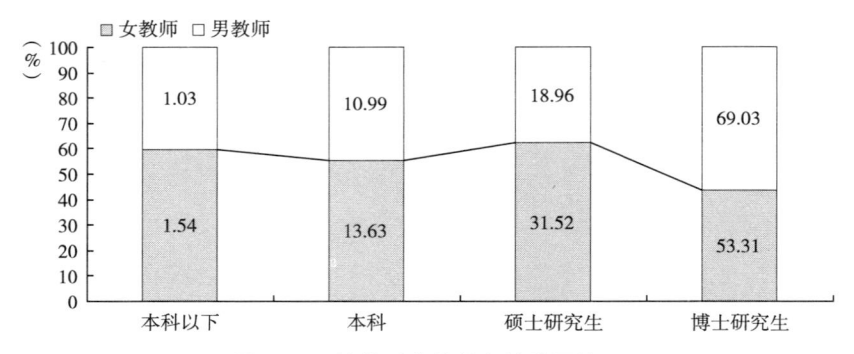

图 5-1 按性别高校教师的学历情况

目前高校教师的职称系统从低级到高级依次是助教、讲师、副教授和教授，其中助教属于初级职称，讲师是中级职称，副教授和教授为高级职称（其中副教授是副高级职称，教授是正高级职称）。职称反映的是教师的专业技术水平，在很大程度上还反映了教师的身份和地位。从图 5-2 可以看出，目前北京高校的职称结构在性别分布上表现出明显的差异，女教师中具有高级职称的比例为 61%，男教师中具有高级职称的比例为 68%。尤其是在正高级职称上，男教师的比例为女教师的两倍。而在中级及以下职称中，女教师的比例高于男教师。

与职称相关联的一个反映教师水平的指标是"是否担任研究生导师"。

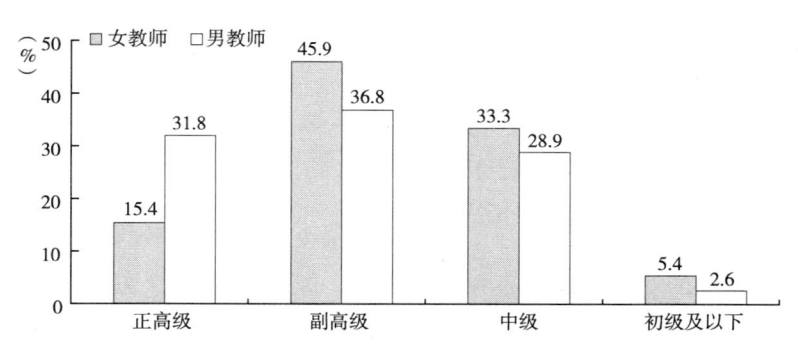

图 5-2 分性别高校教师的职称情况

一般来说，必须是高级职称（包括副高级和正高级）教师才有可能取得研究生导师的资格。因此，由于高级职称（特别是正高级职称）女教师的人数少于男教师，在研究生导师中也表现出男性多于女性的局面。从调查数据看，男教师中担任博士生导师的比例为21%，女教师的这个比例仅为9.9%；男教师和女教师担任硕士生导师的比例分别为44%和38%，男教师比女教师多6个百分点。

在高校里有很多教师同时兼任行政职务，这部分教师获得了较高的薪酬收入。从问卷调查数据看，女教师中兼任行政职务的比例为21%，男教师兼任行政职务的比例为27%。而且在分布上表现出职称越高，男教师兼任行政职务的比例越多于女教师的现象。如表5-1所示，具有高级职称的男教师兼任行政职务的人数占71%，而高级职称女教师兼任行政职务的比例为57%。

表5-1 按职称担任行政职务的教师人数

职　　称	女教师		男教师	
	人数（人）	比例（%）	人数（人）	比例（%）
正　高　级	28	24.1	64	33.7
副　高　级	38	32.8	72	37.9
中　　级	35	30.2	43	22.6
初级及以下	15	12.9	11	5.8
合　　计	116	100	190	100

科研成果在很大程度上反映了教师的科研水平，而且进一步影响到职称的取得以及收入的增加。从近三年出版专著、撰写研究报告、发表学术论文、申请专利以及获得成果奖励等方面看，男女教师都存在显著的差异（见图5-3），五个方面的科研成果上，女教师的数量都明显少于男教师，发表学术论文的数量男教师是女教师的1.7倍，申请专利数量男教师是女教师的2倍。

（二）高校教师收入状况的性别比较

北京市高校教师的工资制度实行的是专业技术职务等级工资制度，工资主要包括岗位工资、薪级工资和绩效工资三个组成部分。岗位工资与薪

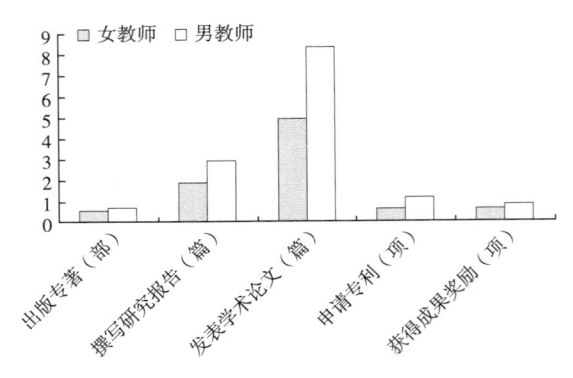

图 5-3 按性别高校教师的研究成果

级工资主要是根据职称、工作年限等来确定,有一套表格明晰了不同职称、不同工作年限所对应的薪级;绩效工资主要是校发工资以及各种奖励,如科研奖励等。这些收入体现在工资条(或者工资卡)上,是教师的基本工资收入。

如今有很多高校教师在校外从事各种兼职,教授在外搞课题、讲师在外讲课都成为司空见惯的事情。因此,除了工资收入以外,高校教师的收入还包括兼职讲课费、科研课题所得、评审费、稿费以及年终奖等工资外收入,共同构成教师的总收入。

1. 平均收入水平的性别差异

表 5-2 反映了高校男教师与女教师在工资收入以及总收入水平的差异。在表示平均收入水平差异的同时,进一步按职称、按是否兼任行政职务来比较男女教师的收入差异。可以看出,从平均水平来看,北京高校教师 2010 年工资(工资卡/工资条)的收入存在显著的性别差异,男教师平均比女教师多 9666 元。在总收入方面,男女教师的平均水平差距更大,男教师比女教师多 14965 元。

按照职称分类来看,随着职称级别的提高,高校男女教师的收入差距也不断扩大。初级职称的男教师比女教师平均工资多 1394 元,中级职称男女相差 2030 元,副教授级别男女差距为 5660 元,是讲师男女差距的 2.8 倍,教授的性别工资差距就更大了,年平均工资相差 10118 元。总收入的性别收入差距与工资差距表现出相同的趋势,职称级别越高男女教师的收入差距越大,而且从中级到高级差距扩大了 3 倍。

表 5-2 2010 年高校教师按性别收入水平及其差异

单位：元

项　目	男教师		女教师		差异（男－女）	
	工资	总收入	工资	总收入	工资	总收入
平均水平	65511	87240	55845	72275	9666	14965
正高级	85390	120818	75272	110137	10118	10681
副高级	64712	83674	59052	74689	5660	8985
中级	47356	58663	45326	55706	2030	2957
初级及以下	39481	45203	38087	43613	1394	1590
担任行政职务	75104	108723	62541	81840	12563	26883
不担任行政职务	61230	78340	53971	70283	7259	8057

是否担任行政职务对男女收入差距有显著的影响，一般来说，担任行政职务教师的收入高于不担任行政职务教师的收入，而且还表现出明显的性别差异。在工资收入上，担任行政职务的男教师比女教师多 12563 元。不担任行政职务的男女教师工资相差 7259 元；在年总收入上，性别收入差距更大，担任行政职务的男女教师收入相差 26883 元，不担任行政职务的男女教师收入相差 8057 元，可见，担任行政职务为男教师带来了更多的工资外收入。

2. 收入分布的性别差异

平均收入水平只能反映整体水平的差异，从收入分布情况可以更全面地了解收入性别差异的特点。

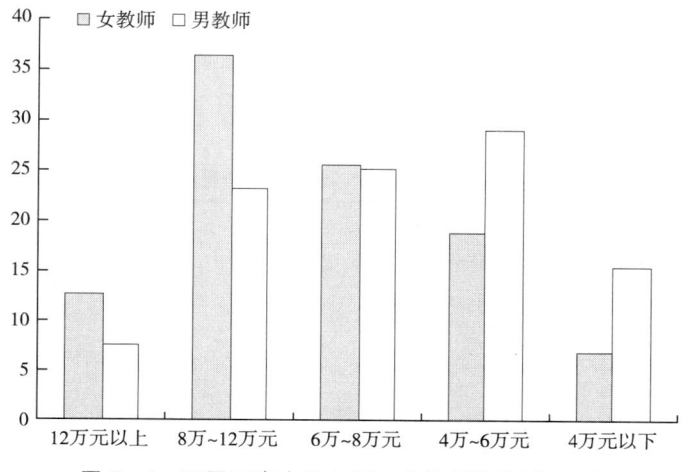

从图 5-4 我们可以看到，在工资分布的底端，男教师的数量少于女教

图 5-4 不同工资水平上男、女教师的比例（%）

师，而在工资分布的顶端，男教师的数量多于女教师。49%的女教师年工资收入在6万元以下，而这个工资水平的男教师比例仅为31%；年工资收入在8万元以上的女教师比例为26%，而男教师比例为44%。

二 高校教师收入分配性别差异的原因

综上所述，在学历、职称、担任研究生导师以及科研成果等方面，高校男女教师都存在显著的差异。特别是在更高级别上，比如高学历、高级职称方面的差别更加显著，而这些因素都与高校教师的收入有关。下面采用工资决定方程，分别对高校男教师、高校女教师的收入进行回归分析，考察工资收入的影响因素及其影响程度。

（一）高校教师收入的影响因素分析

采用的收入方程如下：

$$\ln wage = \alpha + \beta_0 age + \beta_1 experience + \beta_2 experience^2 + \beta_3 edu_i + \beta_4 title_i + \gamma_i X_i + \varepsilon$$

其中，被解释变量分别为工资和总收入，并采用对数形式。$experience$表示工作经验，用工作年限来代表，同时由于工作经验与收入不是线性关系，进一步采用其二次项。edu_i是表示教育程度的虚拟变量，以"本科以下"学历作为基准组；$title_i$表示职称虚拟变量，以"初级及以下"职称作为基准组；X_i表示其他控制变量，如"是否担任行政职务""是否是研究生导师"以及"是否有国外留学或研究经历"等（见表5-3）。

表5-3 分性别高校教师收入的影响因素

项　目	男教师		女教师	
	Ln（工资）	Ln（总收入）	Ln（工资）	Ln（总收入）
年龄	0.006**	0.002	0.007**	0.002
	(0.003)	(0.004)	(0.003)	(0.004)
工作年限	0.007	0.010	0.002	0.003
	(0.005)	(0.007)	(0.007)	(0.008)
工作年限的平方	-0.000	-0.000	-0.000	-0.000
	(0.000)	(0.000)	(0.000)	(0.000)

续表

项 目	男教师		女教师	
	Ln（工资）	Ln（总收入）	Ln（工资）	Ln（总收入）
教育程度（以"本科以下"为基准组）				
本科	0.217	0.190	0.143	0.091
	(0.160)	(0.186)	(0.123)	(0.157)
硕士研究生	0.341**	0.330*	0.210*	0.143
	(0.158)	(0.184)	(0.121)	(0.155)
博士研究生	0.282*	0.256	0.179	0.098
	(0.158)	(0.185)	(0.126)	(0.160)
职称（以"初级及以下"为基准组）				
正高级	0.714***	0.900***	0.540***	0.817***
	(0.104)	(0.132)	(0.094)	(0.121)
副高级	0.483***	0.602***	0.412***	0.551***
	(0.093)	(0.118)	(0.075)	(0.096)
中级	0.255***	0.333***	0.192***	0.322***
	(0.085)	(0.108)	(0.064)	(0.082)
是否担任行政职务（否=0，是=1）	0.177***	0.222***	0.135***	0.108**
	(0.032)	(0.040)	(0.036)	(0.046)
是否担任研究生导师（否=0，是=1）	-0.018	0.011	0.065*	0.091*
	(0.042)	(0.053)	(0.039)	(0.050)
是否有国外留学或研究经历（否=0，是=1）	-0.005	0.011	0.046	0.042
	(0.033)	(0.041)	(0.033)	(0.042)
常数项（略）				
观测值 R^2	577 0.363	596 0.321	483 0.344	493 0.291

注：* 表示 10% 的显著性水平，** 表示 5% 的显著性水平，*** 表示 1% 的显著性水平。

结果表明，影响高校教师收入的显著因素有年龄、学历、职称和"是否担任行政职务"，其中职称与"是否担任行政职务"的影响最为显著。而且，这些因素对男教师的影响程度都大于女教师。

从职称影响因素看，职称级别越高对收入的影响越大，而且性别差距越大。与初级及以下职称相比，中级职称的男教师工资高29%（≈ $\exp^{0.255}-1$），女教师的工资高21.2%；正高级职称的男教师工资比初级职称高104%，而女教师高71.6%，相差约30个百分点。职称对总收入的影响程度比工资还要大，正高级职称的男教师总收入比初级职称高146%，而女教师高126%。可见，较高的职称提高了教师的收入水平，而且也拉大了男女教师的收入差距。

从分析结果看，"担任行政职务"也对收入水平有正向影响。与不担任行政职务的教师相比，担任行政职务的男教师的工资多19%（≈ $\exp^{0.177}-1$），女教师多14%，相差5个百分点。总收入的差距更大一些，担任行政职务的男教师总收入比不担任行政职务的男教师高25%，而女教师的这个比例为11%，相差一倍。这表明担任行政职务给男教师带来了更多的收入，特别是更多的工资外收入。

（二）高校教师收入性别差异的 Blinder – Oaxaca 分解

从收入决定方程来看，年龄、教育程度、职称、是否担任行政职务等都是带来男女教师工资差异的主要原因，但是除此之外，在高校里还存在相同职称、相同任职年限、相同学历等人力资本特征都相同，但男女教师工资收入不同的现象，也就是"同工不同酬"。因此，为了进一步分析高校教师性别工资差异的原因，下面采用 Blinder – Oaxaca 分解，将工资差异分解成两部分，一部分差异是可以由禀赋、人力资本特征解释的；另一部分差异是禀赋、人力资本特征不能解释的，一般将这部分归为性别歧视。性别工资差异可以表示为：

$$\ln w_m - \ln w_f = \bar{x}_m \widehat{\beta}_m - \bar{x}_f \widehat{\beta}_f = (\bar{x}_m \widehat{\beta}_m - \bar{x}_f \widehat{\beta}_m) + (\bar{x}_f \widehat{\beta}_m - \bar{x}_f \widehat{\beta}_f) = (\bar{x}_m - \bar{x}_f) \widehat{\beta}_m + \bar{x}_f (\widehat{\beta}_m - \widehat{\beta}_f)$$

其中，m 代表男教师，f 代表女教师。等式最后一个等号右边的第一项表示由于个人特征、人力资本特征等带来的工资差异，这是可以解释的部分；第二项表示相同特征不同回报带来的不可解释的差异部分。采用男教师作为参照组，分解的结果见表 5-4。

表 5-4 高校男教师与女教师工资差异的 Blinder-Oaxaca 分解

项目	工资		总收入	
	可解释部分	不可解释部分	可解释部分	不可解释部分
年龄	0.011*	-0.010	0.003	-0.014
	(0.006)	(0.167)	(0.007)	(0.211)
工作年限	0.015	0.023	0.023	0.036
	(0.012)	(0.042)	(0.015)	(0.054)
工作年限的平方	-0.007	0.002	-0.011	0.007
	(0.010)	(0.023)	(0.012)	(0.029)
教育程度（以"本科以下"为基准组）				
本科	-0.004	0.009	-0.002	0.012
	(0.005)	(0.025)	(0.004)	(0.029)
硕士研究生	-0.046**	0.047	-0.047*	0.067
	(0.023)	(0.070)	(0.028)	(0.086)
博士研究生	0.044*	0.052	0.041	0.081
	(0.026)	(0.103)	(0.030)	(0.124)
职称（以"初级及以下"为基准组）				
正高级	0.101***	0.023	0.127***	0.011
	(0.023)	(0.019)	(0.028)	(0.024)
副高级	-0.024	0.029	-0.028	0.017
	(0.015)	(0.050)	(0.019)	(0.064)
中级	-0.014	0.024	-0.020*	0.004
	(0.009)	(0.041)	(0.012)	(0.052)
是否担任行政职务（否=0，是=1）	0.015***	0.008	0.018***	0.023*
	(0.005)	(0.010)	(0.007)	(0.013)
是否担任研究生导师（否=0，是=1）	-0.003	-0.033	0.002	-0.032
	(0.008)	(0.023)	(0.010)	(0.029)
是否有国外留学或研究经历（否=0，是=1）	-0.000	-0.014	0.001	-0.009
	(0.003)	(0.013)	(0.003)	(0.016)
差异	0.087***	0.051**	0.106***	0.050*
	(0.017)	(0.022)	(0.020)	(0.027)
百分比	63%	37%	68%	32%
观测值	1060		1089	

注：* 表示 10% 的显著性水平，** 表示 5% 的显著性水平，*** 表示 1% 的显著性水平。

分解的结果显示,在工资收入的性别差异上,有63%是由男女教师的人力资本特征的差异带来的,主要是学历、职称以及担任行政职务等因素引起的,另外37%的差异则是不能由人力资本特征来解释的。在总收入的性别差异上,可以由人力资本特征的差异解释的部分扩大为68%,还有32%的部分无法由人力资本特征的差异来解释。

对于无法由人力资本特征解释的部分,一般将这一部分归为对女性的歧视。对于高校教师来讲,性别工资差异中无法由人力资本特征解释的部分,我们把它主要归因为由社会性别分工所产生的教师压力等内在原因和高校环境等外在原因。

三 高校教师性别收入差异的内在与外在原因

中国传统的"男主外、女主内"的文化,形成了社会性别分工,这在高校教师中也能够很明显地体现出来。主要表现是女教师在家务上花费更多的时间,而男教师在工作上花费的时间更多。从北京高校问卷调查的数据来看,高校男教师的平均日工作时间比女教师多一个小时,每周工作时间比女教师多半天。与此相反,在做家务方面女教师花费的时间更多一些。

从各年龄段男女教师做家务的情况可以看出,在50岁以下的教师中,"经常做"(包括"天天做")家务的女性比例高于男性,女教师中"经常做"(包括"天天做")家务的比例为61%,而男教师的这个比例仅为32%。尤其是天天做家务的女教师比例为24%,而男教师仅有6%。而且,男女教师做家务的频率差别在30~40岁年龄段更加显著。相对应的,在"不做""很少做"和"偶尔做"家务的教师中,男教师占了很大的比重。可见,女教师比男教师在家庭劳动中投入了更多的时间(见表5-5)。

由于高校女教师把更多的精力和时间投入到照顾家庭和家务劳动中,在工作中的投入就会相对减少。但是,高校女教师在照顾家庭的同时还要与男教师进行激烈的科研和学术竞争,因而高校女教师普遍感到压力很大。在北京某高校的访谈中一位女教师谈道,丈夫在跨国公司工作收入较高,但是为了让丈夫休息好,自己必须承担几乎所有家庭和家务劳动,同时工作上的要求和任务也很多,感觉压力很大。

表 5-5 分年龄段男、女教师业余时间做家务的情况

单位：人

年龄段	不做		很少做		偶尔做		经常做		天天做	
	女	男	女	男	女	男	女	男	女	男
30 岁以下	4	3	8	13	12	9	13	6	6	1
30～40 岁	3	14	34	62	48	93	94	74	44	13
40～50 岁	2	17	35	55	30	62	79	61	72	21
50～60 岁	0	2	7	24	6	27	25	40	18	13
60 岁以上	0	0	1	5	1	2	0	4	1	0
合计	9	36	85	159	97	193	211	185	141	48

面对事业和家庭双重任务时，在传统文化的影响下，女教师往往会更多地承担家庭责任，而降低在工作上的成就动机，如放弃一些参加培训和学术会议的机会，因而女教师逐步拉大了与男教师的人力资本差距，其中一个结果便是科研成果的数量比男教师少。表 5-6 显示了年龄相近、职称相同的男女教师在科研成果上的差异，而且随着职称的提高差距也越来越大。这种差距直接导致了男教师和女教师工资收入的差异。

表 5-6 按职称不同科研成果的性别工资差异

项目	高级		副高级		中级		初级及以下	
	男教师	女教师	男教师	女教师	男教师	女教师	男教师	女教师
平均年龄	48	47	42	43	36	36	29	28
撰写研究报告（篇）	4.3	3.6	2.7	1.8	1.9	1.4	0.08	0.05
发表学术论文（篇）	13.7	10.8	7.0	4.7	4.6	3.2	1.1	0.7
申请专利（项）	1.6	1.9	1.11	0.35	0.6	0.37	0.04	0.18
平均工资（元）	85390	75272	64712	59052	47356	45326	39481	38087

调查数据显示，从配偶的收入状况看，有 38% 的男性教师其配偶年收入在 4 万以下，而女教师的这个比例仅为 11.6%。配偶年收入在 16 万以上的女教师有 13%，而男教师仅为 2.9%。可见，男教师仍然是家庭收入的重要来源。由于男教师担负着"养家糊口"的责任，因而高校男教师面临着很大的经济压力。特别是在北京，年轻男教师最大的困难就是住房问题，在调查中我们了解到还有一些毕业几年的博士仍住在学校的筒子楼里，50%

以上的年轻男教师在租房居住。当高校收入不能满足基本生活需要的时候，高校教师特别是男教师往往到学校外部去寻找各种兼职机会以获得更多的收入，进而拉大了与女教师的收入差距。

从调查问卷中"您经营、第二职业等的兼职收入"的回答情况看，从初级以下到高级职称的男教师都有一定的收入，而不同职称水平下女教师的第二职业收入都低于男教师，而且很不稳定，其中具有中级职称的女教师的收入最低，究其原因应该是这个年龄段的女教师正是生育、抚养孩子的时期，业余精力和时间几乎都要投入到家庭中。

除了由于传统社会性别分工带给高校教师的压力以外，造成男女性别工资差异的还有一些外在的环境因素。从调查数据可以看出，在高校中存在着"玻璃天花板"现象。[①] 根据美国劳动部"联邦玻璃天花板委员会"的定义，玻璃天花板是女性在晋升的过程中所遇到的看不见的，然而却不可逾越的障碍。从第二部分的数据描述可以看出，在博士学历、高级专业技术职称、博士研究生导师中，女教师的比例明显低于男教师。另外，41%的男教师有在国外半年以上留学或研究的经历，而女教师中这个比例只有30%。这说明，高校女教师在职业发展中也在一定程度上遇到"玻璃天花板"的阻碍。

四 对策与建议

针对高校教师性别收入差距的现状及其成因，笔者提出以下建议。

第一，提高教师工资水平，建立稳定的工资增长机制。

在调查中，高校教师认为，生活中最烦恼的三件事情是：收入太低、买不起房和子女入托上学难。调查发现教师的薪酬满意度不高，感觉收入不公平程度很高，严重影响了教师工作的积极性。特别是青年教师，本来是创新能力最强的时期，然而为了生存到处挣钱，没有把精力放在科研和教学上，造成了人力资源的极大浪费。

高校教师的收入应该处于社会中上水平，而且应该保持稳定的增长，

[①] 〔美〕D. A. 科特等:《玻璃天花板的影响》，《国外社会科学》2002年第4期。

这样才能让教师安心于教学与科研,发挥他们的人力资源优势,为社会创造更多的价值。可以参照香港的做法,将教师工资与公务员及私营部门相挂钩,建立稳定的工资增长机制,使教师只要完成相应的教学和科研工作,就能维持体面的生活,而且每年通过考核工资会有增长。此外,工资还要根据物价水平进行调整,如果物价一直在涨,可是教师工资没有变化,这也会影响教师的工作积极性。

在北京,目前大部分高校教师的工资水平,买不起商品房,可是又高于廉租房、双限房的标准,处于"不上不下"的中间地带,为了生存只能勉强购买商品房,从而带来很大的经济压力。因此,建议在住房、子女教育等方面为高校教师提供政策倾斜,为教师提供廉价的住房或者根据市场价格提供租房津贴,高校的幼儿园、附属中小学为教师提供足够的入学名额。

高校女教师受传统文化的影响,在家庭和子女教育方面需要投入大量的精力和时间,因而在校外兼职的大部分是男教师,从而拉大了男女教师的收入差距。如果教师凭借工资收入就能够维持基本生活,过着体面的生活,不需要去校外兼职,也就减少了男女收入差距拉大的因素。通过提高收入、完善保障等措施,可以减轻男教师的经济压力、减轻女教师的家务压力,也就可以做到男女"同工同酬",相同职称、相同学历的教师具有相同的工资。

第二,为女教师提供更多的培训和晋升机会,提高女教师的竞争能力。

受传统社会分工的影响,高校女教师往往为了家庭而放弃一些提升人力资本的机会,从而在职称评定和职务晋升时与男教师相比处于劣势,拉大了与男教师的收入差距。为此,建议设定一些专门针对女教师的培训,以提高女教师的竞争能力。

目前一些高校的工会已经开展了类似的活动,主要针对女教师或者青年女教师,开展帮助性质的活动。但是这些活动多数是自愿参加的,效果并不很理想。因此,建议在科研项目的立项、专业培训等政策方面对女教师倾斜,专门为女教师提供学习进修的机会,为女教师提供更多的发展机会和成长空间。

第六章 高校教师薪酬满意度及其影响因素分析

刘金伟[*]

高校教师是我国培养高级人才的直接、具体执行者，也是科技进步和创新的中坚力量。高校教师收入水平的高低以及对薪酬满意度的评价，对激发高校教师的工作积极性具有非常重要的作用。2010年7月我国正式颁布的《国家中长期教育改革和发展规划纲要（2010~2020年）》指出，要"提高教师地位，维护教师权益，改善教师待遇，使教师成为受人尊重的职业"。调查高校教师的收入水平现状，分析高校教师的薪酬满意度及其主要影响因素，对贯彻落实《国家中长期教育改革和发展规划纲要》，促进高等院校管理体制改革，建立更加合理、有效的高校教师薪酬体系具有非常重要的意义。

北京是我国高等院校最为密集的地区，北京高校教师对自己薪酬满意度可以在一定程度上代表我国高校教师的心理状态。本次调查共在北京抽取18所高校，其中市属高校11所、部属高校7所。在数据的处理上，考虑到市属高校和部属高校教师人数的比例和教师职称结构不同，本研究利用北京2009年年末市属高校和部属高校教职工总人数的比例和职称结构，对调查数据进行了加权处理。所有的调查问卷均使用SPSS16.0进行数据的录入与分析。在数据分析方法上，本研究主要运用了统计描述、相关分析和回归分析等研究方法。

一 北京高校教师薪酬满意度现状分析

薪酬在我国是个比较复杂的概念，不同研究者对薪酬的界定差别很大。

---

[*] 刘金伟，北京工业大学人文社会科学学院副教授。

一般认为薪酬应包含四个部分：外在的"经济性薪酬"通常是指工资性收入；内在的"经济性薪酬"指职工福利；外在的"非经济性薪酬"是指工作环境，包括硬件环境和软件环境即人文环境；内在的"非经济性薪酬"是指工作本身所提供的乐趣和个人发展空间。① 本研究参考彭剑锋教授的经济性薪酬的含义，将高校教师的薪酬界定在经济性薪酬部分，高校教师的薪酬构成主要包括国家工资、地方性津补贴、福利性收入和校内岗位津贴四部分。② 另外，考虑到高校教师收入来源的多样性，我们把与工作有关的收入如奖励性收入、讲课课时费、兼职收入、科研课题收入、评审收入、稿酬收入也纳入薪酬范围。

薪酬满意度是个人的一种主观感受，它是个体在实现了预期目标并得到所需报酬时内心所产生的满意感觉。在学术界对薪酬满意度的理解经历了从单一维度向多维度的转变。Heneman 和 Schwab 认为薪酬满意度包含五个维度：薪酬水平满意度、薪酬提升满意度、福利满意度、薪酬结构满意度和薪酬管理满意度。③ 其中薪酬水平指个人当前的直接工资收入；薪酬提升指个人工资水平的增长；福利指各种津贴、补助、保险等非直接收入；薪酬结构则表示内部不同职位的薪酬等级差异；薪酬管理是指薪酬的体系及相关政策。依据亚当斯的期望理论，我国学者杨剑等提出薪酬满意度是员工获得组织经济性报酬和非经济性报酬的实际感受与其期望值比较的程度。④ 本文认为，薪酬满意度既是一种对薪酬现状的主观评价，也是一种对薪酬进行多角度比较的内心感受，是外部刺激和内部感知相互叠加的一种复杂心理状态。

对于薪酬满意度的测量，本文采用李克特氏五点评分方法，分别给予"很满意""较满意""一般""较不满意""很不满意"以 5、4、3、2、1 分值，然后统计均值。调查数据分析表明，北京高校教师薪酬满意度的均值是 2.46 分，整体上处于一般和不太满意之间；中位数和众数都是 3，说

---

① 赵兰香：《国立科研机构薪酬制度有效性分析》，《科研管理》2004 年第 2 期，第 135～139 页。
② 彭剑锋：《人力资源管理概论》，复旦大学出版社，2003，第 373～376 页。
③ Heneman H. G., Schwab D. P. (1985). Paysatisfaction: Its multidimen - sional nature and measurement. International Journal of Psychology, 20, pp. 129 - 141.
④ 杨剑、白云、朱晓红等：《激励导向的薪酬设计》，中国纺织出版社，2002，第 95～99 页。

明北京高校大部分教师对自己薪酬满意度的感受一般偏下。具体来分析，北京高校教师中只有1%对自己目前的薪酬表示"非常满意"，12.9%表示"比较满意"，36.3%表示"一般"，30.5%表示"不太满意"，19.3%表示"很不满意"。

表6-1 北京高校教师薪酬满意度的总体情况

	项目	频数	百分比	有效百分比
有效值	很不满意	324	19.1	19.3
	不太满意	511	30.1	30.5
	一般	608	35.8	36.3
	比较满意	216	12.7	12.9
	非常满意	16	1.0	1.0
	总计	1675	98.7	100.0
缺失值		22	1.3	
总计		1697	100.0	

二 高校教师薪酬满意度的影响因素

薪酬满意度的影响因素很复杂，既包括客观因素也包括主观因素。有研究认为影响薪酬满意度的主要因素有实际工资和工资增长、社会比较、薪酬体系特征、工作特征、工作输入因素等；也有研究认为，薪酬管理政策、薪酬制度的公平性（外部公平性、内部公平性、个人公平性）、边际效应规律、员工职业生涯的阶段、自身发展与成就等因素会对薪酬满意度产生影响。本研究主要从调查对象本身的基本特征、职业地位、客观收入水平、期望收入水平、内外部比较而产生的公平感、实际生活状况等方面进行分析。

（一）个人特征和职业地位对薪酬满意度的影响

被调查者本人的特征如性别、年龄、婚姻状况等对教师薪酬期望具有很大的影响。具体来看，年龄大或已婚员工会认为他们比年轻或未婚员工应该得到更多的薪酬。在性别方面，很多研究表明，虽然女性工资会比男性低,但她们的薪酬满意度并不比男性低,被称为"女性员工悖论"。另外,薪酬满意度还与个人的工作经历和职业地位有关,如职称、受教育程度、职务、工龄等,这些因素水平越高,员工对薪酬期望越高。本研究主要从性别、年龄、职称和行政级别四个方面分析这些因素对薪酬满意度的影响。

从性别角度看,本次调查男性教师873人,女性教师789人,男性教师占52.3%,女性占47.7%。男性教师薪酬满意度平均分值是2.52,女性教师薪酬满意度的平均分值是2.38,北京男性大学教师的薪酬满意度稍微高于女性。从具体数据的分析来看,有16.8%的男性教师对自己的薪酬表示"满意"或"比较满意",而女性只有10.7%;在"不太满意"和"很不满意"的比例中,女性教师达到53.7%,高于男性教师的46.3%。本次调查结果与传统研究中"女性员工悖论"的结论相反。

从年龄角度看,我们把调查人群分成青年组(30岁及以下)、中青年组(大于30岁小于或等于40岁)、中年组(大于40岁小于或等于50岁)、中老年组(大于50岁小于或等于60岁)、老年组(60岁以上)。调查结果表明,不同年龄段的教师对薪酬满意度不同。60岁以上老年组大学教师对薪酬的满意度最高,平均分值是3.42,处于"一般"和"比较满意"之间;最不满意的是中青年组,平均值只有2.33。其他年龄段教师中,中老年组的平均值是2.65,中年组是2.48,青年组是2.46。除中青年组外,薪酬满意度与年龄呈正相关,年龄越大薪酬满意度越高。因此,在不同年龄段教师薪酬满意度分析中,30~40岁年龄段的中青年教师应该成为重点关注的对象。

研究表明,高校在薪酬的分配依据上,职称是决定性的因素。本次调查结果表明,具有正高职称的大学教师薪酬满意度最高,平均值是2.74;其次是未定级人员为2.64;排在第三位的是具有副高职称的教师,平均值为2.51;排在第四位的是具有初级职称的教师,平均值为2.43;最不满意的是中级职称的教师,平均值为2.25。基本上是职称越高,薪酬满意度越高。但存在两种例外,一种是"未定级人员"薪酬满意度排在第二位。原因是未定级人员大多是刚进入高校的新教师,对高校薪酬制度缺乏了解和比较深刻的感受。另一种是中级职称教师的薪酬满意度低于初级职称教师。

通过进一步分析表明,初级职称人员的学历构成中,96.4%的是硕士及以下学历;中级职称人员中75.2%的是硕士及以上学历。从年龄结构上看,初级职称64.3%的是30岁以下人群,而中级职称55.8%是30~40岁年龄段的人群。从目前北京高校教师的任职条件看,中级职称的教师大多数是学校骨干教学科研人员,而初级职称教师大多数是教辅或一般行政人员。因此,他们对薪酬期望差异较大。

近年来高校行政化倾向严重,高校行政部门掌握了学校大多数机会和资源,通过行政化的手段对资源和机会进行配置。结果是权力中心或周边的人优先获得资源配置的机会。因此,不少教师千方百计挤进管理者队伍,大学教授竞争处长甚至科长的案例屡见不鲜。从调查数据看,北京高校中,有25.8%的正高职称教师担任了学校的处级干部,6.2%的正高职称教师担任了科级干部。担任处级岗位的正高职称教师的平均年收入是14.73万元,不担任行政职务的正高职称教师的年平均收入是11.56万元。担任科级职务的副教授年均收入是9.88万元,不担任行政职务的副教授年均收入为7.87万元。可以看出是否担任行政职务对教师的收入影响很大。从他们对薪酬满意度的调查来看,具有行政级别的人员对薪酬的满意度明显高于没有行政职务的一般教师。行政级别越高,薪酬满意度越高。司局级及以上人员的薪酬满意度平均分值是3,处级干部的薪酬满意度平均分值是2.92,科级是2.51,科级以下是2.60。而不担任行政职务的教师的薪酬满意度是2.34。

(二) 实际收入和期望收入对薪酬满意度的影响

研究证明,实际工资与薪酬满意度的线性相关最稳定。因此很多研究在探讨薪酬满意度影响因素的时候,都把实际工资作为协变量来进行控制。但二者之间的相关系数比较低(0.15左右)。[①] 大学教师是知识密集型行业,从北京近年来大学教师入职的学历门槛来看,能够担任教学和科研职位的大学教师一般要求具有博士学位。目前北京高校在职教师中,具有博士学位的占总人数的50.1%。根据经济学理论,教育投入与产出之间应该

---

① Heneman H. G. Judge, T. A. Compensation on attitudes: a review and recommendations for future research (C). In: Rynes SL, Gerhart B, et al. Compensation in organizations: progress and prospects SanFrancisco: Jossey – Bass, 2000, pp. 61 – 103.

呈现正向关系，高校教师的工资收入应该与其较高的教育投入相比照，收入过低肯定会对其薪酬满意度存在负面影响。我们对薪酬满意度与实际收入进行相关分析，考察两者之间的关联强度。结果表明，北京高校教师的薪酬满意度与其实际收入水平有明显的相关关系，两者之间的相关系数为0.256，双尾检验 P 值为 0.01。

如果我们以平均值 8 万元作为标准，把北京高校教师按照实际收入水平分成四组，数据分析表明，薪酬满意度在不同收入组群体中差别比较大。满意度比例最高的 12 万元以上收入群体，表示"比较满意"和"非常满意"的占 33.3%；其次是 8 万~12 万元收入群体，表示"比较满意"和"非常满意"的占 18.7%；排在第三的是 4 万~8 万元收入群体，表示"比较满意"和"非常满意"的占 7.3%；排在最后的是 4 万元以下的收入群体，只有 5.7% 的人表示对自己的薪酬"比较满意"。而对自己薪酬最不满意的是 4 万元以下收入群体和 4 万~8 万元收入群体，对自己的薪酬表示"很不满意"和"不太满意"的比例分别占 64.8% 和 58.2%（见表 6-2）。

表 6-2 北京高校不同收入组群体的薪酬满意度

单位：%

项目	收入分组				总计
	4 万元以下	4 万~8 万元	8 万~12 万元	12 万元以上	
很不满意	36.4	23.9	15.1	8.6	20.7
不太满意	28.4	34.3	29.9	22.2	31.3
一般	29.5	34.5	36.3	35.8	34.8
比较满意	5.7	6.9	17.7	29.0	12.1
非常满意	0.0	0.4	1.0	4.3	1.0
总计	100.0	100.0	100.0	100.0	100.0

高校教师对薪酬的期望值一般是从自己的工作能力、所受的教育、努力的程度和工作业绩出发估量的，他们将自己期望的薪酬与实际得到的薪酬相比较，从而产生满意或不满意的感觉。Lawle 认为，当员工感觉其实际得到的报酬与其所期望得到的报酬有差异时，则会影响他们的薪酬满意度。一般而言，期望值越高，对薪酬的满意度越低，期望收入与实际收入的差

距越大,其不满意程度越高。①

本次调查数据分析表明,北京高校教师期望平均收入是 13.75 万元,实际平均收入与期望平均收入相差 5.35 万元。具有正高级专业技术职务的高校教师平均期望收入是 18.86 万元,副高是 14.60 万元,中级是 10.99 万元,初级是 8.70 万元。具有博士文凭的大学教师平均期望收入是 15.61 万元,硕士 12.08 万元,本科 11.83 万元。具有司局级以上行政级别的高校教师期望收入是 21.13 万元,处级是 16.25 万元,科级是 12.82 万元,科级以下是 11.90 万元,不担任行政职务的高校教师的平均期望收入是 13.64 万元。期望收入与实际收入落差比较大的是具有正高级专业技术职务的教师,具有博士学位的教师和不担任行政职务的教师,比较小的是学历低和具有初级职称的教师,以及 65 岁以上老年教师。

从期望收入与薪酬满意度之间的关系看,两者具有微弱的负相关。但是从薪酬满意度和期望收入与实际收入的差别之间的关系来看,两者具有明显的负相关。大学教师的薪酬满意度随着期望收入与实际收入差距的扩大而降低,两者的相关系数为 -0.207,双尾检验的 P 值为 0.01,显著性较高。这说明,期望收入与实际收入的落差对大学教师薪酬满意度的影响比较大。调查表明,50.7% 的北京高校教师认为目前的薪酬"完全不能"和"不太能"体现自己的价值;"完全能"和"能够"体现自己价值的只占 7.3%;剩下 41.2% 的大学教师表示一般。结论是大多数教师认为目前的薪酬水平不能体现自己的价值,

(三) 公平感对薪酬满意度的影响

通过内外部的比较而产生的公平感对薪酬满意度具有非常大的影响。根据美国学者亚当斯公平性的理论,员工会将自己获得的报酬和投入与他人做比较,只有相等时,员工对自己的报酬才满意,反之员工就可能不满意。② 研究结果证实:个体的满意很大程度依赖于相对的而不是绝对的收

---

① Lawler EE. Pay and organizational effectiveness: A psychological view. New York: McGraw – Hill, 1971.
② Adams, J. S. (1965). Inequity in social exchange. In L. Berkowitz (Ed.), Advances in experimental social psychology. New York: Academic Press, 2, pp. 267 – 299.

入，内在准则的效应大于外在准则的效用。① 根据参照系不同，本研究把高校教师感受到的公平感分为外部公平、内部公平与个人公平。外部公平参照系是不同行业的同类专业技术人员，内部的参照系是单位内部的工作人员，个人参照系是自己劳动投入与收入的关系。

外部的公平性一般是指大学教师将自己的薪酬水平与不同行业专业技术人员的薪酬进行比较，如果自己的薪酬高于外部类似行业的平均水平，则满意度会提高，如果发现自己的薪酬低于外部平均水平，则满意度会降低。改革开放之初，我国高校教师与其他行业人员的收入差距曾一度缩小，但随着社会整体薪酬水平的提高，高校教师收入增长过慢，教师薪酬外部比较的公平感越来越低。根据问卷，让大学教师与不同行业的专业技术人员工资进行比较，然后对薪酬的满意程度进行评价，回答"非常不满意"的占16.1%，不满意的占39%，一般的占33.8%，而感到比较满意和非常满意的只占10%。平均的满意度得分为2.39，中位的数和众数都是2。说明在与外部不同行业的专业技术人员进行比较时，大学教师不公平感比较突出。更值得注意的是，高校教师普遍认为，高收入行业与其他行业间的收入差距主要不是由行业劳动者的努力程度不同引起的，而是由国家行业政策造成的。

这种不公平感势必对大学教师的薪酬满意度产生直接的影响。我们把大学教师的薪酬满意度与不同行业之间比较的满意度进行相关分析，两者的相关度比较高，相关系数为0.692，双尾检验的P值为0.000，显著性比较高。说明在与其他行业的专业技术人员进行比较时，满意度越高的大学教师其对自己薪酬的满意度也比较高。

内部公平是指收入水平能反映职位之间的差距，反映员工的工作责任、困难度及所具备的知识、技能等。大学教师与同一个单位的教师相比，对自己的收入非常不满意的占6.1%，不满意的占26.3%，一般的占51.1%，比较满意和满意的占15.2%。满意度的均值是2.77，中位数和众数都是3。说明与同一个单位的教师相比，大多数教师的满意度一般。不公平感低于

---

① 谢延浩、孙剑平等：《比较收入与相对效用：基于工资满意度的实证研究》，《南京农业大学学报》（社会科学版）2010年第10期，第35页。

与外部不同行业专业技术人员之间的比较。大学教师对于其内部公平性的评价,对自己薪酬满意度也有影响,我们把大学教师对自己薪酬的满意度与其单位内部不同成员之间比较的满意度进行相关分析。两者之间的相关系数为 0.605（P=0.000）,相关度较高。

个人公平性是指教师现时或过去劳动投入与所得报酬之间的比较,收入水平要能够反映个人劳动投入的差异。当自己的劳动投入与获得的收益相比,回报较高时公平感较强,否则公平感较低。当调查大学教师对工资能否反映自己工作的能力程度时,8.7%的教师表示完全没有反映,35.6%的教师认为没有反映,25.5%的教师表示不一定能反映,22.5%的教师表示可能反映,只有6.9%的教师表示一定能反映。大学教师对自己工作投入与产出之间感受公平度的平均值是2.83,中位数是3,众数是2,说明大学教师对自己投入工作的努力程度与自己获得的工资相比,大部分人认为不太能够反映自己的劳动投入。北京高校教师对自己劳动投入与收入相比感受到的不公平,必然会对其薪酬的满意度产生影响,两者之间的相关系数为 0.535（P=0.000）,相关度比较高。

综合分析内部公平、个人公平、外部公平对大学教师薪酬满意度的影响,我们发现内部的不公平对薪酬的不满意程度高于个人不公平;外部不公平对于薪酬的不满意程度高于内部不公平。我们同时用多元回归方程来分析不同公平感对薪酬满意度影响的大小,用薪酬满意度评价作为自变量,外部公平感评价、内部公平感评价和个人公平感的评价作为自变量,进行多元线性回归分析。回归方程为 $y = \beta_0 + \beta_1 x_1 + \beta_2 x_2 + \beta_3 x_4$。通过回归系数分析,可以得到常数 $\beta_0 = 0.043$, $\beta_1 = 0.28$, $\beta_2 = 0.502$, $\beta_3 = 0.154$。所得到的多元回归方程为 $y = 0.043 + 0.28 x_1 + 0.502 x_2 + 0.154 x_3$。通过比较回归系数,结论与前述相同,即外部的公平性对职工薪酬满意度的影响最大,其次是内部的公平性和自身的公平性。$R^2 = 0.548$,说明自变量和因变量之间的线性拟合度比较好。$F = 665.694$,$p = 0.000$,说明回归方程的显著性较好,能够比较好地反映自变量与因变量之间的因果关系。

（四）大学教师实际生活状况对薪酬满意度的影响

大学教师实际的生活状况对薪酬满意度也有影响。在传统的计划经济时代，大学教师工资标准比较低，但是国家和单位为大学教师，特别是青年教师解决了住房、孩子的教育、医疗保障等基本问题。市场化改革以后，特别是20世纪90年代中期住房制度改革以后，大学教师特别是青年教师的住房基本上要到市场上去购买，随着北京住房价格的不断攀升，大学教师面对的住房压力逐年加大。尽管大学教师的工资收入有了大幅提升，大学教师的实际收入支配能力却在不断降低，这必然会对部分大学教师的薪酬满意度产生负面影响。

大学教师作为知识密集型职业人群的代表，其收入水平应该与其社会地位相关。在发达国家例如美国、日本、英国等大学教师的平均收入排在社会的前列，高于公务员的平均工资。我们认为，大学教师的工资水平应该能使其维持中产阶层的生活水平，如果不能达到，必然会对其工作积极性产生影响。在关系工资与生活关系的调查中：45.9%的高校教师表示"我的工资除维持基本生活外，有一定的节余"；表示"我不太确定二者之间有什么关系"的占10.9%；表示"我的工资只能维持最基本的生活开支"的占36.2%；3.2%的教师表示"因为工资太低，日子过得非常困难"；仅有0.7%的北京高校教师表示"因为工资很高，自己的生活过得非常富裕"。

从工资满足生活的现状与薪酬满意度的关系看，表示"因为工资太低，日子过得非常困难"的大学教师中有79.6%对自己的薪酬"很不满意"；18.5%对自己的薪酬"不太满意"；表示"比较满意"和"非常满意"的比例为0。表示"我的工资只能维持最基本的生活开支"的大学教师中，对自己薪酬表示"很不满意"和"不太满意"的比例也达到68.8%。表示"我的工资除维持基本生活外，有一定的节余"的大学教师中，对自己薪酬表示"很不满意"和"不太满意"的比例为33.6%；表示"一般"的占43.4%；表示"比较满意"和"非常满意"的占23.2%。在表示"因为工资很高，自己的生活过得非常富裕"的大学教师中，有23.1%的大学教师对自己的薪酬"非常满意"；同样有23.1%的大学教师对自己的薪酬"比较满意"。以上分析说明，工资满足基本生活的能力与对自己收入满意度的评价关系较为密切，两者之间的相关系数为0.41（$p=0.00$）。

北京作为全国房价最高的城市，对大学教师特别是青年教师的影响非常大。在调查中很多教师反映，如果大学教师有自己独立的住房，依靠自己的工资就能够保持基本的生活。但如果没有住房，或者因为购买了商品房而每月必须用工资还银行贷款，生活面临的压力非常大，必然会对自己的薪酬满意度产生影响。在调查中，北京高校教师中的 20.6% 教师没有自己的住房，62.8% 的教师有 1 所住房，15.5% 的大学教师有 2 所住房，具有 2 处以上住房的大学教师只有 1.1%。在没有住房的大学教师中，30 岁以下的青年教师占 60.2%，30~40 岁的中青年教师占 28.7%。在没有住房的大学教师中有 11.7% 租住私人住房。

家庭住房状况与大学教师的薪酬满意度有着直接影响，统计分析表明大学教师住房的套数和居住面积与大学教师的薪酬满意度的相关性比较高，大学教师住房套数与薪酬满意度的相关系数为 0.126（P = 0.000）；住房面积与薪酬满意度的相关系数为 0.123（P = 0.000）。大学教师的薪酬满意度与住房的类型呈现弱相关，相关系数为 0.082（P = 0.001）。

三 提高高校教师薪酬满意度的几点建议

北京高校教师薪酬满意度不高，必然会对其工作积极性产生影响，北京高校教师中，34.1% 的人认为目前的薪酬体系对高校教师的激励作用"非常小"和"比较小"，50.4% 的人认为激励作用"一般"。对薪酬的不满意还会降低高校教师对本单位的凝聚力，加大其离职的倾向。调查中，有 34.1% 的北京高校教师表示如果有可能会离开自己的单位。对此，国家与高等教育部门必须采取必要措施，提高高校教师薪酬满意度水平，促进我国高等教育事业的稳定与可持续发展。

（一）国家要对高校教师群体有相对明确的定位

新中国成立后，由于我国知识分子政策的变化，高校教师作为知识分子的代表，其社会地位一直不高，收入水平低于国有企业职工的平均收入，"脑体倒挂"的现象严重。改革开放后，随着我国"科教兴国"战略的确立，高校教师的收入水平有所提高，社会地位得到改善，但离高校教师的期望水平还有一定距离。从国外发达国家的经验看，由于高校教师学历水平较高，在国家发展中具有战略地位，一般把高校教师作为中产阶层的中上层群体来定位。在收入水平上，也处于社会的中上水平。例如日本、美国等发达国家，高校教师的平均收入在社会中排在中等偏上，低于医生、律师等专业技术人员群体，高于国家公务员的平均收入水平。在亚洲的新加坡、韩国，我国的香港与澳门地区，高校教师的收入水平较高，排在社会的前列。在发展中国家，印度高校教师的待遇也比较好，属于印度社会的中上收入阶层。我国也应对高校教师的社会地位有相对明确的界定，根据其社会地位确定其收入水平。

（二）要特别关注中青年教师群体的基本生活问题

在高校教师中，年龄在 30～40 岁的中青年教师群体对薪酬的满意度最低。这部分教师学历高、任务重、个人和家庭负担大，整体生活状况普遍较差。近年来高校教师入职门槛不断提高，这部分教师大多具有名牌大学的博士学位，在单位中是教学和科研的骨干力量。但是由于他们的资历较浅，获得资源的能力有限，收入水平不高。除了收入低，这部分教师还是我国体制转型成本的主要承担者，特别是福利住房制度的取消，这部分教师不得不面临市场化住房的压力，再加上孩子教育问题和家庭老人的赡养问题，部分青年教师的实际生活水平已经进入社会的底层。据我们调查，北京高校中很多中青年教师一家人蜗居在十几平方米的住房里，由于房租较高，不少青年教师居住在地下室里。他们为了最低的生活目标，把自己的精力耗费在外部兼职等活动中，影响了自己的本职工作和创造性的发挥。国家和高校应该重点关注这部分教师的基本生活问题，特别是通过一定的手段帮助这部分教师解决住房等实际困难。

（三）薪酬制度设计既要注重竞争又要兼顾公平

近年来，我国高校在薪酬制度的改革中引进了竞争机制，提高了高校教师的积极性，但也存在负面效应，过度的竞争使高校教师缺乏一种相对平静的心态进行学术研究，结果造假成风，科研成果粗制滥造，创新性的成果不多。目前伴随着高等教育管理体制改革的不断深入，高校在工资决策领域中的自主决定权逐步增大。与高校分配制度改革之前相比，国家工资在教师收入中所占比例不断降低，校内津贴、补贴在教师工资总额中的份额不断加大。据统计，北京地区高校教师国家工资占工资收入的比例为25%~30%。由于不同学校在市场上获取资源的能力不同，同一个学校不同专业之间也存在很大差别，与社会对接较好、应用性较强的学科，获得的津贴和补助较高，而一些基础性学科和在市场上缺乏获取资源能力的学科，获得的津贴和补助比较低，导致同样的教授在不同高校和专业收入差别非常大。高等教育是公益性的事业，应该由国家投入为主，建议提高国家工资部分占工资的比重，使其能保证大学教师的基本生活，而把用于调动教师积极性的绩效工资部分控制在一定的范围内，使其既能体现竞争性，又能把教师之间的收入差别控制在一定的范围内。

（四）高校资源的配置应该以学术导向为主

高校资源的配置有两种手段：一种是行政化的配置手段，另一种是市场化的配置手段，学术是大学发展的基石，两种资源配置手段都应当以学术为导向实施有效配置。目前我国大部分高校资源掌握在行政部门手中，学术单位和大学教师必须通过层层申请和审批，向行政部门获取资源。在这种体制下，资源和机会往往优先向行政部门倾斜，特别是学术力量和行政力量交叉的领域，会优先获得资源和机会，导致内部不公平现象严重。大学是学术性的团体，不同于政府和企业，大学的行政机构也不同于政府机关。从国外高校的管理体制来看，决策权主要掌握在以教授会为代表的各类学术机构和学术团体手中，行政部门主要提供服务。建议我国高校借鉴国外经验，按照《国家中长期教育改革和发展规划纲要（2010~2020年）》的要求，淡化高校的行政色彩，改革资源的配置模式。资源的配置由目前以行政机关为主向学院、系等学术机构为主改变。推进行政与学术的分离，规定进入行政部门的教师，任职期内不再作为主要学术责任人进行学术活动，避免既当裁判员又当运动员的现象。

（五）建立按照职称和年资相结合的工资增长机制

当前，北京各高校普遍实行的是"强化岗位，以岗定薪"的专业职务等级工资制，如果高校教师不能达到一定的职务级别，在此期间的工资上升幅度就会受到极大限制。然而教授的职称比例是有限的，这就是说部分教师奋斗一生都不能晋升为教授，工资也就一直无法显著提升，这在很大程度上会挫伤高校教师的工作积极性。日本高校按照职称和年资相结合的方法制定薪酬制度，值得我国借鉴。日本高校教师主要是依据职务和学历发放基本工资，根据年资和绩效考核进行晋升。无论哪个级别，档次越高，档差越少，尤其是教授的工资，一定档次以后的档差为100日元（折合人民币约6.7元），几乎等于不再上涨了。这种工资制度能够比较好地体现知识的价值和职业发展周期，体现教师的需要层次，到一定年龄阶段，教师工资达到比较高的水平后，教师的需要达到了更高层次，他们追求更多的是荣誉、声望和地位，工资增长只是象征性的。建议我们国家也能够建立类似的工资增长机制，不但能满足青年教师的工资增长需求，也会降低不同职称人员之间的工资差别，更好地体现公平性，提高高校教师对薪酬的满意程度。

第七章　高校教师的收入分配公平感研究

李君甫　武　斌[*]

2013年3月15日下午，因为对审议中的绩效工资改革方案草案不满，重庆工商大学部分教职工在会场外高唱国歌抗议，随即到校门口聚集。相关信息和图片经过网络快速传播后，成为热门话题。这不是第一例高校教职工因工资问题进行公开抗议。2011年3月17日，福建仰恩大学也曾发生过数千师生在校园里静坐抗议学校工资待遇和辞职纠纷问题。

1999年6月，国际劳工组织新任局长索马维亚在第87届国际劳工大会上首次提出了"体面的劳动"新概念。所谓"体面的劳动"，意味着生产性的劳动，包括劳动者的权利得到保护、有足够的收入、充分的社会保护和足够的工作岗位。2010年4月27日，胡锦涛在庆祝五一劳动节的讲话中提出："让广大劳动群众实现体面劳动。"体面劳动是指劳动者能够有尊严地从事创造物质和精神财富的活动，是安全的、愉快的、收入公平的劳动。但是，由于收入相对较低，中国高校的部分教师认为高校教师职业还算体面，但是收入却并不体面。

高校教师收入的不体面主要表现在两个方面：第一是普通教师收入相对较低，这主要是因为有行政职务的教师占有更多的机会和资源，普通教师的机会和资源分配被挤压。第二是年轻教师收入过低，导致年轻教师的经济压力大，生活困难，特别是在房价和房租暴涨的一线城市里，高校教师的生活压力特别大。由于收入低，工作压力越来越大，很多高校教师感

---

[*] 李君甫，北京工业大学人文社会科学学院副教授。
武斌，诺丁汉大学当代中国学学院高级研究员。

觉不幸福，不公平，对未来也不乐观。在中国的一线城市诸如北京、上海、广州，年轻的大学教师由于生活成本高，生活压力大，而收入又低，感到工作不体面、不公平，有的甚至感到没有尊严。

大学教师工作是专业性很强的工作，资格要求很高，一般要求要获得博士学位，至少也应该获得硕士学位。其职业地位应该属于白领阶层，是社会的中等阶层。然而，很多中国的大学教师，尤其是很多年轻教师认为自己的工作不体面，收入不公平。

社会公平是指人的行为得到应得的合理的回馈。比如优秀运动员获得奖励和荣誉，优秀的学生得到奖学金，以及犯罪行为得到应得的惩罚等。如果表现较差的学生得到了奖学金，而优秀的学生得不到奖学金，如果遵纪守法的人受到冤枉被惩罚，人们会认为这是不公平的。公平的大学教师收入分配应该依据教师工作的努力程度和教学科研的贡献，应该依据应得原则和平等原则，否则会被认为是不公平的，会削弱他们的工作积极性，影响高等教育的可持续发展。因而，对中国大学教师收入的不平等、大学教师的公平感的研究很有必要。大学教师的收入分配公平是通过比较进行测量的，测量可以从不同的维度进行。一方面是内部比较，包括校内同级别的同行比较，中老年教师和青年教师比较，有行政职务的教师和没有行政职务的教师进行比较。另一方面是外部比较，包括跟国外的同行进行比较，跟国内的同行进行比较，跟国内的其他行业专业技术人员进行比较，跟公务员进行比较。很多研究只是对工资收入的差距进行比较，但是很难评判这些差异是否公平。本报告希望解决这么几个问题：（1）什么是收入分配公平？（2）中国高校中哪些人更感到不公平？（3）导致高校收入分配不公平的根本原因是什么？（4）这种不满意将会导致什么样的后果？包括这几个部分：文献回顾、研究的方法、中国高校教师收入的构成及其差距、高校教师的不公平感、不公平的形成机制、讨论与结论。

一　文献回顾

收入分配公平是指人们的付出得到了应得的合理回报。如果人们的付出没有得到相应的回报将会引起人们的不公平感、不满意和挫折感。收入分配的标准有以下两种：第一，根据贡献也就是劳动的成果进行分配；第二，根据努力也就是根据劳动的付出进行分配。而平等主义关心贫富差距的扩大，希望收入分配的相对差距和绝对差距都能缩小。罗尔斯提出平等差异原则，认为"经济社会不平等必须满足两个条件：在机会平等的条件下，所有地位和职务对所有人开放（机会平等原则）；不平等必须对社会中最弱势的人最为有利（差异原则）"①。

中国由来已久的分配原则是"按劳分配，多劳多得"，也就是说按照劳动付出和贡献分配收入。这种收入分配的基本理念就是应得原则，然而平等主义却认为收入差距不能过大，至少应该保障穷人的基本生活。中国改革开放的推动者和设计师邓小平认为："我们一定要坚持按劳分配的社会主义原则。按劳分配就是按照劳动的数量和质量进行分配。"② "我们提倡按劳分配，对有特别贡献的个人和单位给予精神奖励和物质奖励；也提倡一部分人和一部分地区由于多劳多得，先富裕起来。"③ 但是邓小平也不希望收入差距过大，他认为："我们是社会主义国家，国民收入的分配要使所有的人都受益。"④ "我们是允许存在差别的。像过去搞平均主义，也发展不了经济。但是经济发展到一定阶段必须搞共同富裕。我们要的是共同富裕，这样社会就稳定了。"⑤

社会交换理论家霍曼斯认为，分配公平就是交换者之间合理地分配报酬与代价的问题，分配的内容是报酬或利润与代价。公平分配的法则是：处于交换关系之中的双方期望每一方的报酬与他付出的代价成正比，即报酬越多，代价也应越大，以及每一方的纯报酬或利润也应与他的投资成正比，即投资越多，利润也应越多。当一个人的行动没有得到他期望的报酬，或者得到的是他没有预料的惩罚时，他将感到气愤，甚至产生攻击行为。当一个人得到他期望的报酬，甚至得到的报酬比他期望的报酬还要多时，他会感到高兴和赞同。⑥

---

① John Rawls, A Theory of Justice, The Belknap Press; Revised edition, 1999 P62.
② 《邓小平文选》（第二卷），人民出版社，1993，第 101 页。
③ 《邓小平文选》（第二卷），人民出版社，1993，第 258 页。
④ 《邓小平文选》（第三卷），人民出版社，1993，第 161 页。
⑤ 冷溶等主编《邓小平年谱文选》，人民出版社，2004，第 1312 页。
⑥ 贾春增：《外国社会学史》，中国人民大学出版社，2000，第 295~297 页。

亚当斯的公平理论被称为社会比较理论,他指出只有公平的报酬才能使职工感到满意和起到激励作用。而报酬是否公平,职工们不是只看绝对值,而是进行社会比较,和他人比较,或进行历史比较、和自己的过去比较。报酬过低时,计时制职工便同时用降低产量和质量的办法来消除不公平感,计件制职工则以降低质量、增加产量的办法来维持收入。①

根据亚当斯和霍曼斯的理论,公平感来源于个人自己的付出与回报的比较、组织内部同事之间的比较和组织外部的比较。当大学教师认为他们的收入没有得到相应的回报,或者跟别人的报酬相比自己的付出没有得到应得的回报时,会引起大学教师的不满和挫折感,会影响他们工作的积极性,甚至严重时会产生抗议行动。重庆工商大学教师的抗议行动就是由于跟行政部门的绩效工资分配方案比较感到不公的结果。

与其他知识密集型行业人员相比,高校教师的工资水平仍然偏低。这将导致知识贬值、人才流失,兼职风潮蔓延,影响高校教师素质水平的提高,影响高校教师再投资的积极性,影响高校教师的健康状态等许多负面后果。②

从世界各国国内工资比较来看,美国和其他各国大学教师的收入相对水平类似,工资待遇在整个社会阶层中处于中等水平,足以维持基本的生活水平。而印度、香港地区和新加坡等地大学教授的收入水平在整个社会中可以达到"高收入阶层"。美国的高校教师工资收入水平在本国各行业中为中等偏上水平,而中国的高校教师工资水平在各行业中为中等偏下水平。③

美国芝加哥大学国际高等教育研究中心教授飞利浦·阿特巴赫最近对全球 28 个国家大学教师的工资以及福利等进行统计,统计指标主要涉及大学老师新聘时的初级工资、最高工资以及平均工资。在 28 个国家中排在前五名的是:加拿大、意大利、南非、印度、美国,而排在后五名的是:亚

---

① 叶章和:《试论亚当斯公平理论在管理实践中的运用》,《苏州大学学报》(社会科学版)1995 年第 2 期。
② 陈乐一、周金城、刘碧玉:《我国高校教师工资低的危害及政策建议》,《当代教育论坛》2012 年第 2 期,第 24~28 页。
③ 苗建军:《中、美高校教师工资水平比较研究》,《价值工程》2009 年第 7 期。

美尼亚、俄罗斯、中国、埃塞俄比亚、哈萨克斯坦。中国新聘高校教师的初级工资最低。中国大学教师的月工资收入水平,使他们无法仅靠学术工作所得就可以过上中等收入水平的生活。为此,中国大学教师必须靠兼职才能谋得比较体面的生活。[①]

高校教师收入分配的公平主要体现在两个方面,即外部公平和内部公平。外部公平是高校教师的收入在社会各行各业收入的比较,高校教师作为高学历、高投入的职业获得较高的收入才能体现收入分配公平。否则会造成优秀的高校教师流向高薪行业,影响高等教育的可持续发展。内部公平是指高校内部的收入分配要体现"按劳分配"原则,合理拉开差距。这包括两个方面,一是高校内部的行政人员的收入与教师的收入的公平问题。二是高校教师内部不同级别的教师收入分配的公平问题。教授、副教授、讲师、助教等不同职称人员,不同年龄教师的收入分配差距也应该是合理的,以体现分配公平并调动他们的积极性。

已有的文献对中国大学教师收入水平、中国高校教师与其他国家工资水平比较以及薪酬制度等方面进行了研究。一些文献从理论上探讨了中国大学教师的收入分配公平问题,但是对收入公平感的实证研究、对收入分配不公平的形成机制还需要更充分的解释,对收入分配不公的后果还需要进一步的讨论。笔者试图就以下三个问题展开讨论:北京的大学教师收入公平感到底怎么样?是什么导致了收入分配不公?收入分配不公会导致什么样的后果?

二 研究方法

2010~2011年北京工业大学"专业科技人员的收入分配以及激励机制课题组"对北京18所高校、上海市的1所高校教师进行了问卷调查,课题组还赴香港和日本对7所高校进行了访谈调研,并在北京召开了4次焦点座谈会,对60多位高校负责人和教师进行了个人访谈调查。中国的高校薪酬制度是全

---

① Philip G. Altbach, Liz Reisberg, Maria Yudkevich, Gregory Androushchak and Ivan F. Pacheco, Paying the Professoriate——A Global Comparison of Compensation and Contract, Routledge, 2012.

国一致的,由政府承担教师的基本工资,由各高校负责筹集教师的绩效工资和津贴福利。北京高校教师的收入构成和全国各地高校教师的收入构成大体相当,只是东南沿海地区的高校工资水平往往高于北京的高校。因而,对北京高校教师的收入分配调查的结果可以基本反映中国高校收入分配情况,不同的是北京的物价水平高,特别是房价相对过高,生活成本高昂,跟其他城市的大学教师相比,北京的大学教师可能生活压力更大些。

公平感是比较的结果,本研究从三个维度考察北京高校教师收入的公平性。第一,个人自我比较的公平感,就是把自己的工作付出跟收入回报进行比较的公平感。第二,组织内部比较的公平感,就是把自己的付出与回报跟组织内部的其他人进行比较。第三,组织外部比较的公平感,就是把自己的收入和外部的同行以及其他行业的收入进行比较。问卷设计和访谈都考虑到了这三个维度。本研究采用了定性与定量相结合的实证性调研方法。如个案深度访谈、召开座谈会、收集文献和文件资料、问卷调查,所有的调查问卷均使用 SPSSL6.0 进行数据的录入与分析。在数据分析方法上,本研究主要运用了统计描述、列联表等分析方法。

三 收入的构成、校内及校外的差距

中国高校教师的收入构成比较复杂,包括工资性收入和非工资性收入两大部分,工资性收入包括:基本工资、绩效工资、奖金、福利费等;非工资性收入包括:科研收入、校外讲课收入、评审费、稿费等。根据收入的来源可以分为校内本职工作收入和校外兼职收入两大部分。校内本职工作收入由工资收入、福利收入、奖金、科研收入等构成;校外收入由讲课收入、评审费收入、稿费收入等构成。

根据结果显示,2010 年北京高校教师平均收入为 74686 万元;教授(正高级)平均收入为 121681 元;副教授(副高级)平均收入为 79467 元;讲师(中级)平均收入为 61169 元;助教(初级)平均收入为 46616 元。

2010 年北京高校教师平均工资性收入为 57231 元(占全部收入的 76.7%),工资外收入为 17456 元(占总收入的 33.3%);教授的工资性收入为 82853 元(占全部收入的 67.9%),工资外收入为 38828 元(占全部收入的

32.3%）；副教授的工资性收入为 62842 元（占全部收入的 79.0%），工资外收入为 16625 元（占全部收入的 21.0%）；讲师的工资性收入为 47360 元（占全部收入的 77.4%），工资外收入为 13809 元（占全部收入的 22.6%）；助教的工资收入为 39091 元（占全部收入的 83.9%），非工资性收入为 7525 元（占全部收入的 16.1%）。数据表明教授的平均年收入是助教的 2.7 倍。教授的工资性收入是助教的 2.1 倍，而教授的工资外收入是助教的 5.2 倍。职称差异越大，工资差距越大，工资外收入的差距更大（见表 7 – 1）。

表 7 – 1　2010 年北京高校教师平均收入

职　称	个人总收入（元）	工资性收入（元）	占总收入的比例（%）	非工资性收入（元）	占总收入的比例（%）
教　授	121681	82853	67.9	38828	32.3
副教授	79467	62842	79.0	16625	21.0
讲　师	61169	47360	77.4	13809	22.6
助　教	46616	39091	83.9	7525	16.1
全　体	74687	57231	76.7	17456	33.3

根据我们的经验，在进行收入调查时，受访者往往倾向于填报比实际情况较低的收入数，收入越高的人越倾向于隐瞒自己的高收入。由于部分大学教师有灰色收入，大学教师实际收入的差距比我们调查的结果更大。这种差距是大学教师们心知肚明的，正因如此，广大教师普遍持有较强的不公平感。调研中，一位教授表示，老师中能挣大钱的毕竟是少数，大学老师的相当一部分只有校内收入，并无校外的额外收入。越是基础课老师，收入越少。一位博士教师算了一笔账，北京市的技术工人月收入已经 3000～4000 元，有的达到 5000 多元，而自己得到的基本工资是 1100 元，绩效工资 2500 元，加到一块不到 4000 元。青年教师们感慨"读了 20 多年书，收入不如初中毕业的农民工"。

（一）高校内部同等职称教师的收入差距

同等职称的教师年龄、资历、地位比较接近，但是我们的研究发现，恰恰是同等资历的教师，收入差距最为悬殊。如果把教授的年收入划分为从高到低的 10 个组，每个组包括 10% 的人数，那么收入最高组的平均收入是 330642 元，收入最低组的平均年收入仅为 56157 元，最高者为最低者的 5.9 倍。对副教授做同样的分组，可得出收入最高组的平均收入为 183659 元，收入最低组的平均收入为 40935 元，最高者为最低者的 4.5 倍。对讲师作同样的分组，可得出收入最高组平均收入为 123095 元，收入最低组的收入仅有为 31464 元，最高者为最低者的 3.9 倍。如果不分组而直接对个人进行比较，同样职称的教师们的收入差距更大。2010 年教授的年总收入最高者为 797000 元，最低者只有 49500 元，最高者是最低者的 16 倍。2010 年副教授收入最高者为 671000 元，最低者只有 28000 元，最高者是最低者的 24 倍。讲师最高者为 570000 元，最低者只有 22000 元，最高者为最低者的 26 倍。[①]

由于部分教师的收入确实很高，这就给一般公众甚至政府部门留下一个印象，高校教师很有钱。一般教师也未对高校教师收入进行过系统深入的调查研究，单凭跟高收入者进行比较，觉得自己收入过低，很不公平。

（二）有行政职务教师和没有行政职务教师的收入差别

从调查数据看，北京高校中，有 25.8% 的正高职称教师担任了学校的处级干部，6.2% 的正高职称教师担任了科级干部。担任处级岗位的教授的平均年收入是 14.73 万元，不担任行政职务的教授年平均收入是 11.56 万元。担任科级职务的副教授年均收入是 9.88 万元，不担任行政职务的副教授年均收入为 7.87 万元。可以看出是否担任行政职务对教师收入的影响很大。从他们对薪酬满意度的调查来看，具有行政级别的大学教师的薪酬满意度明显高于没有行政职务的一般教师。行政级别越高，薪酬满意度越高。司局级及以上人员的薪酬满意度平均分值是 3，处级干部的薪酬满意度平均分值是 2.92，科级是 2.51，科级以下是 2.60。而不担任行政职务的普通教师的薪酬满意度是 2.34。[②] 无论是正教授、副教授还是讲师的工资都随着行政级别的不同而呈现出较大的差异，行政级别越高，工资收入越高，行政

---

① 石秀印、张荆：《高校的市场化改革与高校教师》，《北京社会发展报告（2011~2012）》，社会科学文献出版社，2013，第 93~112 页。
② 刘金伟、张荆、李君甫、赵卫东：《北京高校教师薪酬满意度及其影响因素分析》，《复旦教育论坛》2012 年第 2 期。

级别越低，工资收入就越低。例如，处级以上的教授平均工资收入为92600元，科级教授平均工资为85700元，科级以下的教授工资为77995元；处级以上的副教授平均工资为76087元，科级副教授工资收入为68234元，科级以下副教授为60266元；处级以上的讲师平均工资为62652元，科级讲师的平均工资为49644元，科级以下的讲师平均工资为45880元。行政级别和平均工资呈现出显著的相关性。科研课题的收入也跟职务密切相关，没有行政职务的教授，2010年科研课题收入平均为15719元，而担任行政职务的教授则为34174元，担任行政职务者的课题收入是不担任者的2.2倍；没有任行政职务的副教授，2010年科研课题收入平均为5636元，担任行政职务的副教授为7042元，后者比前者高出约1400元。兼任的行政职务越高，从科研课题中得到的收入就越多。其中，兼任科级职务的教师年收入平均为6359元，而兼任处级职务者为11250元，后者接近前者的2倍（见表7-2）。

表7-2 不同级别高校教师的平均工资

职　称	行政级别	样本量	平均值	标准差
教　授	处级以上	72	92600	33502
	科　级	16	85700	37618
	科级以下	169	77995	25058
副教授	处级以上	78	76087	34420
	科　级	53	68234	18884
	科级以下	409	60266	23246
讲　师	处级以上	33	62652	17340
	科　级	103	49644	13801
	科级以下	473	45880	14258
助　教	处级以上	2	48000	16971
	科　级	15	43821	12705
	科级以下	95	38638	13911

四　收入不公平感

调查发现，北京高校教师中有13.8%对自己的收入感到满意，36.4%

的教师满意度一般，49.9%的教师对自己的收入不满意。不满意的人数和比例远远超过满意的人数和比例（见表7-3）。

表7-3 北京高校教师的收入满意状况

项　目	频　数	百分比
非常满意	16	1.0
比较满意	214	12.8
一　般	608	36.4
不太满意	511	30.6
很不满意	324	19.3
合　计	1673	100.0

第一，我们考察一下个人自我比较的公平感。从个人对自己的付出和回报进行比较评价的角度看，6.3%的北京高校教师认为付出和回报是匹配的，22.8%的人认为是比较匹配的，24.3%的人认为一般，37.0%的人认为不匹配，9.7%的人认为很不匹配。也就是说有46.7%的教师认为自己的付出和回报不相称，感到收入分配是不公平的（见表7-4）。

表7-4 您工作的付出和您的工资回报相匹配吗

单位:%

年龄段	项　目	很匹配	匹配	一般	不匹配	很不匹配	合计
青年 （20~30岁）	频数	19	64	68	87	18	256
	年龄组内的百分比	7.4	25.0	26.6	34.0	7.0	100.0
中青年 （30~40岁）	频数	30	148	146	228	69	621
	年龄组内的百分比	4.8	23.8	23.5	36.7	11.1	100.0
中年 （40~50岁）	频数	38	123	137	210	52	560
	年龄组内的百分比	6.8	22.0	24.5	37.5	9.3	100.0
中老年 （50~60岁）	频数	16	37	50	87	21	211
	年龄组内的百分比	7.6	17.5	23.7	41.2	10.0	100.0
老年 （60岁以上）	频数	1	6	1	1	0.0	9
	年龄组内的百分比	11.1	66.7	11.1	11.1	0.0	100.0
合　计	频数	104	378	402	613	160	1657
	年龄组内的百分比	6.3	22.8	24.3	37.0	9.7	100.0

分年龄组来看，青年、中青年、中年、中老年和老年组感到分配不公的比例分别为41.0%、47.8%、46.8%、51.2%、11%。也就是说，除了60岁以上的老年组大多数感到付出和回报比较相称以外，其他老师中有很大的比例（41%以上）认为分配不公。然而60岁以上的老教师样本量只有9个，占总样本量的0.5%，几乎可以忽略不计。而感到分配公平的青年、中青年、中年、中老年和老年组分别是32.4%、28.6%、28.8%、25.2%、77.8%。总体来看，感到不公的占47.4%，感到公平的占29.1%，感觉一般的占24.3%，感到不公比例远远大于感到公平的比例（见表7-4）。

第二，我们考察组织内部比较的公平感。就是对组织内部成员的收入进行比较来评价收入的合理性。19.0%的教师认为单位的行政领导跟教师的收入相比差距非常大，34.8%人认为差距大，41.3%的人认为差距一般，3.8%的人认为差距小，只有1.2的人认为差距很小（见表7-5）。

表7-5 单位行政领导和干部与教师之间的收入差距

项 目	频 数	有效百分比
非常大	306	19.0
大	561	34.8
一般	667	41.3
小	61	3.8
非常小	19	1.2
合 计	1614	100.0

担任司局级行政职务的教师也有人认为收入不公平，认为不公平的司局级干部占25%，而处级、科级和科级以下的教师认为不公平的分别占42.2%、47.2%和46.3%，不担任行政职务的教师认为收入分配不公平的占48.1%。这说明在有行政职务的教师中认为收入分配不公平的比例也很大，除了司局级干部，其他级别的行政干部认为收入分配不公的比例都在42%以上。

正高级的教师认为分配公平的占40.2%，而副高级、中级、初级和未定级的教师认为公平的分别占23.6%、25.7%、25.5%、26.8%，比例基本相当。认为不公平的，正高级教师占33.8%，而副高级、中级、初级和未定级的教师认为公平的分别占46.8%、52.6%、44.8%、46.3%。这说明教授中认为分配公平的比例比较大，其他职称的教师公平感相当，都比较小。但是，正教授认为不公平的比例也不小，也达到了33.8%，而副高级、中级和未定级的教师感到不公的比例接近，在46%左右，而中级教师也就是讲师感到不公的比例最大（见表7-6）。

表7-6 您的工作努力和收入报酬相匹配吗

单位：人，%

职 称	很匹配	匹 配	一 般	不匹配	很不匹配	合 计
正高级	27	86	73	79	16	281
	9.6	30.6	26.0	28.1	5.7	100.0
副高级	43	138	138	222	58	599
	7.2	23.0	23.0	37.1	9.7	100.0
中 级	30	124	155	270	73	652
	4.6	19.0	23.8	41.4	11.2	100.0
初 级	6	23	34	41	10	114
	5.3	20.2	29.8	36.0	8.8	100.0
未定级	1	6	7	10	2	26
	3.8	23.1	26.9	38.5	7.7	100.0
合 计	107	377	407	622	159	1672
	6.4	22.5	24.3	37.2	9.5	100.0

第三，我们再考察一下组织外部比较的公平感。跟其他高校的同行相比，大学教师中只有11.1%认为公平，34.2%认为一般，55.8%认为不公平；而跟其他行业的专业技术人员相比，仅有7.6%认为收入分配公平，32.1%认为一般，60.3%认为收入分配不公平。这么高比例的教师认为不公平，的确是因为高校教师的工资水平相对较低造成的。根据北京市统计局的数据，2011年北京市国有单位平均工资达75834元，包括中小学在内的教育行业平均工资为77566元，金融业的平均工资为198409元，信息传输、计算机服务和软件业平均工资为114168元，科学研究、技术服务与地质勘察业平均工资为101033元，文化、体育与娱乐业平均工资为95332元，卫生、社会保障和社会福利业的平均工资为84897元，电力、燃气及水的生产和供应业的平均工资为83581元，都高于高校教师的平均工资。

2010年，北京市在岗职工的平均工资是65700元，根据调查结果北京的大学教师平均工资只有 57231 元，低于北京市的平均水平 8000 多元。而讲师的工资只有 47360 元，低于全市平均水平近 2 万元，助教的工资是 39091 元，远远低于全市的平均工资水平。

表 7-7　与同行业的专业技术人员相比，您认为收入公平吗

项　目	频　数	有效百分比
非 常 公 平	10	0.6
比 较 公 平	159	9.5
一　　般	573	34.2
不　公　平	661	39.5
非常不公平	273	16.3
合　计	1676	100.0

表 7-8　与其他行业的专业技术人员相比，您认为收入公平吗

项　目	频　数	有效百分比
非 常 公 平	5	0.3
比 较 公 平	122	7.3
一　　般	538	32.1
不　公　平	683	40.8
非常不公平	324	19.4
合　计	1672	100.0

五　影响收入分配公平的体制因素与机制

影响收入分配的因素很多，大多数研究者是从性别、学历、年龄、职称等因素来解释收入分配差异的。例如，对研究型大学教师薪酬的研究表明，女性教师、年轻教师、具有硕士学位的教师、讲师收入水平低。[1] 也有学者发现，行政职务对收入分配有很大的影响，赵卫华的研究发现，学历、年龄、工龄等因素影响不大，因为高校教师基本上都是研究生毕业，大学里博士云集，所以学历的影响并不大。年龄大、工龄长的教师工资并不高，

---

[1] 吴绍琪、陈千、杨群华：《研究型大学教师薪酬满意度调研》，《科研管理》2005 年第 2 期。

只有职称和行政职务是收入分配最大的影响因素。①

这些分析都是从个体因素来分析哪些因素导致了收入分配的差距，但是差距并不意味着不公平。高职称的教师和高职务的行政人员，资历老、声望高、地位也高，获得较高的报酬也具有合理性。不公平感的来源是大学教师认为自己的努力和付出没有得到相应的回报，关键是高学历青年教师的工资低得甚至无法满足基本的生活需求；大多数没有行政职务的教师收入也相对较低，收入很不体面。特别是有相当一部分正教授和有行政职务的教师也认为收入分配不公，值得我们深思。如果仅仅用个体的因素去解释是远远不够的，需要我们去追寻结构性、体制性的根源。

20世纪末，中国的高等院校出现了两种趋势，一种是市场化的趋势，另一种是行政化趋势。② 这两种趋势导致的一个重要的后果就是高校内部的收入不平等逐步扩大。高等学校的普通教师，尤其是没有行政职务的年轻教师收入过低。

（一）高度行政化的资源集中分配机制

行政化特征不同于一般的科层制，中国的高校行政化特征表现为学校的权力高度集中在学校管理部门和管理人员手中，在学校资源的分配中，除了担任管理职务的教授外，普通教师没有发言权，学校的资源分配和收入分配向管理层倾斜。

第一，高教资源过度集中于部分有行政职务的教授。行政化的管理体制沿用了计划经济体制的很多做法。为了早出成果，快出成果，迅速提高科研实力，政府把资源集中投向少量重点大学，比如985工程、211工程就可以得到大量的建设经费和科研经费，而其他大学机会就比较少。由于资源过度集中，这些重点大学也的确取得了较多的业绩，然而，跟投入的资源相比，重点大学未见得成绩就好，普通高校未见得成绩就差。中国各级政府对成绩突出的部分教师发放政府的特别津贴，以A大学为例，特别津

---

① 赵卫华：《高校的收入分配机制分析——基于教育收益率模型的考察》，《复旦教育论坛》2013年第2期。
② 石秀印、张荆：《变革中的高校管理与高校教师状态》，《北京社会建设分析报告（2012）》，社会科学文献出版社，2013，第133~154页。

贴获得者情况如下：2002年有"长江学者"8人，年津贴达10万元；"跨世纪人才"17人，年津贴达6万元；"百千万人才工程"9人，年津贴有6万元，资助3~4年；"国家杰出青年基金"8人，每人获得经费20万元，单位配套20万元，资助3~4年；"教育部优秀青年教师资助基金"获得者2人，文科每人5万元/年，理科每人10万元/年，可部分作为津贴；"省级特别津贴教授"5人，年津贴10万元；经费可提成作为个人收入使用；"政府特别津贴"330人次，一次性5000元。（1995年前享受此津贴者，终生100元/月；1995年以后，改为一次性津贴，共5000元）。各种津贴者的设立，调动了一批成绩较突出教师的积极性，但由于在评审程序上的非科学化、非民主化因素，也造成了教师内部的新不平衡，一些与某些入选者水平相当，或实际水平更高但没被列入"跨世纪人才""国家杰出青年基金""百千万人才工程"者，心有不满。① 北京市政府2012年也设立了"长城学者计划"，预计3年内在北京市属高等学校教师中，遴选100名左右品德高尚、勇于实践、敢于探索、富有创新精神的中青年拔尖人才，通过重点培养，使其成长为学科领军人才。入选者将分年度获得建设经费资助，自然科学类资助额度为每人每年100万元以内，人文、社科和艺术类资助额度为每人每年30万元以内。其他各省市也纷纷设立"天山学者""闽江学者""泰山学者"等计划，以期引进和培养典型的拔尖人才。除了经费的支持，他们往往都还被授予较高等级的行政职务。

第二，中国的大学把资源集中投向重点学科、重点教授。这就使少数地位较高的教授掌握了过多的资源，而普通教师和一般的学科得不到支持。旱的旱死，涝的涝死。这些超级教授就成为老板，而年轻教师往往成为打工仔。一些高校2/3的年轻人拿不到课题，访谈中有教授说："拿课题要靠关系，所以这是变了味儿了。一些开发的课题可以从中间提成作为个人收入，一些学校规定开发课题的抽成可以提取50%。而按照国家课题的规定，只能提取8%~10%，但是在进行绩效考核计算工作量时国家课题是占比重高的。""现在要用行话来讲教授就是科研包工头，我们不讲别的，有些大学讲起来是很好的单位，年轻博士们帮导师写标书、写总结、写申请报奖，

---

① 王处辉：《大学教师收入知多少》，《社会科学报》2002年12月12日。

一天到晚做这些事情，工资也涨的很多，做什么科研？他不用做科研，当然帮老师做做这个秘书工作就可以了。"有些教授"他很有本事，他的本事高明在哪儿？在我们看来不是很好的一个课题，但是他到处拿钱，什么钱都拿，他同一个题目可以申报十二个课题，拿十二个课题的钱，腐败到家了。"但是一些博士后毕业的年轻教师，没有课题，拿不到课题，这就是因为课题评审上确实有很大的漏洞。"我经常参加国家课题的评估，这里面好多事就很荒诞，有的时候候选院士的教授也会来托你，我后来才搞清楚，这个是院士的台阶，你拿不到一个国家二等奖，没有办法升院士。"

第三，行政管理部门自设课题分配教育资源。各行政部门对本职工作设立研究项目，比如，学生管理部门会就学生管理研究进行立项，教务部门就教育教学立项，宣传部门就思想教育立项，党委的组织部门就党的建设立项。学校内部往往还有党的建设研究会、工会工作研究会、学生工作研究会、后勤工作研究会等名目繁多的机构。通过内部立项，内部评审，内部消化，部分资源变成行政部门获得的灰色收入。有的学校学生管理部门立项学生社团管理的课题，由学生管理干部来申请完成，并拨付研究经费。

行政化的管理体系中，行政管理部门拥有较大的决策权，而普通教师没有机会参与决策，甚至没有机会表达意见。这就导致了资源分配的天平失衡。这方面可以借鉴日本的成功经验，重要的决策都是由教授会决定的，而全体教授包括助理教授、副教授都是教授会成员，每人都有投票权。而行政部门只是执行教授会的决定，并无自由的裁量权。中国的教授会只有正教授才可以参加，教授会只对少数不重要的问题才可以发表意见，往往还没有决策权。在这种体制下，普通的教师只能顺从这种体制，否则就只能被边缘化，而无法推动制度的变革。重庆工商大学的冲突和抗议表明，教师科研人员话语权不足，没有民主决策，何谈民主管理。如果不能确立民主决策新形式，不能满足民主管理的要求，像重庆工商大学这种事情恐怕以后还会出现。

(二) 新管理主义的学校管理机制

为了赶超世界教育先进水平，建设世界一流大学，各个大学尤其是重点大学都制定了高远的发展目标。为了实现这些目标，市场化的理念和管理方式逐渐进入中国的高等教育部门。公立大学开始收学费，新管理主义的管理理念和方法被广泛运用到高校的管理中，泰罗主义的计件工资办法也成为流行的管理工具，上课的数量、发表文章的数量成为决定绩效工资和职务晋升的基本依据。

由于用企业管理工人的计件工资的办法核算大学教师的教学和科研工作量，并根据工作量核算绩效工资。一些拥有权力的教授们会设法争夺科研经费以及招生指标。在中国的大学里，一些担任行政职务的教授占有较多的招生指标和科研经费，招的博士生、硕士生多，有的教授甚至同时指导30多名研究生。一些学校指导一名硕士研究生每年计算30学时教学工作量，指导一名博士生每年可以折合计算60学时教学工作量。结果就是有行政职务的教授和有博士生指导教师资格的教授每年的教学工作量远远高出一般教师的水平。由于研究生多，研究生和导师共同署名发表的文章，在计算指导教师科研成果数量时，也被视为指导教师的科研成果，这样，指导的研究生越多，科研成果也就越多，有的教师一年发表数十篇论文。而许多年轻教师由于没有科研经费，也在给他们打工，研究成果也要署上他们的名字。这样导致的结果是，年轻人以及没有行政职务的教师，跟那些有权力的教授工作业绩会差很多。有权力的教师就可以合法地获得较高的绩效工资，貌似合理的计件工资制掩盖了实质的不公平。

魏昂德指出依附关系是中国国有企业的重要特征，工人作为个人为了满足自身的需求必须依附于其直接领导。当领导对他们下属的工人有雇用、解雇、奖赏的权力时，工人作为个人便在很大程度上依附于这些领导。在很大程度上工人对企业的依附状况也助长了企业内部的个人依附关系。为了获得下属的忠诚、依附和支持，领导也会给那些积极分子特殊的奖金、福利待遇等好处。中国的民办大学数量少，规模也比较小，大多数大学是公办大学，公办大学里的等级关系跟国有企业类似。在大学，教师要获得较高的收入往往也要依附领导，以便得到较多的资源和机会，表现出优秀的成绩，年终可以获得优厚的绩效工资。往往也是这些积极分子们能优先获得各种高额的政府津贴，这些人的计件工资也貌似合理，实质上是不公平的，因为起点本身就不公平，结果自然是不公平的。

不能否认定量考核的必要性，但是如果把定量考核推向极端，就会贻害无穷。

六　讨论与结论

中国高等学校的收入分配不公，使普通教师生活困难，影响了他们的积极性，不利于高等教育的长期可持续发展。有 36.8% 教师认为自己的工资仅够生活开支。中国的大学多数集中在大城市，生活费用较高。近年来住房价格暴涨，住房租金也不断上升，在北京青年教师的工资收入往往不够在学校附近租一套公寓。访谈中有教师反映："年轻博士都没有房子，租套房子要 3500 元一个月，他们一个月能拿到手的也就 4000 元。""有一个老师，是个博士，她丈夫也是博士，在一个研究所做博士后。她工作之后，学校给一张床，跟另一个女老师合住一间房。后来，人家结婚搬走了，他们就在这一间房子里结婚了，第二年生了孩子，母亲来帮助照顾孩子，没地方住，就在隔壁又租了张床。他们没资格买经济适用房，买限价商品房一时也轮不到他们。就这么凑合着已经过了 6 年。"生活的压力迫使一些教师把精力较多地投向能够挣钱的"市场"，而相对忽视、偏离了"本职"的教学和科研工作。低工资尤其是青年教师的低工资违背了社会公平的保障性原则，也就是说，大学教师的收入应该保障他们的基本生活需要。

在调查中，有教授说："中国经济已经越过了超高速的增长期，到了追求公平正义的时候。大学教师是体面的职业，但是收入并不体面。年轻人的压力过大，收入并不高。现在的年轻人比 20 世纪 80 年代忙很多。那个时候教师工资差距并不大，大家收入都不高，但是物价很低。我本人现在没有太大的经济压力，税前能拿到 19 万。但是比起其他行业，比起很多学生，这个收入不算高。很多学生毕业进银行工作，过几年就能超过这个水平。民富是国强的基础，居民收入要和经济发展同步增长，教师的收入同样也要同步增长，要让教授、让博士过上体面的生活。如果没有稳定的预期会很麻烦的。如果看不到希望就很糟。现在的年轻教师都是博士，知识结构比我们好，但是他们缺乏机会，相当一部分人生活挺惨的。""一些人垄断了机会和资源，学术委员会貌似公平，实际都是由领导组成的。""年轻博士的生活水平还跟 80 年的博士差不多，社会进步体现在哪里，30 年过去了啊！纵向比、横向比，跟其他行业比，教师工资是比较低的，只有精神的激励是不够的。"

亚当斯认为，当报酬过低时，计时制职工便同时用降低产量和质量的办法来消除不公平感，计件制职工则以降低质量，增加产量的办法来维持收入。高等学校收入分配不公，短期内刺激学术生产力，数量激增但质量不高。为了调动科研人员的积极性，采取多种手段激励教师出版著作，发表文章。评定职称的基本要求就是要有论文篇数出书的数量。项目申报也要看曾经发表了多少前期的科研成果。对在 SCI、SSCI、CSSCI 期刊上发表的文章，学校会根据期刊的级别和影响给予奖励，有的刊物发表文章奖金可达 10000 元。由于实行的是计件工资，很多教师就采取降低质量，提高数量的手段来获得更高的绩效工资。笔者认为，尽管论文数量增加的速度很快而中国已经成为论文生产大国，但是真正有影响的高质量的研究成果却不多。

高等学校的收入分配不公，也在一定程度上引发了过度竞争和学术腐败。一些高校教师为了取得较高的工作量，抄袭论文、伪造数据。一些拥有权力的行政管理干部，利用手中过大的职权，拉帮结派，瓜分教育科研资源，获取高额的灰色收入。也有一些掌权的行政人员挤占普通教师的职务晋升机会。

大学教师收入分配不公直接损害的是普通教师的利益，间接损害的是高等教育的持续发展和质量的提升，损害广大人民群众的公共利益。从长远来看，将会阻碍整个国家竞争力的提升。

第八章 高校青年教师的困惑与烦恼

彭晓月[*]

青年教师已经成为我国高等教育事业发展的中坚力量,是高等院校发展的未来希望。青年教师们大多是从学校到学校的年轻硕士、博士,刚出高校又到高校任教,相对于那些中老年教师来说,这些"初出茅庐"的年轻教师自嘲为"青椒"。根据对回收的问卷进行统计以及座谈会访谈资料分析的结果,青年教师遇到的问题与困扰确实比较突出,面对这些困扰,他们有时表现出比较激烈的情绪。《中国青年报》曾撰文指出:"青椒"们在学校里"做最累的活,干最多的工作,拿最少的钱"。因此,解决高校青年教师的困扰和问题,不仅有利于高校教育教学质量与水平的提高和增长,对于青年教师本人的成长发展也将产生重要的影响。

一 高校青年教师的基本状况

本文所用数据来自"专业技术人员的收入分配与激励机制研究"课题。该课题的研究方法主要采取问卷调查分析与结构式访谈,调查涉及的学校有清华大学、中国人民大学、北京理工大学等18所高等院校,调查从2011年4月开始,共发放了1745份问卷,回收的有效问卷为1697份,回收率为97%。问卷搜集整理之后,调查组成员又对部分问卷填写者进行了结构式访谈,以期弥补问卷调查的技术缺点,获得更充分的资料。

根据对调查问卷的分析,研究对象的基本情况如下。

---

[*] 彭晓月,人民网—中华慈善新闻网编辑。

表 8-1 调查对象开始工作的时间

	年 份	频率（人）	占比（%）	累积百分比
有 效	1997	2	0.4	0.4
	1998	2	0.4	0.8
	1999	8	1.8	2.6
	2000	7	1.6	4.2
	2001	11	2.4	6.6
	2002	22	4.8	11.4
	2003	31	6.8	18.2
	2004	31	6.8	25.0
	2005	31	6.8	31.8
	2006	47	10.3	42.1
	2007	58	12.8	54.9
	2008	66	14.5	69.4
	2009	84	18.5	87.9
	2010	54	11.9	99.8
	合 计	454	99.8	
缺 失	系 统	1	0.2	
合 计		455	100.0	

（1）性别分布：此次调查的样本中，青年教师共有455人，占样本总数的27.1%，其中男性226人，女性228人，缺失1人。

（2）年龄分布：调查对象开始在本单位工作的时间分布为1997~2010年，其中68.2%的教师是2006年及以后加入工作的（见表8-1）。

（3）婚姻状况分布：未婚的有104人，占22.9%；已婚的有343人，占75.4%；其他8人，占1.7%。

（4）职称分布：未定级的有16人，占3.5%；初级职称59人，占13.0%；中级职称300人，占65.9%；副高级职称75人，占16.5%；正高级职称5人，占1.1%。

（5）收入分布：年工资性收入（工资条或工资卡）平均为47757.85元；单位各种福利年收入平均为1937.05元；单位年终奖励性收入平均为5774.72元；2010年青年教师个人总收入平均值为64989.70元（55469.62元）。

（6）住房状况：租住公房的有129人，占28.4%；租住私房的有120人，占26.5%；自有住房的有174人，占38.4%；其他住房方式的有30人，占6.6%。租房的比例为54.9%。住房面积平均为61.45平方米，超过46%的青年教师的住房面积低于50平方米。

二 青年大学教师的烦恼与困惑

（一）大学青年教师入职工资低，期望收入高

现阶段大学教师的薪酬，是一个社会薪酬体系中对大学教师的总体评价，体现了一个国家给予大学教师待遇的定位。根据调查所得数据可知，现在的大学教师至少是硕士，大多数都是博士毕业。正常的情况进入大学做教师时的年龄在26~29岁；如果是博士毕业，到大学工作后为讲师，若干年后才能被评为副教授。青年教师以及中年以上的教师和学校的中层领导，普遍认为年轻教师的起点收入太低，这个收入与他们之前受教育的时间、金钱以及精力的投入严重不匹配。

调查的数据显示，北京市高校青年教师工资收入低于教师群体的平均收入。2010年北京市教师群体的平均年工资收入是59874.0008元，而同年度青年教师的平均年工资只有47757.8525元，也低于北京市职工年平均工资。北京市2010年职工年平均工资为50415元，[①] 青年教师的工资收入还略低于北京市的平均水平，对于他们来说，刚入职的工资收入与其用于接受教育的投入差距甚大。

期望工资与实际工资的差距：有56.5%的教师期望自己在单位的年收入在10万~15万元。而94.8%的教师则期望自己在单位的收入比目前的收入高，平均预期的年收入为119557.60元，而实际收入则远低于教师们的期望。

[①] 资料来源：北京市统计局。其统计范围是北京市全部法人单位及个体工商户。职工既包括单位的在岗职工，也包括单位的不在岗职工。职工年平均工资 =（在岗职工工资总额 + 不在岗职工生活费）/（在岗职工年平均人数 + 不在岗职工年平均人数）。因为不在岗职工的生活费用是很低的，由此会拉低全市职工年平均水平，因此北京市在岗职工的平均工资要高于50415元。

表 8-2 个人实际总收入与单位预期年收入差距

		频率（人）	百分比（%）	有效百分比（%）	累积百分比（%）
有效	0元以下	20	4.3	5.2	5.2
	0~1万元①	16	3.5	4.2	9.5
	1万~2万元	32	7.1	8.6	18.1
	2万~3万元	50	11.1	13.4	31.5
	3万~4万元	60	13.2	16.0	47.5
	4万~5万元	69	15.1	18.3	65.8
	5万~6万元	36	7.9	9.6	75.4
	6万~7万元	19	4.1	4.9	80.4
	7万~8万元	11	2.4	2.9	83.3
	8万~9万元	12	2.6	3.2	86.5
	9万~10万元	8	1.8	2.2	88.7
	10万~20万元	32	7.1	8.6	97.2
	20万元以上	10	2.3	2.8	100.0
	合　计	375	82.5	100.0	
缺失	系　统	80	17.5		
	合　计	455	100.0		

（二）学校内部收入差距大，资源向名教授集聚

造成教师之间的学校内部收入差距的原因是多方面的。

一是一般教师与单位领导之间的收入差距大。有 51.1% 的青年教师认为他们与单位领导的收入差距大，只有不到 5% 的调查对象认为这种收入差距小（见表 8-3）。

表 8-3 您认为单位领导与专业技术人员之间的收入差距

	项　目	频率（人）	百分比（%）	有效百分比（%）
有效	非常大	60	13.2	13.8
	大	163	35.9	37.4
	一　般	192	42.2	44.0
	小	15	3.2	3.4
	非常小	7	1.4	1.5
	合　计	437	95.9	100.0
缺失	系　统	18	4.1	
	合　计	455	100.0	

---

①　0~1万元的数值区间中不包括0元，但包括1万元，下同。

二是在校内各院系之间的收入差距大。在我们的问卷调查中,有37.8%的青年教师认为,单位内部专业技术人员之间的收入差距大;同时,与本单位的专业技术人员相比,有30.9%青年教师对自己的收入表示不满意;只有13.6%的青年教师表示满意。这种差距主要表现为热门院系的教师收入高于一般的基础学科院系,这与各校鼓励各院系设法增加收入有关。采取的方法大多是利用学校的设备、教室开办各种辅导班,收取培训费,教师讲课获得一定的讲课费,校本部收取其中的一部分,然后在学校层面统筹。有的学校与原来隶属的部委系统合作定向办培训班,由部委招生和付费。但总的来说,社会需要的热门学科所在院系,容易招到足够开班的学生,收入十分可观。

课题研究通常是由在业界名气较大的教授领衔,相关教师、学生参加。有的项目收入十分可观,当然拿大头的还是项目负责人。调查显示,普遍存在的情况是课题费向教授、博士生导师集中,普通教师申请到课题的概率很低,特别是年轻教师几乎就拿不到像样的课题。多数青年教师只是参加课题,大多像是给课题负责人打工的。根据调查,目前虽然各校对课题经费的使用有严格的规定,但是实际情况是制度存在漏洞,课题经费成了很多教授收入的重要来源,而青年教师能够拿到的则很少。

调查中我们还了解到,各校对能拿到国家及其他种类的委托课题的负责人有一定的奖励,因此在课题完成后可能还有其他的潜在收益。大学里由于存在这样的制度设计,已经影响到了青年教师的价值取向。青年教师大多生活压力大,为了能够使自己过上较为体面的生活,放弃对理想的追求转而做完全现实的选择,追求物质利益成为主要的内驱力,产生出了教师学术造假、论文抄袭,在学校混日子、在社会上捞票子等一系列问题,这些都与我们大学里的各项制度,包括薪酬制度设计缺陷直接相关。

(三) 青年教师住房压力大,城市生活成本高

高校教师的住房状况分为三种:自有住房(38.4%)、租房(54.9%)以及其他方式(6.6%),前两种属于主要方式,占总体的93.3%。那么,我们来看看当前北京市的商品住房价格以及住房租赁市场的价格情况。

北京商品住房价格状况。2009年,北京市商品房售价是:四环以内每

平方米 21305 元，四环至五环每平方米 16958 元，五环至六环每平方米 10388 元，六环以外每平方米 8484 元。① 2010 年北京市商品住宅总成交面积为 1161.32 万平方米，成交套数是 10.84 万套，平均出售的每套商品住宅面积是 107.13 平方米，按照成交均价每平方米 19994 元，② 购买一套房子需要 2141957.22 元，是青年教师年工资收入的 44.85 倍！是青年教师个人年收入的 36.96 倍！2010 年北京市青年教师平均家庭收入是 118553.02 元，这套房子等价于一个家庭 18 年的总收入！而北京市二手房的价格也同样让人不得不"望房兴叹"。2010 年 1~11 月，北京二手房市场的整体交易均价为每平方米 21179 元，同比 2009 年全年的二手房市场成交均价上涨 53.68%，年末市场每平方米 25000 元的交易均价已较年初大幅增长了近 26%。③ 如此高企的房价，让刚刚开始职业生涯的青年教师无法承受，即便是想做"房奴"也不可能了，因此超过半数的青年教师选择了租房居住。

再来看看北京市的住房租赁价格状况。2009 年平均租金是每月每套 2417 元；2010 年是每月每套 2793 元，同比上涨 15.56%。城八区的租赁价格达到每月每套 2898 元，是租赁市场的主体，成交比例占全市的 79.91%。④ 按照城八区的房租价格来计算，青年教师平均每月的房租将要花掉工资的大部分。房租也越来越成为青年教师的沉重负担。他们中有近半数的家庭居住在低于 50 平方米的屋子里，生活空间非常狭窄。根据课题组的问卷调查结果显示，69.4% 的青年教师烦恼自己的收入太低，32% 的教师烦恼住房条件差，更有 48.8% 的教师认为自己最烦恼的事情就是买不起房子！

表 8-4 2009~2010 年北京市各区住房租赁价格

单位：元，%

	东城区	西城区	崇文区	宣武区	朝阳区	海淀区	丰台区	石景山
2010 年租赁均价	3080	3256	2801	2506	2859	2996	2215	2088
2009 年租赁均价	2709	2839	2411	2119	2541	2620	1849	1821
增幅	13.70	14.69	16.18	18.26	12.51	14.35	19.79	14.66

① 资料来源：北京统计信息网。
② 资料来源：中国房产信息集团统计数据。
③ 资料来源：伟业我爱我家统计数据。
④ 资料来源：伟业我爱我家统计数据。

（四）大学青年教师工资收入缺少外部竞争性，薪酬满意度水平较低

调查发现，青年大学教师中对收入不满意的占被调查者总数的54.2%，其中基础学科如工科反映最为显著，超过半数（57.6%）的工科教师不满意目前的薪酬水平。在座谈会与个别访谈时，我们了解到，青年大学教师判断个人收入水平的参照对象是以他们的同学为主。他们比较的对象是同学中的公务员、国企员工，广东、江浙及上海等发达地区当大学教师的同学。

根据对数据资料的分析，我们可以看到，与同行业不同单位的专业技术人员相比，超过半数的青年教师（56.5%）对自己的收入不满意，只有1/10的青年教师对收入满意。这说明青年教师的工资与其他单位同行相比，缺乏单位外部竞争性。

表8-5　与同行业不同单位的专业技术人员相比，您对您的收入是否满意

	项目	频率（人）	百分比（%）	有效百分比（%）	累积百分比（%）
有效	非常满意	2	0.5	0.5	0.5
	比较满意	41	9.0	9.0	9.5
	一般	154	33.8	34.0	43.5
	不满意	182	40.1	40.2	83.7
	非常不满意	74	16.2	16.3	100.0
	合计	453	99.6	100.0	
缺失	系统	2	0.4		
	合计	455	100.0		

与同行业不同单位的专业技术人员相比，不到1/10的教师满意自己的收入，而64.7%的青年教师则不满意其工资收入。这说明，青年教师的工资收入缺乏行业竞争性。

对于地区收入差距，他们的反应并不太激烈，只是觉得都是做教师，差距不应该太大。相比之下，他们最不能接受的是与公务员和国企员工的差距。公务员的实际收入远超过他们的名义收入，并享有各种特权，而且

表8-6 与其他行业的专业技术人员相比，您对您的收入是否满意

	项目	频率（人）	百分比（%）	有效百分比（%）	累积百分比（%）
有效	非常满意	1	0.1	0.1	0.1
	比较满意	30	6.6	6.6	6.7
	一般	129	28.4	28.5	35.3
	不满意	198	43.6	43.7	79.0
	非常不满意	95	20.9	21.0	100.0
	合计	453	99.6	100.0	
缺失	系统	2	0.4		
	合计	455	100.0		

在当今社会，做公务员的门槛越来越高，公务员考试的成绩并不是最为重要的标准，还有许多社会资源在起作用，一般人是不太可能考上的。在有的县市公务员近亲繁殖现象十分严重，有些地方甚至连做中小学教师、护士都要花钱托人找关系才行，而且有成本越来越高、竞争愈演愈烈的趋势。

北京市政府部门的工资实行"三、五、八、一"的标准，处级干部基本工资是5000多元，局级干部8000多元，比对教育领域的级别工资，教授工资是5000多元，讲师、副教授只有3000~4000元，高校教师的工资基本上远低于公务员，更不用提行政部门的福利待遇以及其他形式的收入了。在北京，住房是个大问题，房子既是负担也是财富。对于行政部门，福利分房还在继续，但是在教育领域，高校已经没有能力自己建房子了，而一套房子的市价过百万，这不是绝大多数高校教师能负担得起的。部分青年教师，只能去摇号购买政府的经济适用房，但是经济适用房位置一般都比较偏远，给他们的工作和生活带来了很大的不便。在访谈中还有一些教师指出，目前北京市中小学的教师工资均是按照公务员的标准分配，为什么大学教师这种更具有专业复杂性以及重要性的工作却得不到同等甚至更好的待遇？这也是他们非常困惑的地方。

对于国企员工的收入高于大学教师的现象，青年教师们认为，国企起点是全国人共同的积累和投入，又大多居于垄断地位，这种分配制度从起点上就不公平。他们普遍认为，绝大多数大学是公立大学，是国家的事业单位，只是大学是一种特殊的产业，是不可以用经济效益衡量的产业，是

关系国家社会可持续发展、增强国际竞争力的基础性行业,为什么教师的待遇就要比国企员工低呢?在访谈中,有些教师谈到国企高收入时愤愤不平:像中国移动、中石油、中石化还有各大银行,他们的收入都高得出奇,既然都属于国家体制内,为什么他们的工资这么高?

根据调查可知,青年教师们认为,他们的薪酬水平,不但缺乏外部竞争性,在行业内部以及单位内部,同样存在分配不均的现象,这样的不公平现象对青年教师产生的消极影响不仅体现在教学积极性方面,也严重影响了他们的科研积极性。

(五) 薪酬的激励效果不明显,青年教师工作与科研积极性不高

在问卷调查中,青年教师对"收入的满意程度"的回答,表示"非常满意"的只有3人,占0.6%;"比较满意"的有53人,占11.8%;"一般"的有150人,占33.4%;不太满意的有141人,占31.6%;很不满意的有101人,占22.6%。很明显,超过一半的人对单位提供的薪酬表示不满意(见表8-7)。

表8-7 您对单位提供的薪酬(包括工资、岗位、奖金及其他收入)的满意程度

	项目	频率(人)	百分比(%)	有效百分比(%)	累积百分比(%)
有效	非常满意	3	0.6	0.6	0.6
	比较满意	53	11.6	11.8	12.4
	一般	150	32.9	33.4	45.9
	不太满意	141	31.1	31.6	77.4
	很不满意	101	22.2	22.6	100.0
	合计	448	98.4	100.0	
缺失	系统	7	1.6		
	合计	455	100.0		

对现有薪酬体系激励作用的评价分布是:认为现有的薪酬体系对专业技术人员的激励作用非常大的有5人,占总体的1.2%;比较大的有53人,占11.8%;认为作用一般的有219人,占48.9%;比较小的有91人,占20.4%;非常小的有79人,占17.7%。就是说仅有14.2%的教师认为现行的薪酬体系对教师存在着激励作用,而近40%的教师认为现有的薪酬体系对教师的激励

作用小。可以说，青年教师们普遍对现行的薪酬制度不满（见表8-8）。

表8-8 您认为您所在单位现有的薪酬体系对专业技术人员的激励作用

	项 目	频率（人）	百分比（%）	有效百分比（%）	累积百分比（%）
有效	非常大	5	1.2	1.2	1.2
	比较大	53	11.6	11.8	13.0
	一般	219	48.1	48.9	61.9
	比较小	91	20.1	20.4	82.3
	非常小	79	17.4	17.7	100.0
	合计	447	98.4	100.0	
缺失	系统	8	1.6		
合计		455	100.0		

在收入与工作努力程度对比方面，41.3%（见表8-9）的青年教师认为，他们工作的努力程度在工资中并没有明显的反映，而50.4%（见表8-10）的青年教师则认为他们目前的工资不能体现其个人价值。然而在这样的收入水平下，超过半数的青年教师（76.4%）都认为自己工作压力比较大，这样一来，收入与付出不对等、不公平感越来越强烈，必然会影响到青年教师的工作积极性和科研积极性。本次问卷调查的专业技术人员，除了教师以外，还有科研单位的科研人员、农林科研单位的科研人员、企业的研发人员、医疗部门的医生，与这四类专业技术人员相比，高校教师的教学积极性和科技创新积极性都是最低的。

表8-9 您努力工作的程度在工资中有明显的反映吗

	项 目	频率（人）	百分比（%）	有效百分比（%）	累积百分比（%）
有效	一定有	34	7.6	7.6	7.6
	可能有	116	25.4	25.6	33.2
	不一定	115	25.2	25.4	58.6
	没有	152	33.4	33.6	92.3
	完全没有	35	7.7	7.7	100.0
	合计	452	99.3	100.0	
缺失	系统	3	0.7		
合计		455	100.0		

表 8-10　您觉得目前的工资能体现您的个人价值吗

	项　　目	频率（人）	百分比（%）	有效百分比（%）	累积百分比（%）
有效	完全能	1	0.2	0.2	0.2
	能	23	5.2	5.2	5.4
	一　般	199	43.8	44.2	49.6
	不太能	165	36.3	36.6	86.2
	完全不能	62	13.7	13.8	100.0
	合　计	450	99.2	100.0	
缺失	系　统	5	0.8		
	合　计	455	100.0		

三　青年大学教师困惑与烦恼的根源

（一）国家的薪酬标准起点低，学校自筹部分占比高

目前，我国高校的薪酬结构主要包括国家工资、岗位津贴、地方性津贴补、福利收入四部分。高校教师国家工资执行国家统一的工资制度与工资标准，由固定部分的职务等级工资与津贴两块构成。高校教师地方性津补贴又称"地方工资"，是按照办学所在地政府相关政策规定，参照属地事业单位人员标准执行的各种津贴和补贴，如省职务岗位津贴、同城待遇等。地方性津补贴的种类、标准因地区不同而存在差异，实行属地化政策。高校教师福利包括带薪休假、医疗保障、在职培训、福利分房或住房补贴、养老保险金或退休生活费等。校内岗位津贴则是高校分配制度改革以来的新增项目，除少部分获得国家"985"资助的高校外，其他高校校内岗位津贴主要来源于创收与办学收费，由学校自定政策发放。

2006年的工资改革，将教师群体按照职称分为1~13个等级，但是这些等级之间的国家工资差距不是很大，真正拉开教师群体收入的是高校自筹部分，即校内岗位津贴。较早实施岗位津贴制度的北京大学和清华大学的情况具有一定的代表性：最高岗位的年度津贴额度是50000元，最低岗位

的年度津贴额度是3000元，两者相差15.7倍！① 加上国家工资后，最高岗位与最低岗位之间的总体收入差距为7.7倍。近几年的工资调整，依然是在拉开不同级别的教师之间的工资收入差距，2001年10月的工资调整，各级别工资的涨幅也是递增的：助教级平均增长13.4%，讲师平均增长14.8%，副教授平均增长17.9%，教授平均增长19.9%。② 校内津贴和国家工资都在拉大不同级别教师之间的收入差距，教师群体间的收入分化日益明显，青年教师因为其职称较低、收入低而在教师群体中落入劣势。

（二）大学内部分配不合理，热门院系、学科收入高过基础学科；学科收入差距明显

在同一所高校内，由于社会和市场需求较大，有些热门院系、学科招生容易，办各种培训班、辅导班也多，因此创收较多。对于创收的收入，一般是在学校收取一部分管理费后，余额就留在创收院系内部分配。比如经济、外语、管理、金融、法律等专业的教师，因为专业的缘故，他们有较多的机会去培训班、辅导班等教学授课，能够在社会或市场上得到额外的经济收入。北京新东方科技集团校长胡敏曾告诉某报记者："短短几年，新东方造就了许多身价百万的教师。"而一些致力于基础教学与学术研究的教师，却很难从社会或市场获得额外收入。有市场需求、应用性强的学科教师社会兼职者多，学校的工作成了副业，大学内的高收入群体成了青年教师的榜样，认真做好教学科研工作很难成为青年教师的价值取向，盲目跟风、只重实利、主次不分、副业为主极大地影响了高校的教学质量与水平。

高校教师兼职是指高等院校在职的教师在担任教学、科研工作的同时，利用业余时间从事其他有偿工作的活动。大学教师比起其他教育部门的教师，他们有更高的理论知识水平和更多的自由支配时间，而且，相对于其他中产阶层的职业收入，高校教师的收入缺乏竞争性，高校教师有为改善

---

① 陆学艺、张荆、唐军主编《2010年北京市社会建设分析报告》，社会科学文献出版社，2010，第70页。
② 王处辉：《高校教师收入知道少》，《社会科学报》2002年12月12日。

自己生活、增加收入而参加兼职的主观愿望。高校教师兼职的主要形式有：到其他院校兼课、到企业兼职以及自己创办经济实体等。据此次调查显示，有近10%的大学教师有兼职收入，最小值150元，最大值400000万元，平均值15414.91元。

（三）提升薪酬不能制度化，多年不提薪

新中国成立以来，我国高校的薪酬制度经历了几次大规模的改革与调整，最近的一次工资调整是在2006年，实行岗位绩效工资制度。岗位绩效工资由岗位工资、薪级工资、绩效工资和津贴补助四部分组成，其中岗位工资和薪级工资为基本工资，执行国家统一的标准和政策，目前北京高校的国家工资约占工资收入的20%~30%，这样低比例的国家工资已经失去了工资的调节功能。同时薪酬的增长没有形成制度化的薪酬体系，并且相应地根据社会经济发展状况及水平进行调配，使得高校教师的工资越来越缺乏外部竞争性。

除工资外，教师的福利收入水平也低于其他公务员部门或是社会事业单位。这是因为高校财政投入主要集中在硬件建设方面，因为这方面可测量易操作，也比较容易体现政绩；而相对的用于教师福利方面的投入较少，比如，房价近年来一直在上涨，而住房补贴太少。因此，青年教师家庭生存压力很大，在我们的调查中，在问及工资与生活的关系时，半数（50.8%）的青年教师表示，现在的工资收入仅能维持其家庭最基本的生活开支，极少人是因为高工资而生活富裕的。

表8-12　以下关于工资与生活的关系，哪个最接近您的实际情况

	项目	频率（人）	百分比（%）	有效百分比（%）	累积百分比（%）
有效	因为工资很高，自己的生活过得非常富裕	3	0.7	0.7	0.7
	我的工资除维持基本生活外，有一定的节余	149	32.9	33.3	34.0
	我不太确定二者之间有什么关系	39	8.5	8.6	42.6

续表

	项　目	频率（人）	百分比（%）	有效百分比（%）	累积百分比（%）
有效	我的工资只能维持最基本的生活开支	228	50.2	50.8	93.4
	因为工资太低，日子过得非常困难	24	5.3	5.3	98.8
	其他	5	1.2	1.2	100.0
	合　计	448	98.8	100.0	
缺失	系　统	7	1.2		
	合　计	455	100.0		

（四）大学行政化，青年大学教师发展的自由度受限

行政化是近年来引起社会广泛议论的问题，它并没有确切的定义，一般来说，大学行政化是指大学在整个构成和运作方面与行政机关在体制构成和运作方面有着基本相同的属性，是按照行政体制的结构和运作模式来建构和运行的。许多学者对大学行政化做过研究，行政化的主要表现有几个方面：强调大学的行政级别；民主管理风气淡漠；教育腐败问题严重等。青年教师是大学的未来，但从目前的体制来看，高校对于青年教师的发展却缺少实际的制度性激励措施。其中最主要的表现是青年教师的民主管理权的缺失。

在高校的管理过程中，校级行政领导是由上级教育部门任命的，高校内部院系一级的行政领导是由高校党政部门任命的，虽然很多学校实行聘任竞选制，但最后结果还是由领导拍板，其中各种规定和资格门槛都把青年教师排除在外。这就直接阻碍了高校的民主管理进程，使得青年教师难以合理地表达诉求和谋取利益。在高校的各种政策决定过程中，青年教师也很少有机会能实质性地参与进去。比如关于高校教师的薪酬标准由谁制定的问题，在此次调查中，有19.9%的青年教师认为单位工资分配方案是由领导班子集体决定，有52.0%的青年教师甚至不清楚工资分配方案是怎么制定的，青年教师们普遍被排除在校内薪酬政策制定过程之外。

高校教师工会，除了发放节日福利，举办各种文体娱乐活动外，已经丧失了它的主要使命，即为教师表达意愿争取权益。因此，青年教师在高校的政治博弈中很难得到领导部门的重视，自身发展的自由度受到限制。在我们的访谈中，很多教师也明确表示，能够自由地做学问是他们的最大愿望，很多时候各种内在、外在因素的干扰，让他们很难集中精力去做研究，让这些抱负远大的年轻人感到非常苦恼。

（五）大城市生活成本上升过快，薪酬不断贬值，大学青年教师难有体面的生活

北京作为国际化的大都市，生活成本高于其他城市或地区自不待言，然而近年来，北京市的商品房销售价格如脱缰野马般的飙升，房租的价格也水涨船高，物价也是不断上涨，令人难以承受。

不断上涨的物价，使得没有随之而浮动的工资收入贬值严重，从而使青年教师本来就不多的收入更显捉襟见肘。在座谈会上，有些青年教师表示："近几年物价上涨频繁、剧烈，但与此相对应，事业单位职工工资保持不变，实际可支配收入和购买力都有下降。而且相对社会其他群体收入也在相对下降，这样的收入很难拥有体面的生活。"有的教师提到，学校里有位年轻博士，月收入只有3000块钱，租不起单元房（学校附近的二居室月租金4000多元），只好租了一间地下室，而且还是与别人合租的。学生们问他住在哪里，他吞吞吐吐，说住在一个很远的地方。还有两个博士夫妻加一个孩子，租住在10平方米的筒子楼，与别家共用厨房和卫生间。

青年教师就年龄与精力方面来说，应该是在事业创新与发展的上升阶段，然而现实中严酷的生活压力与他们的理想产生了极大的反差与碰撞，在这种情况下，他们很难顶着压力、心无旁骛地搞好科研与教学工作。

四　几点政策建议

高校青年教师收入较低，居住条件差，生活与工作压力较大，薪酬满意度较低，是高校中的弱势群体。针对上述问题，本文提出以下几点建议。

(一) 提高青年教师入职的基本工资，建立薪酬的稳定增长机制，增加工资的保障功能

有研究显示，近年来，我国政府投资在教育上的经费一直徘徊在 GDP 的 2%~3%。高校教师的基本工资中，国家工资的部分只占 20%~30%，剩余的基本上靠学校自筹解决。近年来教师收入的提高，主要来自学校的各种产业及创收项目，或者是集体和个人的"业余"收入。对于青年教师来说，提高入职的基本工资，并根据经济发展状况、市场需求等变化进行相应调整，建立起稳定的薪酬增长机制，建立一个更合理更有效的薪酬机制。使青年教师入职之初不必为了生活压力去挖空心思在本职工作之外寻求赚钱之路，能够有效地调动他们的工作积极性，充分地发挥其创造力。

(二) 建立有效的激励机制，提升青年教师的工作满意度

关于激励的理论，美国社会心理学家马斯洛构建了一个从低到高的人生需求层次，即生理需要、安全需要、社交需要、尊重需要和自我实现的需要。人们只有满足了低层次的需要，其他的需要才能成为新的激励因素，而到了此时，这些已相对满足的需要也就不再成为激励因素了。赫茨伯格的双因素理论指出：不是所有的需要得到满足都能激励起人的积极性。只有那些被称为激励因素的需要得到满足时，人的积极性才能最大限度地发挥出来。保健因素是工作关系与工作环境方面的，如上下级关系、工资、政策等，而激励因素则是工作本身与工作成就方面的，如工作的成就感、工作成绩得到上司的认可、工作本身具有挑战性，等等。这些因素的改善，能够激发职工的热情和积极性。课题组还发现，青年教师们认为，除了个人因素 (26.6%) 之外，单位的用人机制 (36.4%) 和考评机制 (25.2%) 最能影响他们工作能力的发挥。因此，一个完善的激励机制应该还要包括通畅的晋升制度和科学的考核制度，充分发挥晋升和考核的激励作用，调动青年教师的工作积极性，提高工作满意度。

(三) 改善青年教师的居住条件，建立高校青年教师住房保障体系

1999 年住房改革之后，高校不再实行福利分房制度，大学教师逐渐被

推向商品房市场。然而，对于大学青年教师来说，商品房贵，"两限"房少，经济适用房与廉租房限制条件多。有调查表明，70%以上的青年教师希望学校可以组织团购或集资建房，还有一部分希望可以继续福利分房。[①] 不安居何以乐业，居住问题严重影响了青年教师的工作积极性和满意度。

改善青年教师居住条件，缓解高校青年教师住房紧张问题，需要多渠道来解决，建立一套青年教师住房保障体系是首要办法。首先，应当在国家、政府政策允许的范围内加大对青年教师的国家住房公基金和国家住房补贴力度，缩短青年教师的购房经济积累期。其次，政府加大对教育部门保障性住房分配的比重，放宽购买限制，让青年教师有房可买。再次，完善周转房管理政策，以市场为导向，提高租房补贴与公寓租金标准，鼓励教师到校外租房，提高教师周转房的周转率，确保住房需求最紧迫的青年教师能够入住周转公寓。最后，高校还应走入市场，组织团购或是集资建房，解决青年教师的住房问题。

目前，北京市正在积极推行公租房政策，加大公租房的建设力度。截至 2011 年 10 月，北京市全市累计落实了公租房项目 98 个，共 10.3 万套，其中政府组织建设的项目有 59 个，共 6.2 万套，占总量的近六成；园区建设的公租房项目 12 个、2.7 万套，占 26%；社会单位建设的项目有 27 个、2.7 万套，占 26%。供应对象包括中低收入的住房困难家庭，这对于高校部分无房青年教师来说无疑是个好消息。

(四) 增加青年教师的机会，提高青年教师的科研能力和教学水平

青年教师已经成为高等教育教学事业发展的中坚力量，是高等院校发展的未来希望。国家及地方教育部门以及高等院校自身，应当创造各种机会，尽力解决高校青年教师在工作和生活上的困扰和问题，为青年教师积极热情地投入工作和科研创造和提供有利的条件，如可以适当地增加青年基金项目，降低一些课题申请的标准或限制，为青年教师提供更多的参与课题的机会，为青年教师提供更多培训、进修机会，提高其教学和科研水平。

---

① 李晓婷：《北京高校青年教师生存状态研究》，《北京市社会建设分析报告（2010）》，社会科学文献出版社，2010，第 73 页。

第九章　高校"双肩挑"现象与行政权力泛化研究

彭晓月[*]

在"专业技术人员收入分配与激励机制"的课题研究中,我们发现了"双肩挑"这一特殊群体,在推进大学管理、教学科研发展及强化大学行政等方面的重要作用,特将他们作为一个特殊的群体进行调研和统计分析,力图寻找中国大学管理、薪酬结构变化的一些内在规律。

所谓"双肩挑"人员,就是指那些同时在高等院校的管理岗位和专业技术岗位上任职的人,他们既兼任管理岗位的职务,又从事专业技术工作。从身份上来说,"双肩挑"群体包括两种类型:一是专家学者型,即本人具有教授、副教授等高级专业技术职称,在教学科研领域已有所建树,然后转向"双肩挑",兼任管理岗位;二是党政干部型,即本人是管理干部身份,或出于个人发展需要,或出于组织安排而转向"双肩挑"。从职能上说,"双肩挑"群体也可以分为两种不同的类型:一是"学术为主型",指以学术工作为主,兼职做管理干部,本人虽然担任一定的管理职责,但是仍以学科带头人或学术骨干为主要工作;二是"管理为主型",指以管理工作为主并承担部分教学与科研任务,如各级行政单位负责人。

兼任教学与管理"双肩挑"群体的产生有着特定的历史原因,早期也发挥过一定的积极作用,但是由于高校内的大部分资源和机会都掌握在他们的手中,这种权力的向上集中,导致了高校出现行政泛化,并由此产生

---

[*] 彭晓月,人民网—中华慈善新闻网编辑。

了分配不公的问题；加之普通教师缺少民主参与高校事务的权利，使得普通教师群体和一般行政人员的工作积极性的发挥都受到影响，并进一步影响着高校的良性发展。

一 基本情况

在本次调查中，专职教师即专门从事教育教学工作的人员有899人；行政人员即负责或行使执行权、管理权或领导权的人员有402人；"双肩挑人员"即兼任教学与管理工作的人员有300人（见表9-1）。

表9-1 专业技术职称与行政级别分布情况

单位：人，%

工作岗位	数量	百分比
专职教师	899	53.1
行政人员	402	23.7
教学、管理兼任人员	300	17.7
小　计	1601	98.3
缺　失	91	1.7
总　计	1692	100.0

		数量	百分比			数量	百分比
专业技术职称	正高级	284	16.8	行政级别	司局级及以上	4	0.2
	副高级	602	35.6		处级*	194	11.5
	中级	656	38.8		科级**	199	11.8
	初级	114	6.7		科级以下	95	5.6
	未定级	26	1.5		不任行政职务	1124	66.4
	小　计	1682	99.4		小　计	1616	95.5
	缺　失	10	0.6		缺　失	76	4.5
	总　计	1692	100.0		总　计	1692	100.0

注：*处级包括处级和副处级；

**科级包括科级和副科级。

表9-2　不同专业技术职称和行政级别与工作岗位的交叉分布

单位：人

专业技术职称	专任教师	行政人员	兼任教学与管理	行政级别*	行政人员	兼任教学与管理
正高级	166	13	90	司局级及以上	1	3
副高级	366	87	109	处级	48	141
中级	335	220	75	科级	92	104
初级	26	66	19	科级以下	39	52
未定级	6	12	7	不任行政职务	210	0
总计	899	398	300	总计	390	300

注：*专任教师无行政级别。

专业技术职称方面，74.4%的人属于副高级职称和中级职称，其中有正高级职称（教授）284人，占总数16.8%；副高级职称（副教授）602人，占总数35.6%；中级职称（讲师）656人，占总数的38.8%；初级职称（助教）114人，未定级26人。在行政级别方面，专任教师一般不担任行政职务，行政人员才可能有行政级别，共有492人。其中司局级以上4人，这个级别很高，相当于副校长，人数非常少；处级干部，相当于学院院长或副院长，有194人，占总数的11.5%；科级人员199人，占总数的11.8%；不担任行政职务的有1124人，占被调查者总数的66.4%。

不同专业技术职称和行政级别在工作岗位的分布情况表明，有698名行政人员拥有专业技术职称，包括行政人员和兼任教学与管理人员。其中行政人员职称主要集中在中级职称，而兼任教学与管理人员的专业技术职称主要集中在较高的副高级职称及高级职称。

二　高校"双肩挑"群体的优势表现

"双肩挑"群体，既占有行政资源又有教学资源，在高校的资源分配及管理上，与专职教师和行政人员相比，具有多方面的优势。

（一）"双肩挑"人员的收入分配优势

在收入方面，不同工作岗位之间的年工资性收入差异较大，兼职教学与管理的"双肩挑"人员的收入远远高出专任教师和行政人员的收入。如工资性收入,专任教师的年收入是56702元,略高于行政人员的51827元,但远低于兼职教学与管理人员(70886元/年)(见表9-3)。

表9-3 不同工作岗位的年工资性收入与总收入的对比

工作岗位分类		年工资性收入均值(元)
专职教师	均值	56702.83
	N	860
行政人员	均值	51827.44
	N	387
"双肩挑"人员	均值	70886.34
	N	287
总　　计	均值	58126.49
	N	1534

在除工资收入之外的其他收入方面,"双肩挑"人员的收入也高于专职教师和行政人员(见表9-4)。

表9-4 不同工作岗位收入分布的个案比较

单位:元

工作岗位	个案编号	工资性收入	单位福利	年终奖励	讲课费	科研课题收入	评审收入	其他收入	总收入
"双肩挑"人员	1636	80000	1000	30000	10000	30000	5000	50000	206000
专职教师	1279	52000	1000	4000	0	2000	3000	1000	63000
行政人员	622	60000	1000	6000	0	0	0	0	67000

在不同专业技术职称之间、不同行政级别之间,收入也表现出很大的差异性,总的来说是专业技术职称越高、行政级别越高,其个人的工资性收入也就越多。如正高职称与副高职称之间,年均工资性收入相差近2万元;处级与科级相比,年均工资性收入相差2万多元;而不担任行政职务的教职工的平均收入甚至低于总体的平均水平。这表明,从收入方面来看,"双肩挑"人员的收入分配优势十分明显(见表9-5)。

表 9-5 不同专业技术职称和行政级别的年工资性收入的对比

单位：元

专业技术职称	年工资性收入均值		行政级别	年工资性收入均值	
正高级	均值	82699.77	司局级以上	均值	80000.00
	N*	271		N	4
副高级	均值	62976.86	处级	均值	79811.34
	N*	570		N	183
中级	均值	47320.05	科级	均值	57526.18
	N*	627		N	194
初级	均值	39504.03	科级以下	均值	48686.32
	N*	113		N	92
未定级	均值	43750.96	不担任行政职务	均值	55367.25
	N*	26		N	1074
总计	均值	82699.77	总计	均值	58195.94
	N*	58232.48		N	1547

注：*N 为个案数。

（二）"双肩挑"人员的晋升优势

在调查问卷中，"您认为单位在用人上更看重哪些方面"这一问题考察的是影响工作晋升的因素，选择最多三项的依次是"专业技术能力""与领导的关系""人际关系能力"。选择"专业技术能力"的人最多，占总数的42.4%；"与领导的关系"可以视为行政性因素，占总选择人数的26.0%。可见在高校中，很多教职工都认为他们的晋升主要是与专业能力相关（见表9-6）。

表 9-6 单位在用人上更看重的因素

	项目	频率（人）	百分比（%）	有效百分比（%）
有效	与领导的关系	420	24.8	26.0
	人际关系能力	232	13.7	14.3
	专业技术能力	686	40.5	42.4
	为单位带来的经济效益	174	10.3	10.8
	其他	106	6.3	6.6
	合计	1618	95.6	100.0
缺失	系统	74	4.4	
	合计	1692	100.0	

专业技术职称与行政级别在职位晋升方面的相互影响程度表现如何呢？是否可以认为行政级别高就更容易获得高专业技术职称呢？或者说高专业技术职称更容易获得高行政级别呢？表9-7显示，拥有较高行政级别的人，他们的专业技术职称也较高。比如，处级人员共有193名，其中157人有着副高级及以上专业技术职称，占总数的81.3%。相比较而言，科级及以下的教师有293人，其中199人的专业技术职称处在中级及以下，约占总数的68%。而表9-2则反映出，兼任教学与管理的"双肩挑"群体中，有66%的人具有副高级及以上的专业技术职称，同时48%的人具有处级及以上的行政级别。这说明，行政级别高的人更容易获得高级专业技术职称，而且，"双肩挑"群体更容易兼具高专业技术职称和高行政级别。

表9-7 行政级别与专业技术职称交叉状况

单位：人

行政级别	专业技术职称					合计
	正高级	副高级	中级	初级	未定级	
司局级及以上	2	1	1	0	0	4
处级	75	82	33	2	1	193
科级	16	55	106	15	6	198
科级以下	6	17	34	32	6	95
不担任行政职务	171	412	463	64	13	1123
合计	270	567	637	113	26	1613

在本次调查的18所高校中，共有身兼教学与管理岗者300人，[①] 其行政级别与专业技术职称交互分布情况如表9-8所示：行政级别方面，处级及以上级别的有144人，占48%；专业技术职称方面，中级职称及以上的有274人，占91%；其中行政级别为处级及以上且专业技术职称为中级及以上的有143人，占48%。单从正高级职称来看，76%的人处在处级以上；

---

① 实际人数可能比这个更多。在问卷录入的时候，因为设计上的缺陷，有些问卷填答者在这个问题上填写的是"教学与管理兼任"，而一律以教学岗录入。这个数字是根据"专业技术职称"与"行政级别"交互分析出来的。

单从处级级别来看，90%的处级教师具有副高及以上职称。可以看出，近半数的双肩挑人员具有较高的行政职位和专业技术职称，而且行政级别高的人则专业技术职称也较高（见表9-8）。

表9-8 行政级别与专业技术职称交叉状况

单位：人

行政级别	专业技术职称					合 计
	正高级	副高级	中级	初级	未定级	
司局级及以上	2	1	0	0	0	3
处级	66	60	14	1	0	141
科级	16	34	46	4	4	104
科级以下	6	14	15	14	3	52
合 计	90	109	75	19	7	300

（三）"双肩挑"人员的管理优势

高校事务的管理包括两个方面：行政事务与学术事务，至少涉及两个群体的利益，即教师群体和行政人员群体，合理的形态应当是这两个群体都发挥影响，均衡协调管理高校。根据问卷调查显示，与之相关的问题是教职工工资的分配方案与决定过程，从这两个问题的回答中，可以发现行政权力和专业技术职称在其中的影响（见表9-9）。

表9-9 参与学校事务

单位：人

	项 目	工作岗位			合计
		专职教师	行政人员	双肩挑人员	
单位职工绩效工资的确定过程	完全遵照明确的规定执行	134	67	69	270
	基本遵照明确的规则执行	287	117	119	523
	不知道	387	166	90	643
	基本上没有明确规则	47	27	18	92
	完全没有规则	20	11	1	32
合 计		875	388	297	1560

续表

项目		工作岗位			合计
		专职教师	行政人员	双肩挑人员	
单位工资分配方案	经职代会通过，公布分配方案	193	77	89	359
	经职代会通过，不公布分配方案	30	19	11	60
	单位领导班子集体决定，公布分配方案	130	66	60	256
	单位领导班子集体决定，不公布分配方案	70	36	26	132
	不清楚	444	181	101	726
	其他	9	7	10	26
合计		876	386	297	1559

如表 9-9 显示，44% 的教师表示不知道单位绩效工资的确定过程，还有 8% 的教师认为没有明确规则；53% 的行政人员不清楚或不认为单位绩效工作的确定有明确的规则；而只有 37% 的"双肩挑"人员不知道或认为单位绩效工资的制定过程基本上遵照明确的规则。

对于单位工资的分配方案，51% 的专任教师不清楚工资是怎样分配的；47% 的行政人员不清楚工资的分配由谁决定；而在"双肩挑"群体中，34% 的人不清楚工资的分配。

由此可知，在高校的工资方案的确定以及绩效工资的确定过程方面，很多专任教师和行政人员并不清楚实际的操作过程，或者认为由单位领导决定；相反，在"双肩挑"群体中，他们比其他群体更清楚地知道工资制度的设置和实施过程，这说明兼任教学与管理的"双肩挑"人员比专职教师和行政人员更多地参与其中，并在一定程度上影响、决定着高校事务的决策过程。

三 高校科研教学与管理中"双肩挑"的重要影响

一般认为，高等院校内部存在两种权力：学术权力和行政权力。学术权力是基于专业技术能力，包括学术成就和学术修养，权力主体应该是学术人员和学术组织；行政权力则是基于行政职位和身份，依赖于组织和任命，权力主体则为行政人员和行政组织（见表9-10）。美国著名教育家伯顿·克拉克指出："教授统治根植于早期学术行会中大师统治的历史传统，它也在思想上得到教学与研究自由的学说的支持，这种学说实际上被解释为高级教授应当大体上自由地做他喜欢做的事情；它在功能上基于专业的知识以及对促进批判、创造和科学发展的条件的需要。"[1] 他还指出："专业权力与官僚控制一样，被认为是扎根于普遍的非个人化的准则之中的，但这种权力的准则主要源于专业，而不是某个直接有关的正式组织。这种权力被认为是以'技术权限'为基础的，以专家为基础的，而不是以'官僚权限'为基础的。"[2]

表9-10 两种权力的比较

权力类型	权力来源	基本特征	价值追求
学术权力	学术成就与学术修养	沟通与对话	学术自由
行政权力	行政职务与身份资格	约束与服从	行政绩效

高校合理的权力结构应当是学术权力和行政权力协调运行，有效整合的。而在当前我国高校内，由于兼任教学和管理工作的"双肩挑"群体的存在，导致高等院校学术权力与行政权力结合，权力中心向上偏移，行政权力泛化。

（一）学术权力趋向于依附行政权力

教学、管理"双肩挑"有两个明显的后果，一个是学术权力与行政权力相结合，有高级专业技术职称的人趋向于获取较高的行政级别，而有着较高行政级别的人也更容易获得更高的专业技术职称。本研究发现，实际情况是有着较高行政级别的人也有高级专业技术职称，而有高技术职称的教师其行政级别也较高（见表9-11）。

---

[1] 伯顿·克拉克：《高等教育系统——学术组织的跨过研究》，王承绪、徐辉等译，杭州大学出版社，1994，第124~125页。
[2] 约翰·范德格拉夫等编著《学术权力——七国高等教育管理体制比较》，王承绪等译，浙江教育出版社，2001，第189页。

表 9-11　高专业技术职称与高行政级别的交互分布

行政级别	专业技术职称		N	百分比（%）
	正高级	副高级		
司局级及以上	2	1	3	100.0
处级	66	60	141	89.4
样本量	90	109	300	
百分比（%）	75.9	56.0	48.0	

学术权力依附于行政权力主要表现为学者争相"奔官"。"奔官"即是指高校教师转向行政岗位或是争相担当行政职务。因为在高等院校里，资源和机会一般掌握在行政部门领导手中，如分管科研的副校长、科研处处长、各学院院长，关键的决定权也掌握在校级、院级领导手里。纯粹从事教学工作的教授在学校事务中缺乏影响力，尤其表现在课题申请方面，有了较高行政级别更容易申请到课题。深圳某大学竞聘一个处长职位，竟然引来40多位教授相争，有些学校教授甚至去争当科长，这就是由于高校内部的学术事务及行政事务都由领导及行政官员决定，导致高校教师行为趋于一致，即谋取行政级别。接受访谈的教师们反映，"当官有用，创新和教学没用""当教授又当处长，机会就多""当官在学术上有损失，但是总比被别人支配强"。

（二）权力中心向上偏移，行政权力泛化

第二个影响是学校的学术事务及行政事务都由权力上层决定，学术权力和行政权力呈向上集中趋势，院系领导或行政部门领导更容易兼得专业技术职称和行政职位，成为"双肩挑"群体的一员。一位受访的老教师说："我在学校兢兢业业干了20多年，成果按说不少，但是到现在也没有评上教授。新来的党委书记，没有专业技术职称，也没教过课，却理所当然地成了教授。"①

伯顿·克拉克指出："所有重要的社会实体都有它的象征性的一面，

---

① 《高校教师争相奔钱奔官　学者：薪酬应当比照公务员体系》［OL］．人民网，2012年11月23日。http://society.people.com.cn/n/2012/1123/c1008-19673461-1.html．

这既是一种社会结构，又是一种文化。人们根据社会实体的某些共同利益和信念，来确定参与者是些什么人，他们正在做什么和为什么这样做。"① 学术与行政权力的结合，以及高校权力中心的上移，导致我国高校内少数人拥有了学校的大量资源与机会，利用权力挤压其他教师，造成了教师发展需求的扭曲以及对权力的顺从，造成了当今高校内部行政权力泛化。

所谓"行政权力泛化"，是指单纯以行政手段和科层化的管理方式规范整个大学组织运作，并以行政性的命令方式和习惯处理学术性事务。② 当高校内的学术权力与行政权力集中在同一群体手上时，就会形成"权力精英"或"学术寡头"，他们掌握大量资源，并按照行政方式分配资源，决定学术事务。

行政权力泛化具体表现在以下两个方面。

1. 行政领导掌握教学与科研资源，学术人员不得不屈从于行政权力

我国高校目前的管理体系是校-院-系三级管理，看似简单明晰的权力结构，却在加入了行政级别与院系平级的行政职能部门之后变得复杂多样。如图9-1所示，实线箭头表示显性领导关系，是组织制度设定时生成的领导关系，在行政级别上是上下级关系；虚线箭头表示隐性领导关系，组织制度设定时没有等级差异，是在实际工作中逐渐生成的领导关系。如高校里的教务处、科技处、后勤处等，与院系本是同一级别，可是我们的研究发现，这些行政职能部门实际上对这些二级院校有领导权力，这就是一种隐性权力（见图9-1）。③

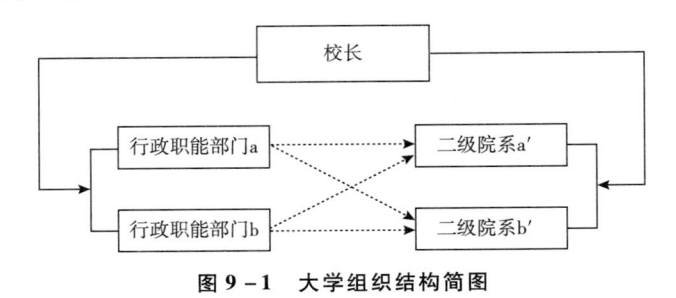

图9-1 大学组织结构简图

---

① 伯顿·克拉克：《高等教育系统——学术组织的跨过研究》，王承绪、徐辉等译，杭州大学出版社，1994，第83～109页。
② 马廷奇：《大学组织的变革与制度创新》，华中科技大学出版社，2004。
③ 董金权：《大学行政权力与学术权力要回归沟通理性——大学内部权力较量的社会学解读》，《北京教育》2007年第5期。

这种隐性的行政权力常与学术权力发生冲突，而且教师在冲突中处于弱势地位，冲突的结果就是教师们不得不屈从于行政人员。这是因为行政职能部门决定着学校的学科发展方向、专业及课程设置、科研课题的申请与分配等学术事务，或者说是拥有决定性权力，处于学术和科研活动最前线的基层学术人员只能被动执行和接受管理，这种境况让教师们感到压抑和不满。在访谈调研中，教师们也指出，他们最不能接受的是学术事务由行政领导决定。"学术上的事谁官大谁说了算，这违背了科学。"谁能晋升教授，"领导说你行你就行，不行也行；说你不行，你行也不行"。一位教授说："我们大学有六个正副校长，每个校长的权都很大，管一条线、管各个学院的业务。他懂吗？凭什么要他说了算呢，这没有道理。"

行政权力决定学术事务，教师们屈从于行政人员，这也耗损了教师很多时间和精力，分散了学者的研究力量，甚至严重影响到教师们的工作积极性和科研积极性。教师们在处理与学术相关的事务时不得不与行政人员打交道，访谈中某位教授表示，他申请下来一个实验室，然而哪个部门都不按照规定给他落实，他不能不为房间、设备和电线布线等到各个行政部门去"求情、送礼、说好话"，到头来很多事情还是自己亲自动手，感到心力交瘁。

2. 学术管理中"精英"倾向，造成分配不公

近年来，我国仿照发达国家大学制度，在大学内设置了学术委员会、教授委员会等学术权力机构，但是实际情况却不容乐观，由于缺少相应的权力基础和运行机制，这些委员会形同虚设。而且很多大学成立的委员会委员是由院长、副院长、系主任等具有行政职务的教授，即"双肩挑"人员来担任，由于管理模式和思维方式的差异，他们往往仍然用行政管理的方式来运作委员会，处理学术性事务，普通教师很少有参与学术性事务管理的机会和权利。

即便都是教授，高校里还存在着"特聘教授""学科带头人""博士生导师"以及普通教授的区别，还有身兼行政职务的教授与普通教授的差别，这些精英群体掌握着本学院、本学科的学术资源，其他多数教师的权利和资源则由他们来操刀分配。这种学术管理的集权体制，具有典型的"精英主义"倾向，违背了大学学术自由自主的目标，也在很大程度上影响了整个高校教师群体的科研与教学积极性。正如霍夫曼指出的那样,"大学不是一个平等主义的社会,而是等级制度的社会"①。

由问卷调查可知,高校教师们普遍觉得收入差距大,收入分配不公平。如表9-12所示,在调查者被问到"您认为单位领导与专业技术人员之间的收入差距"如何时,60.2%的专职教师、60.4%的行政人员都认为收入差距大或非常大。实际上,"双肩挑"群体由于掌握较多资源,他们与专职教师和行政人员的收入差距比较大。

表9-12 收入差距

		工作岗位分类			合计
		专职教师	行政人员	双肩挑人员	
您认为单位领导与专业技术人员之间的收入差距	非常大	177	88	37	302
	大	337	148	87	572
	一般	310	139	143	592
	小	27	14	15	56
	非常小	3	2	10	15
合计		854	391	292	1537

以处长职务为例,2010年教授们的工资性收入平均为9.3万元,年总收入平均为13.6万元;副教授平均为7.6万元,年总收入平均为10.1万元;讲师的工资收入平均为6.3万元,年总收入平均为7.4万元。"处长教授"比"处长副教授"的年总收入多出3.5万元,差距明显。

再以教授为例,普通教授的年均工资性收入为7.9万元,年总收入平均为11.1万元;而身兼行政职务的教授,其年均工资收入为9.1万元,年总收入平均为15.1万元。二者工资收入差距不甚明显,但是年总收入相差4万元。科研课题方面,普通教授的课题收入平均为1.6万元,兼有行政职务的教授课题平均收入为3.7万元。可见高校内部的资源和机会较多地掌握在学术权力与行政权力混合体的"双肩挑"的人群手中。

综上所述,高校内行政权力已经泛化于整个大学中,并与学术权力结合成为大学组织中主导性权力,影响并控制着大学组织的日常运作。大学

---

① 约翰·S. 布鲁贝克:《高等教育哲学》,浙江教育出版社,2001,第42页。

行政权力的泛化使得大学的自由平等、民主协商组织目标发生异化，进而发生大学功能紊乱，阻碍了大学的良性发展。S. 拉塞克和 G. 维迪努在《教育内容发展的全球展望》一书中指出："行政的扩展超过某一界限后便会变得特别昂贵，因此必须对其进行压缩，至少要使其分散化。"①

社会上广泛指责的大学"行政化"的弊病，其实质在于本来应该协调配置大学内部资源与机会的行政权力和学术权力结构出现了病态发展，集中到一个群体之中，使得高校的资源和机会也随之集中，造成了高校内分配不公平，教师发展需求扭曲，教学科研人员忙于"奔官"，"奔"到"官"便能"奔到钱""奔到项目""奔到职称"。官成为"奔"的根本，大学的核心职能教学、科研被忽视，教师的积极性会间接受挫。

四　高校改革途径：分离行政权力与学术权力

高等院校存在与发展的目标是学术，是探索真理和规律，而不仅仅是提高效率，行政管理不可或缺，但是学生的教学培养与学术研究才是高等院校的要义所在。高等院校首先是一个学术组织，其实才是一个行政组织。我国高校普遍存在着结构性失衡，行政肥大化。虽然学术权力和行政权力共同在分配高校的资源和机会，实际上是这些资源和机会都集中于一个特殊群体——"双肩挑"，因行政权力过分膨胀，学术权力向行政权力聚集，导致了高校内部分配不公，行政权力泛化，引起了教师群体的不满。

自 2010 年以来，不论是官方还是民间，对高等院校进行改革的呼声越来越高，同年 7 月政府颁布的《国家中长期教育改革和发展规划纲要 (2010~2020 年)》明确提出了高等教育改革的目标是建立现代学校制度，具体包括要推进政校分开、管办分离，落实和扩大学校办学自主权，等等。《规划纲要》颁布至今，已经过去两年多了，实际上改革的步伐似乎并未向前。高校体制改革，就笔者看来，应当先从高等院校内部的组织结构着手，分离权力和技术因素的影响，重新合理分配资源，重塑和谐健康的高校机体。

---

① 马廷奇：《大学组织的变革与制度创新》，华中科技大学出版社，2004。

（一）要坚持行政权力服务于学术的目标

西方国家有句流行的谚语："凡属上帝的归于上帝，凡属恺撒的归于恺撒。"这原是用来阐述政教分离，放在这里论述行政权力与学术权力分离也很恰当，学术的事务应当交给教授或以教授为主体的教师组织，负责学术决策和学术研究；行政事务则留给行政人员和行政官员，校长负责学校的日常教学管理与行政工作，协调不同行政职能部门，以及与外部交流的行政事务。教授与官员统一由党委组织来宏观领导，保证党的路线、方针、政策的实施，以及负责监督校长的权力。要通过明确学术权力和行政权力发挥作用的不同领域和不同范围，来确立学术权力在学术性事务中的主导地位，而行政部门具有参与决策权与执行权。高校行政管理的主要任务就是为学术活动提供高效率的服务，切实保障学术决策的实施。

（二）要完善学术委员会或教授委员会等学术权力机构的职能

我国高校历来的问题就是行政领导过多地干涉学术事务，搞"一言堂"，忽视客观规律和教师群体的权利。曾有位博士专门考察了我国近百所大学的学术权力机构（学术委员会、教授委员会、学位评定委员会）的现状，发现实际上都是行政官员或兼任专业技术职称的行政官员在把持着学术权力机构的决策权。而且各类高校基本上均是如此，那些研究型大学的学术权力也没有强势地表现。[①] 虽然《高等教育法》已经把学术委员会指定为权力机构，实际运作过程中却徒有其名。因此，要完善学术权力机构的作用，首先需要完善以学术委员会为主体的学术权力系统的建设，使得学术委员会成为真正对学术性事务拥有决策权力的校级机构。

同时在学术委员会委员的选择上，主要是代表学术利益的教授而不是行政官员，这样才能保证学术权力机构的性质不会变味。教授与官员，是两种明显不同的职业，行政与学术必须分开，在高校的管理改革中，要明确规定行政领导不允许兼任学术委员会的主任，明确教授委员会的职责范围，比如职称评定、学科发展方向等。学术委员会委员要具有能与行政权

---

① 李海萍：《大学学术权力现状研究》，湖南师范大学出版社，2010。

力协商的权力，并受到行政权力的尊重，学术委员会的巨大价值才能体现出来。

在处理教师与行政干部之间的关系问题上，湖南师范大学原校长张楚廷曾有过精辟的分析："要办好一所学校，干部和教师都是必要的和重要的，但是，两相比较，应当把教师摆在前面，尤其是从干部方面来说，应当把教师看得更重要，这样，干部的作用和意义就得到更好的体现，干部要主动为教师服务……"[①]

---

① 张楚廷：《校长学概要》，北京师范大学出版社，1994。

第十章 住房状况对高校教师心态影响的调查分析

赵卫华[*]

2008年以来,中国大中城市的房价暴涨,两年之内翻了一番多。高涨的房价完全把工薪阶层抛在了住房市场之外。高校教师作为一个高教育水平的群体,却不是一个高收入群体。在北京,教育行业的平均工资还稍低于北京市的平均工资。作为一个工薪阶层,他们是没有能力通过市场化的方式购买住房的,但是,另一方面,1997年住房货币化改革以后,很多高校都把教师的住房问题推向了市场。房价在涨,房租也在涨,在居住成本高昂的北京,房子对人的心态会产生很大影响。本文通过对"北京市专业科技人员的收入分配与激励机制研究"课题组在北京18所高校进行的问卷调查数据,分析住房对高校教师的心态产生的影响。

一 高校教师住房状况

(一)高校教师居住水平基本处于全市平均水平

从本次调查看,在北京高校教师中,20.9%的人没有住房,16.6%的人拥有两套以上住房,其他高校教师拥有一套住房(见表10-1)。

从居住面积看,高校教师的平均居住面积是82.86平方米,人均居住面积(建筑面积)是28.79平方米,略低于北京市2010~2011年全市人均

---

[*] 赵卫华,北京工业大学人文社会科学学院副教授。

28.81平方米的水平。高校教师的居住条件基本上相当于北京市的平均水平。

表 10 - 1 您家总共有几套房子

套　数	频率（人）	百分比（%）	有效百分比（%）	累积百分比（%）
0.00	346	20.4	20.9	20.9
1.00	1037	61.2	62.6	83.4
2.00	258	15.2	15.6	99.0
3.00	13	0.7	0.8	99.8
4.00	2	0.1	0.1	99.9
5.00	2	0.1	0.1	100.0
合　计	1658	97.7	100.0	
缺　失	38	2.3		
合　计	1696	100.0		

但是，由于北京是个大都市，住房市场化以后，很多人买的房子距离单位太远，由于上班、孩子上学等原因，不得不租住房子。所以，虽然住房拥有率很高，但租住房子的比例也很高。从现在居住的状况看，居住在自有住房者的比例只有 57.6%，租住公房的占 23.7%，租住私房的占 11.9%，两者合计达到 35.6%（见表 10 - 2）。

表 10 - 2 您现在居住的房子属于

	频率（人）	百分比（%）	有效百分比（%）	累积百分比（%）
租住公房	395	23.3	23.7	23.7
租住私房	198	11.7	11.9	35.6
自有住房	960	56.6	57.6	93.2
其　他	114	6.7	6.8	100.0
合　计	1667	98.3	100.0	
缺　失	29	1.7		
合　计	1696	100.0		

（二）住房获得的方式不同，对生活成本有重要影响

从房子的来源看，只有 27.5% 的人获得了房改房，21.8% 的人获得了经济适用房，4.5%的人购买了两限房。如果把房改房、经济适用房、两限房作为福利房，由于一部分人既有房改房，也有经济适用房，实际上获得福利房的比例占调查样本的比例只有39.6%，其余60%则是通过市场或者单位（如有的高校以集体购买大批商品房，然后按照各种条件分给教职工）的方式获得住房（见表10-3）。

表 10-3 住房获得方式

住房类型	样本量	百分比（%）
房 改 房	356	27.5
经 适 用 房	282	21.8
两 限 房	58	4.5
一般商品房	629	48.6
高 级 公 寓	5	0.4
别 墅	6	0.5
小 产 权 房	33	2.5
自 建 房	13	1.0
其 他	63	4.9
合 计	1445	111.7

从住房支出水平看，高校教师家庭平均居住支出是13557元，人均居住支出是4572元。其中，有无福利分房在住房支出上有显著差别。拥有福利房者，其家庭平均居住支出是9063元，人均支出是3014元，而没有福利房者平均的居住支出是16480元，人均支出是5595元，两者差别非常大。本次调查中，25.9%的家庭有住房贷款，其中既有有福利分房的家庭，也有以购房自住的家庭，后者占较大比例。那些有住房贷款的家庭，住房支出的压力就会大大增加。如果把还贷支出也包括进来，平均来看，有无福利分房其家庭住房支出差额则接近11000元。

从支出比重平均来看，高校教师的住房支出比重（不包括还贷支出）平均是12.11%。但是有无福利分房，其支出比重也有很大区别，有福利房者，其居住支出（包括物业、取暖、房租、水、电、煤气）占总支出的比重只有8.5%，而没有福利房者，其居住支出占总支出的比重达14.5%（见表10-4）。

第十章 住房状况对高校教师心态影响的调查分析

表 10-4 有无福利的住房支出状况

单位：元，%

是否有福利房		居住支出包括物业、取暖、房租、水、电、煤气	居住及还贷支出	人均居住支出	居住支出占总支出的比重
没有	均值	16480.09	31079.53	5595.20	14.45
	样本量	916	928	904	914
	标准差	68846.41	83730.86	15972.95	16.14
有	均值	9063.41	20142.35	3013.79	8.53
	样本量	596	599	593	595
	标准差	12104.82	49142.76	4082.33	9.60
总计	均值	13557.21	26788.82	4572.18	12.11
	样本量	1512	1527	1497	1509
	标准差	54235.40	72344.01	12733.79	14.23

另外，有房者和无房者在住房支出方面有显著的差别。没住房者家庭住房支出是17926元，人均支出是7098元，有房者家庭住房总支出平均是12337元，家庭人均住房支出是3886元。无房者的居住支出大大高于有房者的居住支出。从比重上看，有房者居住支出占总支出的比重是9.26%，没有住房者的居住支出占总支出的比重则高达22.4%，居住支出的比重非常高（见表10-5）。

表 10-5 有房和无房者在住房支出方面的差别

单位：元，%

是否有房		住房支出包括物业、取暖、房租、水、电、煤气	人均居住支出	住房支出占总支出的比重
没有	均值	17926.34	7097.65	22.35
	样本量	328	318	327
	标准差	29430.47	10351.95	19.45
有	均值	12337.40	3885.56	9.26
	样本量	1181	1175	1179
	标准差	59324.49	13241.74	10.30
总计	均值	13551.36	4570.38	12.10
	样本量	1509	1493	1505
	标准差	54290.41	12745.89	14.22

二 有无住房对教师心态的影响

在北京这样一个居住成本高昂的城市，住房既是最重要的生活必需品，又是能够带来巨大利润的投资品。住房不但对人们的生活而且也对人的心态产生了很大的影响。下面我们着重分析有无住房对教师心态的影响。

（一）住房是教师们最烦恼的事之一

在调查问卷中有一道题目是选择生活中最烦恼的三件事并排序。调查结果显示，高校教师最烦恼的三件事中，第一是收入太低（57%）；第二是住房问题，包括买不起房子（31%）、住房条件差（29%）、工作单位离家太远（23%）、自费租房（12%）；第三是子女入托、上学难（24%）；第四是养老问题（23%）（见表10-6）。

表10-6 最烦恼的三件事

类别	子女入托、上学难	自费租房	收入太低	工作单位离家太远	看病不方便	住房条件差	身体状况不佳	夫妻不和	父母年迈多病	无人料理家务	买不起房子	其他
样本量	402	205	959	388	289	485	310	52	390	328	530	165
百分比（%）	24	12	57	23	17	29	18	3	23	19	31	10

从调查来看，有房者和无房者关注的问题不同，二者有显著的差异。有房者最烦恼的三件事分别是收入太低（26.5%）、工作单位离家太远（12.8%）、子女入托上学难（15.4%），而没有住房者最烦恼的三件事分别是买不起房子（39.1%）、收入太低（22.9%）、自费租房（11.7%）（见表10-7）。

有无住房会对人们的生活和心态产生很大的影响。作为最烦恼的事之一，住房对教师心态会产生怎样的影响呢？这里心态是指教师对工作、生活的一些看法和感受：一是对工作方面的感受，如对收入的满意度、对工作的满意度；二是对生活的满意度。有无住房对教师工作和生活的满意度有很大的影响。

表 10-7 有无住房与最烦恼的事的影响

单位：人,%

是否有房	您生活中最烦恼的三件事											合计
	子女入托、上学难	自费租房	收入太低	工作单位离家太远	看病不方便	住房条件差	身体状况不佳	夫妻不和	父母年迈多病	无人料理家务	买不起房子	其他	
没有	17	41	80	17	1	34	6	3	2	5	137	7	350
	4.9	11.7	22.9	4.9	0.3	9.7	1.7	0.9	0.6	1.4	39.1	2.0	100.0
有	192	19	330	159	45	113	83	18	96	49	88	55	1247
	15.4	1.5	26.5	12.8	3.6	9.1	6.7	1.4	7.7	3.9	7.1	4.4	100.0
合计	209	60	410	176	46	147	89	21	98	54	225	62	1597
	13.1	3.8	25.7	11.0	2.9	9.2	5.6	1.3	6.1	3.4	14.1	3.9	100.0

（二）有无住房对教师工作满意度的影响

从教师对薪酬的满意度来看，卡方检验显示（下面的检验都是使用该检验，不再特别注明），教师有没有住房对其薪酬的满意度有非常显著的影响。其中有住房者的薪酬满意率高于没有住房者，而在不太满意和很不满意的方面的比例则低于没有住房者（见表10-8）。

表 10-8 有无住房对单位提供的薪酬（包括工资、岗位、
　　　　　奖金及其他收入）的满意程度影响

单位：人,%

是否有房	您对单位提供的薪酬（包括工资、岗位、奖金及其他收入）的满意程度					合计
	非常满意	比较满意	一般	不太满意	很不满意	
没有	2	29	110	124	86	351
	0.6	8.3	31.3	35.3	24.5	100.0
有	15	185	492	386	237	1315
	1.1	14.1	37.4	29.4	18.0	100.0
合计	17	214	602	510	323	1666
	1.0	12.8	36.1	30.6	19.4	100.0

对薪酬的满意度低，与高校的收入分配体制有很大关系。高校并不是一个高收入行业。从北京市历年发布的工资水平数据看，在北京各行业中，教育行业的平均收入略低于全市平均工资水平的，如2009年北京市在岗职

工的平均工资是 58140 元，教育部门在岗职工的平均工资是 58009 元，略低于北京市的平均水平。[①] 一个博士毕业生到高校工作，月工资只有 3000 多元，在北京的三环之内租个一居室都不够。这对于一个受了 22 年正规教育的人来说，投入产出非常不成比例。高校教师特别是青年教师收入不高，工作压力大，生活压力，已经成为一个很普遍的问题。

从调查结果看，很多教师认为工资并不能反映其努力工作的程度，这种观点在有住房者和没有住房者之间也有很显著的差别。有住房者认为努力工作的程度在工资中没有反映的比例比没有住房者还要低，二者的差别是显著的（见表 10-9）。

表 10-9 有无住房对工资与努力工作之间关系判断的影响

单位：人，%

是否有房	您努力工作的程度在工资中有明显的反映吗					合　　计
	一定有	可能有	不一定	没有	完全没有	
没有	21	94	86	114	42	357
	5.9	26.3	24.1	31.9	11.8	100.0
有	94	287	342	488	106	1317
	7.1	21.8	26.0	37.1	8.0	100.0
合计	115	381	428	602	148	1674
	6.9	22.8	25.6	36.0	8.8	100.0

但是，从工资与个人价值体现的关系，有住房者却有更高比例的人认为工资能体现个人价值，而没有住房者认为能体现个人价值的比例要低一些，认为不能体现自己价值的比例要高。因此，我们可以认为对于没有住房者，他们在工作中的价值感要稍低一些（见表 10-10）。

对收入高低的感觉，一方面与生活需要有关，另一方面也是在社会比较中产生的。从调查结果看，教师从总体上对收入不满意的比例比较高，从单位内部、单位之间以及教育行业与其他行业之间的差距来看，这种不满意率是渐次升高的。

---

① 这个工资的计算办法是：职工年平均工资 =（在岗职工工资总额 + 不在岗职工生活费）/（在岗职工年平均人数 + 不在岗职工年平均人数）。因为不在岗职工的生活费是很低的，由此会拉低职工平均工资水平，因此，北京在岗职工的平均工资要高于 50415 元。

表 10-10　有无住房对工资与个人价值关系判断的影响

单位：人，%

是否有房	您觉得目前的工资能体现您的个人价值吗					合计
	完全能	能	一般	不太能	完全不能	
没有	1	13	136	141	65	356
	0.3	3.7	38.2	39.6	18.3	100.0
有	9	99	559	444	207	1318
	0.7	7.5	42.4	33.7	15.7	100.0
合计	10	112	695	585	272	1674
	0.6	6.7	41.5	34.9	16.2	100.0

从单位内部看，40.3%的人认为单位内部不同专业技术人员的收入差距非常大和大。只有不到13%的人认为单位内部收入差距小。在这一点上，有房者和无房者并没有显著的区别（见表10-11）。

表 10-11　有无住房对单位内专业技术人员收入差距判断的影响

单位：人，%

是否有房	您认为单位专业技术人员之间的收入差距					合计
	非常大	大	一般	小	非常小	
没有	37	99	174	31	10	351
	10.5	28.2	49.6	8.8	2.8	100.0
有	131	398	597	144	28	1298
	10.1	30.7	46.0	11.1	2.2	100.0
合计	168	497	771	175	38	1649
	10.2	30.1	46.8	10.6	2.3	100.0

从单位领导和专业技术人员之间的收入差距看，有53.7%的人认为单位领导与专业技术人员之间的收入差距大。在这个问题的判断上，有房者和无房者并没有显著的区别（见表10-12）。

从对收入的满意度来看，总体上对单位内部收入差距不满意的比例是33%，但是就有无住房这个不同群体的态度来看，虽然有所差别，但是在统计上并不具有显著性，所以可以说有无住房对个人、对单位内部收入差别的判断并没有影响（见表10-13）。

对单位之间收入差距不满意的比例是56%，也就是说有一半以上的人对本单位收入不满意，有房或者无房者对单位之间收入差距的感觉并没有差别（见表10-14）。

表 10-12　有无住房对单位领导与专业技术人员之间收入差距判断的影响

单位：人，%

是否有房	您认为单位领导与专业技术人员之间的收入差距					合　计
	非常大	大	一般	小	非常小	
没有	59	121	150	10	2	342
	17.3	35.4	43.9	2.9	0.6	100.0
有	247	438	514	51	17	1267
	19.5	34.6	40.6	4.0	1.3	100.0
合计	306	559	664	61	19	1609
	19.0	34.7	41.3	3.8	1.2	100.0

表 10-13　有无住房对单位内收入满意度的影响

单位：人，%

是否有房	与单位内部的专业技术人员比较，您对您的收入是否满意					合计
	非常满意	比较满意	一般	不满意	非常不满意	
没有	2	38	204	91	18	353
	0.6	10.8	57.8	25.8	5.1	100.0
有	15	202	658	355	85	1315
	1.1	15.4	50.0	27.0	6.5	100.0
合计	17	240	862	446	103	1668
	1.0	14.4	51.7	26.7	6.2	100.0

表 10-14　有无住房对同行业收入满意度的影响

单位：人，%

是否有房	与同行业不同单位的专业技术人员相比，您对您的收入是否满意					合计
	非常满意	比较满意	一般	不满意	非常不满意	
没有	2	28	124	140	62	356
	0.6	7.9	34.8	39.3	17.4	100.0
有	8	130	444	520	210	1312
	0.6	9.9	33.8	39.6	16.0	100.0
合计	10	158	568	660	272	1668
	0.6	9.5	34.1	39.6	16.3	100.0

对高校与其他行业的收入差距感到不满意的比例是非常高的，总体上，与其他行业的专业技术人员相比，对收入感到不满意者的比例达到60.2%。就有房子和没有房子者的情况来看，二者在这个问题的感觉上有很显著的差别。没有住房者感到不满意和非常不满意的比例合计是69.1%，比有房

者（57.8%）高出12.3个百分点。说明无房者中对高校收入不满意的人更多（见表10-15）。

表10-15　有无住房对不同行业收入满意度的影响

单位：人，%

是否有房	与其他行业的专业技术人员相比，您对您的收入是否满意					合计
	非常满意	比较满意	一般	不满意	非常不满意	
没有	0	17	93	142	104	356
	0.0	4.8	26.1	39.9	29.2	100.0
有	5	105	442	538	219	1309
	0.4	8.0	33.8	41.1	16.7	100.0
合计	5	122	535	680	323	1665
	0.3	7.3	32.1	40.8	19.4	100.0

对于工资收入和生活的关系，总体上看，认为工资只能维持基本生活开支或者很困难的比例达41.1%，但有房者和没房者有显著的区别，无房者这一比例达到60.5%，特别是感到日子过得非常困难的比例达到7.6%（见表10-16）。

表10-16　有无住房对工资与生活关系看法的影响

单位：人，%

是否有房	以下关于工资与生活的关系，哪个最接近您的实际情况						合计
	因为工资很高，自己的生活过得非常富裕	我的工资除维持基本生活外，有一定的节余	我不太确定二者之间有什么关系	我的工资只能维持最基本的生活开支	因为工资太低，日子过得非常困难	其他	
没有	0	100	31	189	27	10	357
	0.0	28.0	8.7	52.9	7.6	2.8	100.0
有	13	675	152	424	27	15	1306
	1.0	51.7	11.6	32.5	2.1	1.1	100.0
合计	13	775	183	613	54	25	1663
	0.8	46.6	11.0	36.9	3.2	1.5	100.0

对于现有薪酬体系的激励作用，总体上只有13.7%的人认为激励作用较大，35%的人认为薪酬的激励作用比较小或者很小。在这个问题上，有房者和无房者有显著差别，无房者认为薪酬激励作用比较小或者非常小的比

例达44.1%（见表10-17）。

从教师对现有工作的满意度看，总体上对现在的工作感到非常满意和满意的比例是33.3%，即只有1/3的人感到满意，感到不太满意或者很不满意的比例也比较低，只有16.2%、50.4%的人感觉一般。但有房者和无房者在这个问题上有显著差异。没房者感到不太满意或者很不满意的比例较高，达22.6%（见表10-18）。

表10-17 有无住房对薪酬与激励关系看法的影响

单位：人，%

是否有房	您认为您所在单位现有的薪酬体系对专业技术人员的激励作用					合计
	非常大	比较大	一般	比较小	非常小	
没有	4	28	165	83	72	352
	1.1	8.0	46.9	23.6	20.5	100.0
有	18	177	686	233	191	1305
	1.4	13.6	52.6	17.9	14.6	100.0
合计	22	205	851	316	263	1657
	1.3	12.4	51.4	19.1	15.9	100.0

表10-18 有无住房对现在工作满意程度的影响

单位：人，%

是否有房	您对现在工作的满意程度					合计
	非常满意	满意	一般	不太满意	很不满意	
没有	3	92	175	59	20	349
	0.9	26.4	50.1	16.9	5.7	100.0
有	11	447	661	152	38	1309
	0.8	34.1	50.5	11.6	2.9	100.0
合计	14	539	836	211	58	1658
	0.8	32.5	50.4	12.7	3.5	100.0

（三）有无住房对生活满意度的影响

从对生活的感受看，总体上有47%的人对目前的生活感到非常满意或比较满意，感到不太满意和很不满意的比例是26.8%。但是有房者和没房者在这个问题上有显著差异，没房者中有42%的人感到不太满意或者很不满意（见表10-19）。

表 10-19 有无住房对生活满意度的影响

单位：人,%

是否有房	总体来看，您对目前的生活满意度					合计
	非常满意	比较满意	说不清楚	不太满意	很不满意	
没有	4 1.1	102 29.1	97 27.7	113 32.3	34 9.7	350 100.0
有	24 1.8	649 49.6	338 25.8	252 19.3	46 3.5	1309 100.0
合计	28 1.7	751 45.3	435 26.2	365 22.0	80 4.8	1659 100.0

在影响自己生活满意度的各种因素中占第一位的因素，有42%的人认为收入水平是影响生活满意度的第一位的因素，其次是消费水平，两者合计约占45%，也就是有将近一半的教师认为影响自己生活满意度的第一位因素还是经济因素。在这一点上，有房者和无房者有显著差异。在无房者中，认为影响生活满意度的第一位因素是收入水平和消费水平的比例合计是56.5%（见表10-20）。

表 10-20 有无住房对影响生活满意度因素的判断的影响

单位：人,%

是否有房	影响您目前生活满意度第一位的因素							合计
	收入水平	消费水平	健康状况	人际关系	工作成就感	家庭关系	其他	
没有	193 54.5	7 2.0	53 15.0	8 2.3	63 17.8	22 6.2	8 2.3	354 100.0
有	495 38.6	35 2.7	349 27.2	31 2.4	217 16.9	121 9.4	35 2.7	1283 100.0
合计	688 42.0	42 2.6	402 24.6	39 2.4	280 17.1	143 8.7	43 2.6	1637 100.0

进一步分析，从收入水平与生活满意度的关系看，总体上有47.2%的人认为收入水平与生活满意度关系很大。有房者和无房者在这个问题上也有显著差别，59.7%的无房者认为收入水平与生活满意度的关系很大（见表10-21）。

在消费与生活满意度关系上，只有25.7%的人认为消费与生活满意度的关系很大。有房者与无房者在这个问题上也有很显著的区别，无房者中认为消费与生活满意度的关系很大的比例要高一些，达到34.6%。

表10-21 有无住房对收入水平与生活满意度关系判断的影响

单位：人，%

是否有房	您认为收入水平与您的生活满意度有关系吗					合计
	关系很大	有些关系	不太清楚	关系不大	没有关系	
没有	212	117	11	13	2	355
	59.7	33.0	3.1	3.7	0.6	100.0
有	573	590	56	81	8	1308
	43.8	45.1	4.3	6.2	0.6	100.0
合计	785	707	67	94	10	1663
	47.2	42.5	4.0	5.7	0.6	100.0

表10-22 有无住房对消费与生活满意度关系判断的影响

单位：人，%

是否有房	您认为消费与您的生活满意度有关系吗					合计
	关系很大	有些关系	不太清楚	关系不大	没有关系	
没有	123	168	24	39	1	355
	34.6	47.3	6.8	11.0	0.3	100.0
有	304	707	95	187	14	1307
	23.3	54.1	7.3	14.3	1.1	100.0
合计	427	875	119	226	15	1662
	25.7	52.6	7.2	13.6	0.9	100.0

从幸福感看，虽然高校教师对收入消费等有诸多不满意，但是这个群体的幸福感还是比较高的，总体上有54.4%的人认为自己非常幸福或者比较幸福，只有8.3%的人认为自己不太幸福或者很不幸福。但是有房者和无房者有显著差别，无房者中感到非常幸福或者比较幸福的比例是41.2%，感到不太幸福和很不幸福的比例达16.1%，高于有房者（6.2%）约10个百分点（见表10-23）。

从工作意向看，在高校教师中，如有可能会离开现在单位的比例总体上是36.3%，但是有房者和无房者有显著差别，无房者中可能离开单位的比例是46.8%，比有房者高出13.3个百分点（见表10-24）。

表 10-23　有无住房对幸福感的影响

单位：人，%

是否有房	总体来看，您认为自己幸福吗					合计
	非常幸福	比较幸福	一般	不太幸福	很不幸福	
没有	13	133	152	46	11	355
	3.7	37.5	42.8	13.0	3.1	100.0
有	64	698	469	66	16	1313
	4.9	53.2	35.7	5.0	1.2	100.0
合计	77	831	621	112	27	1668
	4.6	49.8	37.2	6.7	1.6	100.0

表 10-24　有无住房对离职意愿的影响

单位：人，%

是否有房	如果有可能，您是否会离开现在的单位？		合计
	会	不会	
没有	156	177	333
	46.8	53.2	100.0
有	422	838	1260
	33.5	66.5	100.0
合计	578	1015	1593
	36.3	63.7	100.0

总之，高校教师作为一个高学历群体，多数人的生活需求得到了满足，但是很多人仍然有生活之忧，收入低是相当一部分教师的现状。在收入不高的情况下，住房市场化对教师的生活、工作和心态都产生了非常大的影响。过去低收入是与福利分房体制相适应的。教师住房市场化使得居住成本大幅度上升，而教师的收入却没有明显的增加，而且略低于全市平均水平。对于那些没有获得福利房的人来说，住房的压力使得他们不但对现在的收入水平不满意，也对教育工作本身不够投入，大大影响了他们的工作满意度和生活满意度。

第十一章 消费对高校教师生活满意度的影响分析

李 妙*

消费社会萌芽于19世纪末期欧洲贵族的"炫耀性消费",与此同时,消费主义观念也伴随而生,并逐步发展成为主导价值观念。在消费社会中,消费已不再是单纯的实物消费,而是迈向了符号消费,追求其背后蕴含的符号意义正成为现今人们消费的目标,最终人们再通过符号消费这一过程寻找自我、界定自我以及认同自我。[1] 与此同时,消费主义将消费作为人生的根本目的和体现自我价值的根本尺度,以追求消费更多、更新、更奇特的物质材料和自然资源来炫耀自己的身份和地位,并且持有"生存即消费""我消费故我在"的人生哲学。此时的消费不仅仅满足于人们的基本"需要"(need),而是追求无止境的"欲望"(desire)。正是由于将感官享受作为人生追求,消费主义认为消费可以给人们带来快乐,让人们更加幸福。正如弗洛姆曾提出:"幸福就是消费更新和更好的商品,如饮食、音乐、电影、娱乐、性欲、酒和香烟。"[2]

20世纪90年代起,消费主义作为一种价值观念和生活方式开始在我国传播与发展,我国也逐步进入消费社会。近年来,我国消费市场年增长率达到7.5%,是世界上增长最快的消费市场。[3] 有别于我国消费市场的快速

---

* 李妙,北京联合大学教师。
[1] Mike Savage. Calss analysis and social Transformation. Open University Press, 2000 (3): 101 – 102.
[2] 〔美〕弗洛姆:《健全的社会》,上海文艺出版社,2011,第35页。
[3] 杨魁、董雅丽:《消费文化——从现代到后现代》,中国社会科学出版社,2003,第264~265页。

发展，近年来我国国民的生活满意度连年下降。2012年4月24日，联合国首次发布《全球幸福指数报告》，对全球156个国家和地区人民的幸福程度进行了比较，丹麦成为全球最幸福国度，获得近8分（满分为10分），其他北欧国家也位于前列。中国香港排名第67位，中国内地位居第112位。①

消费是否有助于个人生活质量的提升？消费者能否通过改变消费提升个体生活满意度？这是一个现今越来越多的人都感兴趣的问题。众所周知，早在公元前6~7世纪，卢梭得出著名论断："许多有钱的人并不幸福，而许多只有中等财产的人却是幸福的。"随后亚里士多德也发表了赞同观点："幸福是只要有中等财产就可以做合乎德性的事。"而著名社会学家波德里亚也曾说过："为了消费而进行的消费并没有给人们带来满足。"他认为"人们完全为消费而消费，以为消费得越多就越幸福，俨然消费已经成了人生的最高目的。但是，事实上并没有带来同种程度上的精神富裕和满足"。有些学者认为消费与生活满意度之间毫无关系，例如，澳大利亚学者赫迪（Bruce Headey）；也有学者，如弗兰克认为二者之间为正相关；相反亦有学者认为二者之间为负相关，芝加哥大学国民意见研究中心1990年进行的调查结果显示，人均支出的增长并没有让美国人更高兴；此外，更有学者认为二者之间不是简单的线性关系，而是一种复杂的非线性关系。

本文根据北京工业大学人文学院承接北京市教委"专业技术人员的收入分配与激励机制"课题从18所高校获得的调研数据，以社会学的视角进行消费水平与生活质量二者关系的实证研究，力图探寻消费水平与生活满意度之间是否存在相关性，以及形成相关性的原因。

一　数据情况

本数据的基本情况如下：

第一，从性别上看，被调查者男女比例均衡。其中男性共823人，占总

---

① 《全球幸福指数报告》，[EB/OL]．（2012－04－06），http：//roll.sohu.com/20120406/n339851969.shtml．

比例的 49.9%；女性共 809 人，占总比例的 49.1%。

第二，从年龄上看，70% 被调查者集中在 30～50 岁。被调查者中人数最多的为 30～40 岁与 40～50 岁，且两个年龄段的人数相同，均为 606 人，占总人数的 36.8%。其次为 50～60 岁，共有 256 人，占 15.5%。再次为 20～30 岁的被调查者，共 137 人，占 8.3%。此外 60 岁以上的被调查者有 19 人，占 1.2%。被调查者的年龄构成与职业相关，高校教师稳定性较强，流动性较小，因此人员构成中以中年人为主要部分，而青年人仅占小部分。

第三，从婚姻状况看，被调查者以已婚人士居多。其中已婚人数为 1431 人，所占比例高达 86.8%，未婚者仅有 9.3%。被调查者的婚姻状况与年龄结构相关，由于被访者以中年人为主，而中年人大多已经结婚，故此次被调查者中以已婚人数居多。

第四，从学历层次看，被访者中拥有博士学历者最多。由于此次的调查对象为高校教师，由工作内容决定，高校教师一般都具有高层次学历。此次被调查者的学历情况如下：博士 44.4%，硕士 30.1%、本科 20.2%、大专及以下 4.7%。

第五，从家庭年收入看，被调查者家庭年均收入为 13.7642 万元。此次被调查者中占 60% 的家庭年收入为 6 万～16 万元，其中家庭年收入为 10 万～12 万元的占 17.4%，家庭年收入达 8 万～10 万元的占 12%，6 万～8 万、12 万～14 万元以及 14 万～16 万元的家庭均占总体的 10% 左右。此外，家庭年收入达到 15 万元以上的被访者占总体的 7%。

第六，从家庭年消费看，被调查者家庭年均消费为 10.0424 万元。此次被调查者中约有 70% 的家庭年消费处于 4 万～12 万元，其中以 10 万～12 万元所占比例最高，达到 15.9%。相较于家庭年收入情况，此次被访者中低层次消费水平（2 万～8 万元，42.9%）所占比例高于低层次收入水平（2 万～8 万元，20.9%）所占比例，而高层次消费水平（16 万元以上，3.9%）所占比例低于高层次收入水平（16 万元以上，21.4%）所占比例（见表 11-1）。

表11-1 数据基本情况

		频率（人）	百分比（%）	有效百分比（%）
性别	男	823	49.9	50.4
	女	809	49.1	49.6
	小计	1632	99.0	100.0
	缺失	16	1.0	—
总计		1648	100.0	—
年龄	20~30岁	137	8.3	8.4
	30~40岁	606	36.8	37.3
	40~50岁	606	36.8	37.3
	50~60岁	256	15.5	15.8
	60岁以上	19	1.2	1.2
	小计	1624	98.6	100.0
	缺失	24	1.4	—
总计		1648	100.0	—
婚姻状况	未婚	153	9.3	9.4
	已婚	1431	86.8	87.9
	其他	44	2.7	2.7
	小计	1628	98.8	100.0
	缺失	20	1.2	—
总计		1648	100.0	—
学历	高中以下	9	0.5	0.5
	中专	6	0.4	0.4
	大专	63	3.8	3.8
	本科	333	20.2	20.3
	硕士	496	30.1	30.3
	博士	731	44.4	44.6
	小计	1638	99.4	100.0
	缺失	10	0.6	—
总计		1648	100.0	—
家庭年收入总额	4万元以下	41	2.5	2.6
	4万~6万元	121	7.3	7.7
	6万~8万元	165	10.0	10.5

续表

		频率（人）	百分比（%）	有效百分比（%）
家庭年收入总额	8万~10万元	197	12.0	12.6
	10万~12万元	287	17.4	18.4
	12万~14万元	167	10.1	10.7
	14万~16万元	177	10.7	11.3
	16万~18万元	74	4.5	4.7
	18万~20万元	67	4.1	4.3
	20万~22万元	140	8.5	9.0
	22万~25万元	12	0.7	0.8
	25万元以上	116	7.0	7.4
	小　　计	1564	94.8	100.0
	缺　　失	84	5.2	—
总　　计		1648	100.0	—
家庭年均消费总额	2万~4万元	108	6.6	8.1
	4万~6万元	234	14.2	17.6
	6万~8万元	201	12.2	15.1
	8万~10万元	203	12.3	15.3
	10万~12万元	262	15.9	19.7
	12万~14万元	130	7.9	9.8
	14万~16万元	111	6.7	8.4
	16万~18万元	33	2.0	2.5
	18万~20万元	19	1.2	1.4
	小　　计	1301	79.0	100.0
	缺　　失	347	21.0	—
总　　计		1648	100.0	—

二　测量方法

目前，国内外学者对生活质量的概念主要存在三种不同的理解，因此对生活质量的测量和评估也存在三种不同的方法。[①] 第一种理解是把生活质

---

① 风笑天、易松国：《城市居民家庭生活质量——指标及其结构》，《社会学研究》2000年第4期。

量定义为人们"对于生活及其各个方面的评价和总结"①,即主要从主观感受方面来理解生活质量,因而研究者在研究中主要采用反映人们对生活满意程度的主观指标来测量和评估生活质量。第二种理解是把生活质量定义为"生活条件诸方面的综合反映"②,即主要从影响人们物质生活和精神生活的客观条件方面来理解生活质量。因此,研究者在测量评估时主要运用衣、食、住、行等反映人们生活条件的客观指标。第三种是将上面两种理解结合起来进行考虑,认为生活质量由反映人们生活状况的客观条件和人们对生活状况的主观感受两部分组成,或者说是指"社会提供国民生活的充分程度和国民生活需求的满足程度"③。因而,在对生活质量进行测量和评估时,应有目的地从上述两个指标体系中选取若干关键指标进行测量。

本文旨在测量消费水平与生活质量二者之间的关系,而并非测量所有因素对于生活质量的影响。本研究选取第三种测量方法,首先关于因变量——生活质量选取"生活满意度"指标来测量;对于自变量的选择划分为三类,客观指标选择:家庭年收入总额、家庭年消费水平;主观指标选择:工作满意度、健康状况;此外还加入人口统计变量:性别、出生年份、学历和婚姻状况(见表11-2)。

表11-2 用于解释生活满意度的自变量

自变量类别	自变量	变量的操作化
1. 客观因素	家庭总收入	4万元以下=1;4万~6万元=2;6万~8万元=3;8万~10万元=4;10万~12万元=5;12万~14万元=6;14万~16万元=7;16万~18万元=8;18万~20万元=9;20万~22万元=10;22万~25万元=11;25万元以上=12
	家庭消费水平	2万元以下=1;2万~4万元=2;4万~6万元=3;6万~8万元=4;8万~10万元=5;10万~12万元=6;12万~14万元=7;14万~16万元=8;16万~18万元=9;18万~20万元=10;20万元以上=11

---

① 林南、王玲、潘允康、袁国华:《生活质量的结构与指标——1985年天津千户户卷调查资料分析》,《社会学研究》1987年第6期。
② 冯立天主编《中国人口生产质量研究》,北京经济学院出版社,1992。
③ 陈义平:《关于生产质量评估的再思考》,《社会学研究》1991年第1期。

续表

自变量类别	自变量	变量的操作化
2. 主观因素	工作满意度	很不满意=1；不太满意=2；说不清楚=3；比较满意=4；非常满意=5
	健康状况	很不健康=1；不太健康=2；说不清楚=3；比较健康=4；非常健康=5
3. 人口学变量	性别	男=0；女=1
	婚姻状况	单身=0；已婚=1
	学历	高中以下=1；中专=2；大专=3；本科=4；硕士=5；博士=6
	出生年份	实际出生年份

三　实证分析

（一）建立多元回归分析

首先选取自变量性别、婚姻状况、学历、总收入、消费水平、身体状况及工作满意度因素；其次以生活满意度表示生活质量这一因变量；最后建立自变量与因变量之间的多元回归分析（见图 11-1）。

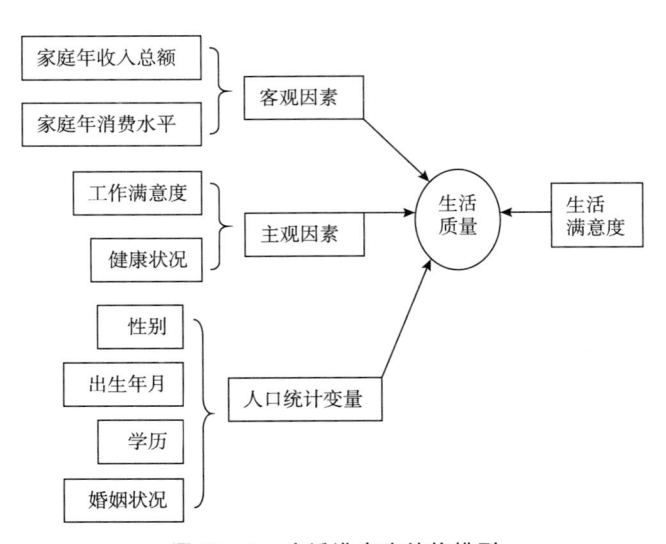

图 11-1　生活满意度结构模型

(二) 初步分析结果

对初始模型进行多元线性回归分析,该模型选择生活满意度为因变量,性别、年龄、婚姻状况、学历、工作满意度、健康状况、家庭年消费总额、家庭年收入总额为自变量,然后进行多元回归分析,结果为:该模型整体显著(Sig. = .000),现有的所有自变量对于因变量的总体解释水平 $R^2 = 0.384$,即现有自变量可解释因变量生活满意度38.4%的变化。其中年龄、工作满意度、健康状况、家庭年消费总额以及家庭年收入总额对生活满意度影响显著,而性别、学历和婚姻状况未达到显著水平(见表11-3)。

表11-3 各自变量对生活满意度的回归分析

	变量	非标准化回归系数		标准化回归系数	t	Sig.
		B	Std. Error	Beta		
1	(常数项)	.129	.238		.542	.588
	家庭年消费总额	-.049	.013	-.102	-3.793	.000
	性别	.045	.044	.024	1.033	.302
	年龄	.071	.028	.066	2.522	.012
	婚姻状况	.010	.063	.004	.163	.871
	学历	-.043	.025	-.043	-1.758	.079
	工作满意度	.539	.028	.450	19.302	.000
	健康状况	.285	.032	.208	8.858	.000
	家庭年收入总额	.088	.010	.257	9.247	.000
				$R^2 = .384$		
	F = 97.374			显著性水平 = 0.000		

(三) 筛选因素后分析结果

经过对上个模型进行多元回归分析,由于性别(Sig. = 0.295)未达到显著水平,因此被剔除。此时多元回归模型的因变量仍为生活满意度,自变量为年龄、学历、工作满意度、健康状况、家庭年消费总额、家庭年收入总额。经过多元回归分析,结果如下:该模型整体显著(Sig. = .000),

现有的所有自变量因素对于因变量的总体解释水平 $R^2 = .383$，即现有自变量可解释因变量生活满意度 38.3% 的变化。此时所有因素都对生活满意度影响显著。且在整体模型中，家庭年消费总额 Sig. = .000，t = -3.711，至此得出结果：消费总额对生活满意度有影响，但二者之间为负相关关系，关系较为微弱（见表 11-4）。

表 11-4 筛选因素后各自变量对生活满意度的回归分析

	变量	非标准化回归系数		标准化回归系数	t	Sig.
		B	Std. Error	Beta		
1	（常数项）	.242	.202		1.196	.232
	家庭年消费总额	-.047	.013	-.099	-3.711	.000
	年龄	.067	.027	.063	2.529	.012
	学历	-.047	.024	-.047	-1.958	.050
	工作满意度	.539	.028	.450	19.305	.000
	健康状况	.283	.032	.206	8.822	.000
	家庭年收入总额	.089	.009	.260	9.380	.000
				$R^2 = .383$		
	F = 129.737			显著性水平 = 0.000		

四　结论与原因分析

本研究通过对符合条件的 1648 名专业技术人员进行定量分析，运用生活满意度的多元回归因素分析，经过因素筛选，最终选择出与生活满意度最为相关的几个变量，包括婚姻状况、工作满意度、健康状况、家庭总收入和消费水平。至此，解答了本文开篇的第一个疑问"二者是否存在相关性？"得出研究结论：在控制其他相关因素的影响下，消费水平与生活满意度之间存在相关性，且为负相关。

前文已得出消费总额对个体生活满意度的影响为微弱的负相关关系，得出结果只是本研究的初步成果，仅仅陈述了现象，探索结论背后深层次的原因才为最终目的。只有明确了事物的本质原因，才能帮助人们正确看待事物。结合本文意在研究消费对生活满意度的影响，现已得出消费总额对个体生活满意度的影响为微弱的负相关关系，下文将从消费水平和消费结构的角度入手，探析造成消费总额对个人生活满意度为负相关影响的深层次原因。

（一）消费倾向较高

消费倾向越高，消费总额占收入总额比例越高，此时消费者将大部分收入都用于消费，因此储蓄率较低；消费倾向指数越低，消费总额占收入总额比例越低，消费者的消费数额降低，可留存更多收入。按照消费倾向指数大小，可将消费倾向水平划分为三个层次：第一，当消费倾向指数大于80%，即消费总额占收入总额比例超过80%，消费者80%的收入都用于消费，几乎没有剩余收入进行储蓄，此时消费者处于较高消费倾向水平。第二，当消费倾向指数处于60%~80%，即消费总额占收入总额比例处于60%~80%，消费者多半的收入用于消费，仅可留存部分收入进行储蓄，此时消费者处于一般消费倾向水平。第三，当消费倾向指数处于50%~60%，即消费总额占收入总额50%~60%，消费者一半的收入用于消费，仍可留存一半的收入进行储蓄，此时消费者处于较低消费倾向水平。

以下对本文被访者的消费倾向进行描述性统计，具体结果如表11-5所示：收集的有效数据中，约有46.0%的被访者属于较高消费倾向水平，25.9%属于一般消费倾向水平，28.1%的被访者达到了较低消费倾向水平。此外，本次被访者的平均消费倾向指数为85.87%，亦属于较高消费倾向水平。因此，从消费倾向水平划分，被访对象多属于较高消费倾向水平状态。

表 11-5 消费倾向水平情况

消费倾向水平分类	频数（人）	百分比（%）	有效百分比（%）	累计百分比（%）
较高消费倾向水平	639	38.8	46.0	46.0
一般消费倾向水平	359	21.8	25.9	71.9
较低消费倾向水平	390	23.7	28.1	100.0
小　　计	1388	84.3	100.0	—
缺　　失	260	15.7	—	—
总　　计	1648	100.0	—	—

随后使用交叉分析方法剖析不同消费倾向水平的生活满意度水平，如图 11-2 所示：消费倾向水平越高生活满意度越低，消费倾向水平越低生活满意度越高。

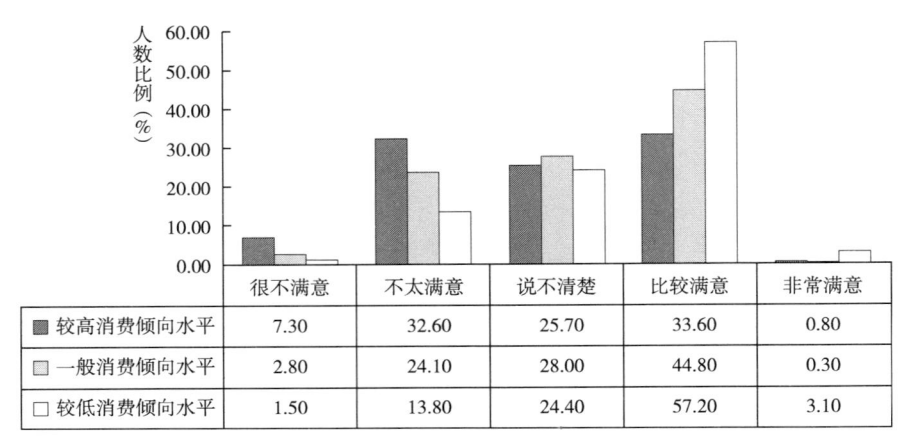

	很不满意	不太满意	说不清楚	比较满意	非常满意
■ 较高消费倾向水平	7.30	32.60	25.70	33.60	0.80
▨ 一般消费倾向水平	2.80	24.10	28.00	44.80	0.30
□ 较低消费倾向水平	1.50	13.80	24.40	57.20	3.10

图 11-2　不同消费倾向水平的生活满意度情况

至此得出消费总额与生活满意度为负相关关系原因之一：消费倾向水平与生活满意度之间存在负关系，即伴随着消费倾向水平提升，生活满意度会逐渐降低。由于本研究被访者普遍存在消费倾向水平较高的情况，因此，致使个体生活满意程度较低。

（二）消费结构不合理

进一步分析消费结构，可以看出消费倾向高且消费结构不合理是"不满意"的重要原因。根据本研究问卷调查所涉及的消费题目，以下按照国家统计局的分类方法，将被访者的消费支出分为八大类：食品、衣着、居住、家庭设备用品及服务、医疗保健、交通和通信、文化教育娱乐用品及服务、其他商品和服务。

观察表 11-7，可以看到被访者在消费支出行为上的特点：第一，被访者的恩格尔系数已达到富裕水平。按照国际惯例对恩格尔系数的划分，当恩格尔系数处于 20% 以下，消费者的生活处于极其富裕阶段。回归本文被访者，其平均恩格尔系数为 18.90%，处于极其富裕阶段。仅从恩格尔系数一项来看，被访者的生活水平属于较好的状态。然而恩格尔系数只以食品

表 11-7 消费结构

支出项目	具体支出项目	数量	均值（元/年）	支出比例（%）	平均比例（%）
食品	食品支出	1367	18793.8007	18.16	42.65
衣着	衣着支出	1362	5930.7870	5.37	
居住	还贷支出	1276	14819.5491	18.90	
	住房支出	1353	14260.6243		
家庭设备用品及服务	家电家具支出	1302	6452.6610	4.37	57.35
医疗保健	养老支出	1353	9811.8503	12.36	
交通和通信	医疗支出	1344	5010.4677		
文化教育娱乐用品及服务	汽车使用费支出	1277	8318.7055	9.51	
	电话网络支出	1374	3067.9031		
	子女教育支出	1301	16729.9043	23.69	
	继续教育支出	1295	4302.6802		
其他商品和服务	补习支出	1175	5729.9295		
	休闲旅游支出	1339	6871.0744		
	人情支出	1344	4746.7515	6.56	
	其他支出	1316	2787.0014		
总支出		1418	121377	1418	121378

消费为指标，不能全面测量消费者的消费结构，因此不能仅凭恩格尔系数良好，就武断推测被访者的消费结构良好，所以还需要对被访者的消费结构进行更全面的测量。第二，教育、居住、食品消费比例高。将消费项目由大到小排序，所占比例最高的项目为文化教育娱乐用品及服务消费（23.69%）、居住消费（18.90%）、食品消费（18.16%）、医疗保健消费（12.36%）、交通和通信消费（9.51%）、其他商品和服务消费（6.56%）、衣着消费（5.37%）、家庭设备用品及服务消费（4.37%）。分析表明，生活满意度低是因为居住、教育等支出水平过高。

五 结论及建议

本文通过研究消费对生活满意度的影响，首先探析了消费总额对满意度的影响结果，得出消费总额对于生活满意度有显著影响，但为负相关影响的结论，随后又从消费水平与消费结构两个层面分析形成这种负相关关系的原因，最终发现生活满意度高低与消费倾向有关，消费倾向过高，消费结构不合理，住房、教育等消费压力大是生活满意度不高的主要原因。

建议如下：

政府应同等重视国民生活满意度与GDP，建立具有中国特色的"国民幸福指数"。

建立"国民幸福指数"是一种注重物质文明与精神文明平衡发展的创新举措，将环境与传统文化的保护置于经济发展之上，使用"国民幸福总值"（Gross National Happiness，GNH）而并非GDP作为衡量国家发展的标准。"国民幸福总值"以追求和实现幸福为终极目标。目前全球一些国家在经历过GDP至上的发展模式之后纷纷转变经济社会发展模式，开始建立各种国民幸福指数，例如，美国的"幸福指数"、英国的"国民发展指数"、日本的"国民幸福总值"等。

改革开放以来，我国经济转型取得了令世人瞩目的成绩，然而，经济转型快速发展的同时，也产生了一些难以避免的社会问题。如果说，改革开放初期我国经济水平较低，以经济增长为纲领的发展目标是难以逾越的必然选择，时至今日，我国财富极大增长之后理应使国民生活得更加幸福和快乐。因此，当今我国应放缓对于GDP增长的追求，开始建立和关注"国民幸福指数"这一具有非常重要意义和价值的民生指标。

政府应完善社会保障体系，减轻居民的居住、教育、医疗等消费压力。高校教师属于社会夹心层，在住房保障方面也应该得到照顾。

第十二章 北京上海两地高校教师工作满意度比较分析

邱鸿博[*]

一 引言

(一) 工作满意度

工作满意度是一个组织管理学的概念,由心理学家 Hawthorne 1935 年提出并完整阐述,他认为工作满意度是指员工对工作环境的感受以及生理和心理上的满足。[①] 目前国内学者宋红英、魏文选、云鹏对教师工作满意度的测量取得较为一致的认识,他们认为教师工作满意度的研究主要围绕三方面进行:第一,认为教师工作满意度是一个单一维度,只是对工作方面和工作环境的满意度。第二,认为教师工作满意度是多因素的,它不仅包括工作,还包括个体的其他方面,如自我实现、生活满意度等。第三,认为教师工作满意度是期望与获得的差距比较的结果,这种差距不单是指收入上的,还包括福利、成就感等。本文所指的教师工作满意度综合以上三种观点,认为教师工作满意度包括薪酬满意度、工作本身满意度、生活满意度、人事激励制度满意度等四个方面。

北京和上海是我国高等教育的高地,两大城市聚集了 89 所本科院校。两大城市经济发达,高等教育水平高,教师管理等各项水平也较高。通过

---

[*] 邱鸿博,北京工业大学人文社会科学学院研究生。
[①] Hilesheim, James W., Merrill, G. Theory and Practice in the History of American Education: A Book of Reading. Washington, D. C.: University Press of American Inc., 1980, 43.

对两地进行比较，分析发达地区高校教师满意度的状况，对发达地区高校教师管理工作提供了参考，对于推进这方面的研究很有意义。

（二）数据来源和研究方法

本文的数据来源于北京工业大学人文学院人力资源研究中心承接北京市教委"专业技术人员的收入分配与人事激励制度"课题组的两组数据。一是北京数据，来自北京18所高校的随机抽样数据，① 有效问卷1697份；二是上海数据，来自1所大学随机抽取的450人的调查问卷，两地调查数据得到有效总样本数2123份。

本文综合国内学者对高校教师工作满意度的研究，构建了高校教师工作满意度的四个维度：薪酬满意度、人事激励制度满意程度、工作的满意程度、生活的满意程度。问卷中相关问题有：薪酬包括自身薪酬、比较薪酬；工作的满意程度包括工作量和工作时间；人事激励制度包括对当前绩效制度和晋升制度的满意度；生活的满意程度包括生活条件、生活烦恼。

本文使用SPSS18.0数据统计软件对样本进行分析，首先运用交叉分析对两地样本各主观满意度进行描述和比较，再分析两地工作满意度在人口学特征上的差异，最后得出几点结论和建议。

二 北京上海高校教师工作满意度基本状况

（一）总体满意度比较

在调查问卷中对总体满意度的评价问题是"总体来看，您认为自己幸福吗？"对样本数据进行进一步的描述性统计，得出"总体满意度"的交叉表。从表12-1可以看出，在"非常幸福"这一选项，上海略高于北京。但是北京高校在"比较幸福"这一选项上明显高出上海，北京为47.5%，上海为38.0%，北京高校教师认为自己比较幸福的比例明显高于上海高校教师。而在"不太幸福"这一选项上，北京比上海低了3.2%；在"很不幸

---

① 数据的具体抽样方法见总报告。

福"这一选项上,上海也略高于北京。卡方检验 p = 0.003,说明幸福感和区域在概率保证度为95%时两地具有较大的显著差异。可以看出,总体来说,北京高校教师比上海高校教师总体满意度要高,但是北京地区的极端值也较多。

表 12-1　总体来看,您认为自己幸福吗

单位:%

区　域	非常幸福	比较幸福	一般	不太幸福	很不幸福	合计
北　京	4.1	47.5	39.5	7.1	1.79	100.0
上　海	5.4	38.0	45.1	10.3	1.2	100.0
合　计	4.4	45.6	40.7	7.7	1.7	100.0

注:卡方检验 p = 0.003。

(二) 薪酬满意度比较

薪酬满意度是影响高校教师工作满意度的重要因素。马斯洛的需求层次理论认为,人最基本的需求是生理需要,满足生理需要的最基本要求是有足够的物质财富。对高校教师来说,薪酬是物质财富的主要来源。"教师对薪酬的满意程度"分析结果如表 12-2 所示。从表 12-2 中可看出,P 值 = 0.351 > 0.05,二者没有显著差异。在一致性方面,北京和上海两地高校教师对薪酬的满意度主要集中在"一般"和"不太满意"两个维度上,北京和上海教师在"不太满意"和"很不满意"的比例之和都超过50%,说明两地高校教师对薪酬的满意度偏低。在差异性方面,北京高校教师在"比较满意"维度上比上海略高出 2.7%。总之,在薪酬满意度的自我评价上,北京上海具有相当强的一致性:对当前收入状况倾向于不满意。

表 12-2　您对单位提供的薪酬(包括工资、岗位、奖金及其他收入)的满意程度

单位:%

区　域	非常满意	比较满意	一般	不太满意	很不满意	合计
北　京	0.8	11.9	36.2	30.8	20.2	100.0
上　海	0.7	9.2	40.0	32.0	18.0	100.0
合　计	0.8	11.3	37.0	31.1	19.8	100.0

薪酬满意度不仅是对当前收入的态度，也是对自我价值实现和与他人比较得出的结果。在表12-3中，两地高校教师在自我价值实现的评价上都不高，回答"不太能"和"完全不能"的比例都超过了一半，其中，回答"一般"的样本数都超过了40%。可能由于两个样本容量的不同，北京和上海没有显著差异，但是北京回答"完全不能"的比例依然多于上海2%。

表12-3 您觉得目前的工资能体现您的个人价值吗

单位：%

区域	完全能	能	一般	不太能	完全不能	合计
北京	0.6	6.5	40.2	36.1	16.6	100.0
上海	0.5	4.9	44.4	35.5	14.7	100.0
合计	0.6	6.2	41.1	36.0	16.2	100.0

根据薪酬期望差距理论，对工资的满意度和与他人相对比有很强的相关性。在和本单位其他人员相比较的情况时（见表12-4），两地的满意度都有所上升，"比较满意"和"一般"两个态度的频率百分比都超过了60%，可见两地教师对单位内部薪酬分配的满意度在中等以上水平。

表12-4 与单位内部的专业技术人员比较，您对您的收入是否满意

单位：%

区域	非常满意	比较满意	一般	不满意	非常不满意	合计
北京	0.8	13.8	49.7	28.4	7.4	100.0
上海	0.9	10.6	54.8	26.1	7.5	100.0
合计	0.8	13.1	50.8	27.9	7.4	100.0

而在和不同行业相比较时（见表12-5），两地高校教师的满意度又下降了很多。其中，北京的"不满意"和"非常不满意"两者的百分比和为57.6%，上海为53%，都超过了一半，而比较满意的百分比都低于10%，可见两地教师普遍认为教师行业收入比其他行业专业技术人员低。北京和上海在这一项目上有显著差异（p=0.016），主要在于，北京高校教师对于和其他行业收入相比较显得更不满意的百分比高于上海5%左

右，而在"比较满意"上又高于上海2.2%。在这里，北京又呈现出极端值百分比较大的情况，所以，北京高校教师内部的差距可能比上海大。

表12-5 与同行业不同单位的专业技术人员相比，您对您的收入是否满意

单位:%

区域	非常满意	比较满意	一般	不满意	非常不满意	合计
北京	0.5	9.0	32.9	40.3	17.3	100.0
上海	0.5	6.8	39.7	40.9	12.1	100.0
合计	0.5	8.5	34.3	40.4	16.3	100.0

注：卡方检验 p = 0.016

（三）工作本身的满意度

工作本身的满意程度是指对工作压力、职业兴趣和工作量等的综合态度。首先看两地对工作总体满意程度的比较（见表12-6）。通过卡方检验，二者并没有显著性差异。从表12-6数据看，北京在"不太满意"和"一般"两个选项上都低于上海。在"满意"选项上高出上海6.4%，在"很不满意"选项上高出上海1%。

表12-6 您对现在工作的满意程度

单位:%

区域	非常满意	满意	一般	不太满意	很不满意	合计
北京	1.0	30.5	51.5	13.2	3.8	100.0
上海	1.2	24.1	56.2	15.7	2.8	100.0
合计	1.1	29.2	52.4	13.7	3.6	100.0

在工作压力方面，如表12-7所示，两地的工作压力情况基本类似。"压力非常大"和"压力较大"两个选项的百分比都超过了70%，说明目前两地高校教师压力都较大。在工作负荷方面，两地具有显著差异，其中北京地区高校教师认为自己工作"超负荷"的百分比比上海高9.3%，这可能与北京地区高校教师较多，学校与学校之间竞争、教师与教师之间竞争更加激烈有关。

表 12-7 您现在的工作压力

单位:%

区域	非常大	较大	一般	较小	很小	合计
北京	25.2	52.8	20.8	1.0	0.3	100.0
上海	22.8	52.8	22.8	1.4	0.2	100.0
合计	24.7	52.8	21.2	1.1	0.3	100.0

表 12-8 您的工作负荷度情况

单位:%

区域	超负荷	满负荷	一般	较轻松	很清闲	合计
北京	22.9	53.9	22.2	1.0		100.0
上海	13.6	52.2	32.1	1.9	0.2	100.0
合计	21.0	53.5	24.2	1.2	0.0	100.0

(四) 人事激励制度满意程度比较

人事激励制度包括对教师绩效的考核机制、收入分配机制、各种奖励机会、荣誉等。研究表明,人事激励制度对提高教师工作满意度、公平感具有重要作用。对教师来说,绩效工资制度是最基本的激励制度。从表12-9可以看到,两地样本中都有37%左右的教师认为当前薪酬体系激励作用比较小和非常小,将近一半的持一般态度,只有12%左右的认为激励作用比较大,可见目前两地高校绩效工资制度对教师的激励作用有限。

表 12-9 您认为您所在单位现有的薪酬体系对专业技术人员的激励作用

单位:%

区域	非常大	比较大	一般	比较小	非常小	合计
北京	1.5	11.5	49.4	20.2	17.5	100.0
上海	1.2	12.0	49.3	22.2	15.3	100.0
合计	1.4	11.6	49.4	20.6	17.0	100.0

如表 12-10 所示,北京高校教师和上海高校教师在"单位用人更看重哪些方面"的态度上具有显著差异。北京高校教师在"与领导关系"和"人际关系能力"方面明显高于上海,这可能与北京地区事业单位的客观环境有关。上海高校教师可能更倾向于"专业技术能力"和"经济效益"这

两方面。当然，对于"与领导关系"的态度是两地区教师共同的选择，这说明行政体制依然对高校人才选拔具有重要影响。

表 12 - 10　您认为单位在用人上更看重哪些方面

单位:%

区　域	与领导的关系	人际关系能力	专业技术能力	为单位带来的经济效益	其他	合计
北　京	26.0	14.3	42.4	10.8	6.6	100.0
上　海	18.6	13.7	47.0	14.5	6.2	100.0
合　计	24.4	14.2	43.3	11.5	6.6	100.0

在个人工作能力发挥的影响因素选择上，北京和上海都普遍认为"职称"是影响个人工作能力发挥的最重要因素。所不同的是，上海高校教师比北京高校教师似乎更加强调个人因素，如学历、能力等。而北京高校教师认为"职务"更加重要。总的来说，两地高校教师都认为"职称""岗位"和"职务"等作为个人在单位内的地位是影响自身能力发挥的重要因素，这再次说明当前高校"体制固化"情况比较普遍。

表 12 - 11　您觉得影响自己工作能力发挥的最重要因素（第一位）

单位:%

区域	学历	职称	岗位	工龄	职务	能力	人际关系	其他	合计
北京	6.6	39.0	18.7	1.2	16.0	12.5	3.2	2.9	100.0
上海	10.9	35.4	15.4	0.5	12.8	19.0	3.1	2.9	100.0
合计	7.5	38.2	18.0	1.0	15.4	13.8	3.2	2.9	100.0

（五）生活满意度比较

生活是高校教师教学科研的基本保障，生活满意度越高，高校教师就越能全身心地投入教学和科研。从统计结果看（见表 12 - 12），两地高校教师对生活的满意度主要集中在"说不清楚"和"比较满意"两项上，说明两地高校教师生活满意度呈现在中间偏上水平。其中，北京地区持"不太满意"的百分比为 23.8%，高出上海 4.4%，"很不满意"百分比为 4.6%，比上海高出 1 个百分点。

表 12-12 总体来看，您对目前的生活满意度

单位：%

区域	非常满意	比较满意	说不清楚	不太满意	很不满意	合计
北京	1.6	42.8	27.2	23.8	4.6	100.0
上海	1.4	42.1	33.5	19.4	3.6	100.0
合计	1.5	42.7	28.4	22.9	4.4	100.0

具体来看，收入水平较低依然是影响两地生活满意度的最大因素，其次是住房问题和教育问题。北京和上海相比较，子女教育问题和住房问题显得尤为突出。子女教育问题可能是北京公共政策和教育资源分配问题所致，目前北京市优质教育资源太过集中，北京高校教师都希望把孩子送到较好的学校就读，但是政府在政策上并没有给予特殊照顾，由于优质教育资源的有限性，北京高校教师对子女教育问题的关注度较高。此外北京的高房价是北京高校教师的收入水平难以支撑的，对于现在没有住房的教师来说，住房是个大问题。特别是有些高校教师即使买到房也在五环之外，但是工作、孩子上学又必须到市区，这也使得很多人处于"有房不能住"反而要租房的尴尬境遇。

表 12-13 生活中的三大烦恼（第一大烦恼）

单位：%

区域	子女入托上学难	自费租房	收入太低	工作单位离家太远	看病不方便	住房条件差	身体状况不佳	夫妻不和	父母年迈多病	无人料理家务	买不起房子	其他
北京	14.3	3.9	27.3	11.2	3.0	7.3	5.1	1.2	6.2	3.3	13.5	3.7
上海	10.4	3.1	39.6	10.9	1.9	5.1	2.7	1.2	6.5	4.6	12.1	1.9
合计	13.5	3.7	29.8	11.1	2.8	6.8	4.6	1.2	6.3	3.6	13.2	3.3

三 基于人口学特征的两地满意度比较

本文抽取年龄、性别、行政级别、专业技术职称四个变量，分析两地不同群体的满意度的差别。运用五点计分法来测量不同教师群体在满意度感知上的差异。感受值的计分方法为：最积极 = 5 分，积极 = 4 分，中间 = 3

分，消极 = 2 分，最消极 = 1 分。

(一) 性别层面比较

从表 12 - 14 可以看到，在薪酬满意度上，女教师普遍低于男教师，北京的女教师比上海的女教师在薪酬上更不满。在激励制度满意度方面，两地的男教师都略高于女教师。在工作满意程度上，北京男教师的值为 3.11，上海男教师的值为 3.00，可见北京男教师对工作的满意程度高于上海。在生活满意度上，北京的男教师和女教师都略低于上海。在总体幸福感的比较上，北京男性均值为 3.33，上海男性均值为 3.28，而两地女教师均值都高于 3.4。北京上海两地教师幸福感在性别上都有显著差异，男教师的幸福感普遍低于女教师，北京的男教师的幸福感高于上海的男教师（见表 12 - 14）。

表 12 - 14　基于性别差异的薪酬满意度

性别	区域	您对单位提供的薪酬（包括工资、岗位、奖金及其他收入）的满意程度	您认为您所在单位现有的薪酬体系对专业技术人员的激励作用	您对现在工作的满意程度	总体来看，您对目前生活的满意度	总体来看，您认为自己幸福吗
男	北京	2.4964	2.6459	3.1162	3.0717	3.3385
	上海	2.4631	2.6532	3.0040	3.1463	3.2834
女	北京	2.3468	2.5408	3.1216	3.1857	3.5659
	上海	2.3750	2.5429	3.1067	3.2353	3.4633

(二) 年龄层面比较

通过均值检验，发现年龄对教师的满意度都有影响。北京上海高校教师的五个维度的满意度在同一年龄层有显著差异（p 值都小于 0.05）。根据国家统计局的人群分类方法和国际标准，将 20 ~ 40 岁的高校教师定义为青年教师，将 40 以上的高校教师定义为中老年教师。从表 12 - 15 可以看出，在五个维度，北京 20 ~ 40 岁的教师的满意度均低于上海。这说明北京青年教师的满意度低于上海。而在 41 岁以上年龄层，北京的中老年高校教师的满意度普遍高于上海中老年高校教师（见表 12 - 15）。

表 12-15　基于年龄差异的薪酬满意度

年龄层	区域	您对单位提供的薪酬（包括工资、岗位、奖金及其他收入）的满意程度	您认为您所在单位现有的薪酬体系对专业技术人员的激励作用	您对现在工作的满意程度	总体来看，您对目前生活的满意度	总体来看，您认为自己幸福吗
青年教师	北京	2.3364	2.5161	3.0575	3.0241	3.3620
	上海	2.3551	2.5280	3.0279	3.1168	3.3628
中老年教师	北京	2.5258	2.7850	3.1886	3.2536	3.5193
	上海	2.5255	2.7245	3.0960	3.2552	3.3807

（三）行政级别层面比较

行政级别是影响教师满意度的一个重要方面，通过均值检验，我们发现，教师满意度在是否有行政职务上具有显著差异（p 都接近于 0.00）。从表 12-16 可以看出，无论是北京还是上海，有行政级别的教师对五个项目的满意度高于没有行政级别的教师。北京地区有行政级别的高校教师在五个维度方面均高于上海。而分析没有行政级别的教师可以看出，北京的教师在薪酬满意度和生活满意度上低于上海，可见北京上海两地没有行政级别的教师在收入上是存在客观差异的。北京不担任行政职务的教师在激励、工作和总体幸福感上高于上海，这有可能是工作环境和工作成就感所致（见表 12-16）。

表 12-16　基于行政级别差异的薪酬满意度

行政级别	区域	您对单位提供的薪酬（包括工资、岗位、奖金及其他收入）的满意程度	您认为您所在单位现有的薪酬体系对专业技术人员的激励作用	您对现在工作的满意程度	总体来看，您对目前生活的满意度	总体来看，您认为自己幸福吗
有行政级别	北京	2.6605	2.9514	3.2597	3.2866	3.5492
	上海	2.5941	2.9208	3.2255	3.2800	3.4608
没有行政级别	北京	2.3123	2.5159	3.0516	3.0477	3.4045
	上海	2.3527	2.4845	2.9829	3.1439	3.3345

（四）专业技术职称层面比较

专业技术职称对满意度也有重要影响。同样通过均值检验发现（见表

12-17），各个满意度在专业职称上都具有显著差异，正高级和副高级职称的教师在各方面的满意度都明显高于初级和中级教师。北京的正高级职称教师的幸福感、薪酬、工作满意度和生活满意度四项选择都高于上海，在激励满意度方面略低于上海。北京的副高级职称教师在五个方面的满意度均高于上海教师。但是，北京的中级职称教师在薪酬满意度、生活满意度方面明显低于上海，在幸福感和工作满意度上高于上海。此外，北京的初级职称教师除了在幸福感上高于上海外，其余的四个方面均低于上海。北京的未定级教师在薪酬上的满意度低于上海，而在幸福感、工作、激励和生活满意度上高于上海（见表12-17）。

表12-17 基于专业技术职称差异的薪酬满意度

您现在的专业技术职称	区域	您对单位提供的薪酬（包括工资、岗位、奖金及其他收入）的满意程度	您认为您所在单位现有的薪酬体系对专业技术人员的激励作用	您对现在工作的满意程度	总体来看，您对目前生活的满意度	总体来看，您认为自己幸福吗
正高级	北京	2.7331	2.8690	3.2852	3.3333	3.5776
	上海	2.7582	2.8352	3.1630	3.3222	3.3626
副高级	北京	2.4706	2.6387	3.1132	3.1700	3.4508
	上海	2.2195	2.5520	2.9603	3.1557	3.3790
中级	北京	2.2473	2.4899	3.0433	3.0124	3.4015
	上海	2.3608	2.4812	3.0063	3.1720	3.3478
初级	北京	2.3839	2.4286	3.0965	3.0351	3.3772
	上海	2.3929	2.8214	3.2500	3.0714	3.3571
未定级	北京	2.5769	2.9583	3.3077	3.2400	3.6154
	上海	2.7273	2.6667	3.1818	3.0000	3.3636

四 结论及建议

（一）结论

通过以上分析，可以得出以下结论。

（1）两地高校教师总体满意度处于中等偏上水平，其中北京高校教师总体满意度高于上海高校教师,但是北京高校教师处于"很不满意"水平状态的高校教师百分比要高于上海。

(2) 两地高校教师对收入的满意度都比较低,相对于单位内部的收入差距,在和其他行业专业技术人员工资比较时,教师的不满意程度更高。较多数高校教师认为自己所从事的工作没有得到应该有的工资水平,可见高校教师对当前教师行业和其他行业的收入差距不满意程度比较高。北京高校教师对教师行业和其他行业收入差距的不满意程度更高。

(3) 两地高校教师对工作满意度居于中等偏上水平。但是两地高校教师的工作压力和工作负荷都非常大,其中,北京高校教师的工作负荷大于上海高校教师。两地高校教师的每周工作时间都集中在45~50小时。

(4) 在人事激励制度方面,两地高校教师对当前的绩效工资制度的作用认可程度不高,只有60%左右的高校教师认为当前绩效制度作用较大。

(5) 两地高校教师的生活满意度集中在中等偏上水平。其中,北京地区高校教师对生活不满意的程度更高。

(6) 就不同群体而言,男教师除了在幸福感上低于女教师,其他方面的满意度均高于女教师。北京的男教师对生活和激励方面的满意度比上海的男教师的满意度低。北京的女教师除了在幸福感上稍高于上海,其他各方面均低于上海女教师。年龄层面,北京的中青年教师在各方面的满意度均低于上海,但是中老年教师各方面满意度高于上海。行政级别层面,北京有行政级别的教师在各项满意度上比上海有行政级别的教师要高。而北京没有行政级别的教师在薪酬满意度和生活满意度上要低于上海,但是幸福感和工作的成就感可能要高于上海。专业技术职称层面,北京副高级以上专业技术职称的教师在各方面的满意度均高于上海,北京专业技术职称较低者在各方面满意度均低于上海。这说明在北京,行政级别和专业技术职称的影响可能要大于上海。

(二) 改善两地教师工作满意度的建议

教师工作满意度对教师行业的稳定和高校的教学科研都有重要影响。在北京、上海这两个地区高等教育发达,两个地区的教师满意度很有代表性,而且对所在地区和整个高等教育发展都有重要作用。针对两地比较所展现出来的问题,提出以下建议。

(1) 提高教师的基本工资水平。目前,区分高校教师的教学和科研绩效管理是高校教师管理的必然趋势,但是如果不能保证高校教师中低收入群体的较充裕的生活物质条件,也会造成教师行业的各种学术不端正、年轻教师不能专心教学科研的不良现象。两地高校中,年轻的、专业职称较低的、没有行政职务的高校教师对各方面的满意度均低于专业职称较高、有行政职务的高校教师。所以,应该提高教师的基本工资水平,这对那些从教不久、职称较低的教师而言非常重要。

(2) 减轻生活压力。目前,北京、上海两地房价畸高,住房改革以来,高校对青年教师一般都不进行分房,很多中青年教师在北京、上海这种高房价的城市都买不起房,租房费用占收入比重较大。目前,两地都进行了保障房建设,但是保障房离工作单位太远,这样又使得很多中青年教师生活不方便,生活压力较大,直接导致了他们对生活满意度、工作绩效和薪酬满意度的下降。解决这些问题,不能只靠薪酬水平的提高,更要靠政府在公共服务方面加大投入,建立均衡发展的公共服务体系。

(3) 改进激励制度。高校虽然已经引入了绩效管理方式,但是传统的人情关系、行政职务依然对高校人才的选拔和晋升具有重要影响。高校是人才自由发挥的天堂,应该更加注重教学和科研成果在人才选拔和晋升中的作用,教学和科研成果应该成为高校衡量人才供需的主要标准。在人才的选拔和晋升上,应该更加"唯才"而不是"唯人"或者"唯官"。

第十三章　香港公立高校教师薪酬制度与激励机制及启示

姜海珊*

近年来，香港高校吸引了大量的国际化人才，在人员薪酬制度和管理等方面进行了一些改革和探索，推动了香港高校的发展。为了进行比较研究从而对政府的收入分配改革提供研究性的建议，"专业技术人员的收入分配与激励机制研究"课题组走访了香港中文大学（Chinese University of Hong Kong）、香港大学（The University of Hong Kong）、香港城市大学（City University of Hong Kong）、香港公开大学（The Open University of Hong Kong）、香港专业教育学院（Institute of Vacation Education，IVE）摩理臣山分校五所香港高校，与院系负责人、校人事部门负责人以及主管校长进行了座谈，主要了解香港高校的薪酬架构以及这种薪酬制度在调动专业技术人员的积极性和创造性方面的作用。

通过调查，课题组成员深切感受到在市场经济体制下香港高校薪酬制度表现出民主、竞争的特征，以及在全球化的环境下面对国际间高校的竞争，香港高校的薪酬制度在不断改革，以吸引和留住更优秀的人才。在我们不断推进社会主义市场经济体制改革的过程中，香港高校的收入分配体制在一些方面可以供我们借鉴，以此来改进高校教师的收入分配制度、提高高校教师的工作积极性并增强高校的竞争力。

本报告的内容安排如下：首先介绍香港高校的薪酬制度以及高校专业技术人员的薪酬制度，然后阐述香港高校薪酬制度在激励专业技术人员方

---

* 姜海珊，北京工业大学马列学院讲师。

面的作用，最后在比较的基础上指出大陆高校薪酬制度改革中可以借鉴的方面。

一 香港高校的薪酬制度

（一）香港高等教育管理体制

高校教师薪酬制度是由教师管理体制决定的，而教师管理体制又是由一个国家或地区的高等教育体制决定的。香港的高等教育又称专上教育，举办专上教育的机构主要分为：法定大学（目前香港有9所法定大学）、法定学院（香港演艺学院和香港教育学院）、注册专上学院（明爱徐诚斌学院、珠海学院和恒生管理学院）、职业训练局院校（香港专业教育学院、香港知专设计学院和工商资讯学院）和一般院校等。

1. 香港高校的管理架构

在香港，公立高校都是根据各自的法定条例成立的，条例经立法会审议通过，总体上规定了大学的权力、责任、架构和制度。同时条例也规定了大学监督由香港特区行政长官担任，可以以大学的名义颁授学位及其他学术名衔。

校董会是大学的最高权力机构，校董会主席以及大部分成员由特区行政长官任命。校董会的主要职责有行使大学权力、贯彻大学宗旨、提名大学校长、维护大学利益以及提供大学服务等。校董会必须尽力确保以校长为首的管理层能够有效地管理大学。大学中最重要的决策都要通过校董会审定，根据需要校董会也可以把一些权力委托给校长和一些委员会执行。校董会属下设立有监督委员会、教务委员会、学院管治委员会等机构，这些委员会协助校董会在校内进行政策的制定。

校董会虽然权力很大，但是学校的日常管理和运作是以校长为核心的行政系统来实施的。校长下设立常务副校长、副校长，每一位副校长分管大学某一方面的重要行政功能，比如在香港中文大学，副校长分别负责教育、研究、学生事务及学术交流、行政等职能。

总之，香港高校在管理上享有高度的自主权，在课程与学术水准的控制、教职员与学生的遴选、研究的提出与进行以及资源的内部调配等方面，都享有相当大的自主权。香港政府并不直接干预大学的行政事务，也不直接为学校调配资源，而是通过法规、政策、拨款和监督等方式对高等教育进行调控。

2. 中间机构及其作用

政府在法律规定的范围内，通过大学教育资助委员会（简称教资会，University Grants Committee，UGC）、教育统筹局（Education and Manpower Bureau，EDB）等中间机构对受到政府资助的院校实行间接管理。这些中间机构不具备政府的决策功能，也不具备高校的教育功能，但是在香港高等教育体制中却发挥着十分重要的作用，成为政府与高校之间的桥梁。

教资会是一个非法定的咨询委员会，负责就香港各高校的发展及所需经费向特区政府提供意见，并向受资助院校分配拨款。从1995年起，教资会对其所属高校进行定期或不定期的评估，并依据评估结果向政府提出资源分配方案，政府依据这个方案向各高校拨款。根据我们的考察，香港中文大学的经费中大约66%来自政府的拨款，其他经费主要来自学费、私人捐款以及一些稳健的投资。

教育统筹局是非法定的教育发展政策咨询组织，主要任务是就香港教育整体发展战略和重大政策向政府提供意见；制定、发展和检讨由学前至高等教育程度的教育政策、计划和法例；检查教育计划使之能够有效推行。教育统筹局还负责检查有关部门提供的服务，其中包括大学教育资助委员会。

在这种"政府—中间机构—高校"的管理模式下，高校不受政府的直接控制，保证了大学的自治和学术自由；政府通过法规、拨款和监督等方式实现了对高校的宏观调控；中间机构根据高校的报告资助高校的研究和发展，对高校的发展进行调查研究并向政府提供政策意见。政府与高校的关系可以概括成：政府出资，教授治校。

我们所调查的5所香港高校都是公立院校，其中香港中文大学、香港大学和香港城市大学是获得香港大学教育资助委员会资助的法定学校；香港公开大学是由香港政府出资创立的，1993年开始自负盈亏，但是仍有一些不定期的资助以及贷款，属于"政府创办、财政独立"的院校；香港专业教育学院（Institute of Vacation Education，IVE）隶属于职业训练局，其中有80%以上的经费来自政府的资助。

（二）香港高校薪酬体系

2003年以前，教资会资助院校教职员薪酬与公务员的薪酬挂钩。为了使受资助院校能在国际上竞争，大学教育资助委员会在2002年3月发表了"香港高等教育"检讨报告书，建议"政府应尽快决定是否让大学教职员薪酬与公务员薪酬脱钩，并容许院校自定执行脱钩的时间表"[①]，提议赋予院校自由灵活地制定合适的教职员任期及聘用薪酬福利条件。2003年4月11日香港立法会财务委员会（The Finance Committee of the Legislative Council）批准解除对教资委资助院校教职员薪级表的规管，并于7月1日开始实施，解除规管后，教资委资助院校可以灵活厘定教职员薪酬及房屋福利。

解除规管后所有的高校进行了薪酬检讨，在考虑本地和国际的情况下，探讨不同的可行方案。比如2008年公开大学根据市场情况、考虑是否具有竞争性、经济效益以及与职责要求和表现挂钩等因素进行了薪酬检讨，对本校的薪酬制度进行调整。从总体上说，目前教资会资助院校教职员的薪酬体系仍然参照香港公务员的薪酬体系，但同时高校又保持一定的灵活性和弹性。

1. 文官制度

香港公务员的薪酬体系是参照英国的文官制度建立起来的。文官是从英语 Civil Servant 意译过来的，与美国的"政府雇员"（Government Employee）、法国的"公务员"（Fonctionaire）是同义词。真正现代意义的英国文官制度是从19世纪中叶开始建立的，成为当时议会制度的一个重要组成部分。文官作为一个相对独立于各个党派的职官团体，其主要职责是执行政府的政策，并不参与政党活动，因而在内阁发生经常更迭的情况下，文官制度保证了英国政策的稳定性与连续性。

针对"二战"后文官队伍中出现的人浮于事、效率低下、福利待遇畸

---

① 香港大学教育资助委员会网站，http://www.ugc.edu.hk/big5/doc/ugc/publication/report/her2010/annex - d.pdf。

高等问题，1960~1968年"富尔顿委员会"在经过大范围的调查之后，提出了旨在建立新型文官制度的改革方案，这是英国文官制度的一次最重大的改革。"富尔顿报告"对英国文官制度进行了全面的设计，确立了竞争考试、通才教育、政治中立、职务常任等原则，成为英国文官制度的主要支柱，也成为香港公务员制度的主要组成部分。在英国的文官制度中，有明确的考试制度、晋升制度、培训制度和工资制度，还规定了严格的行政道德、惩戒制度和监察制度等，都成为后来香港公务员制度的主要内容。

英国文官是终身制，一经录用，除非法定事由或辞职，可以任职终身。在工资制度方面，根据文官的职务和工作性质，将工资分为若干等级，每等级设置最高工资和最低工资，每年政府根据对文官的考核成绩来增加工资。英国文官的工资制度强调四个原则：第一是文官的工资与其他行业或私营企业职工的工资大体保持平衡。第二是文官的工资必须随着物价上涨而相应提高，以保证文官的实际收入不因物价上涨而下降。第三是做相同的工作必须给予相同的报酬，不得歧视妇女。第四是每年按照工资等级表进行提薪。除了基本工资外，政府还根据实际需要支付各种津贴，还做出了退休年金的规定。此外，英国文官还享有带薪休假，主要包括"特种假"、年假、病假和女职员的产假等。这些工资、福利和假期的规定都沿袭了香港的公务员制度。

2. 香港公务员的薪酬体系

从1979年以来，香港公务员薪酬政策的目标和基本方针都是"提供足够的薪酬去吸引、保留和激励具合适才干的人，为市民提供效率与成效兼备的高质素服务"。由于公务员的薪酬来自于市民上交的政府税收，为了使公务员和市民认为公务员薪酬公平合理，在原则上公务员薪酬水平与私营机构薪酬水平大致相当。另一方面，在公务员内部，主要通过学历基础制度，使各职系之间"具同等入职学历资格"的公务员进行比较，以确保公务员体系内部各职系之间薪酬的合理关系。

公务员是根据所属职系和职级的薪级表支取薪酬的。一般来说，公务员如果工作表现（包括品行、态度和效率）令人满意，他们会在所属职级的薪级表内每年获得一个增薪点，直至达到顶薪点为止。如果升职则按晋升后所属职级的薪级表支取薪酬。公务员薪级表可能随着薪酬调整而调整，调整可能以加薪、冻薪或者减薪的形式进行。

此外,公务员还可以享有多项福利,根据个人的职级、服务年资、聘用条款等有所不同。福利主要包括:医疗及牙科福利、教育津贴、房屋福利、假期、旅费和退休福利等。公务员、退休公务员以及符合资格的家属可以享受政府提供的医疗福利,可以免费获得政府或者医院管理局的医疗机构提供的门诊服务、药物以及预防性牙科治疗,住院则需要交纳一定的费用。教育津贴用于子女在认可的本地和海外院校接受全日制教育。在房屋福利上政府向2000年6月1日之后符合条件的新聘人员提供了非实报实销现金津贴计划和公务员公共房屋配额计划的福利。

公务员根据所属的薪级点每年享有日数不等的假期,可以在需要时享受病假、分娩假、进修假期和无薪假期,在不影响工作的情况下政府鼓励员工放假。首长级人员可以享受度假旅费津贴福利。公务员一般在60岁退休,退休后将享有退休金法例规定或者受聘条款指定的退休福利,一般是退休金计划或者强制公积金计划。

从2000年6月起香港政府实施了新的公务员入职制度,对于新入职人员先要经过较长时间的严格考察,确认合格后才按照长期聘用条例受聘。同时对公务员的薪酬制度也进行了改革,适用于新入职人员和内部转任的在职人员;推行公积金计划,替代原有的退休长俸制度。

起源于英国文官制度的香港公务员制度,尽管这些年进行了一些改革,但是总的来看,香港公务员的薪酬政策始终贯彻五个原则:一是司工同酬;二是定期提薪;三是根据物价调整;四是保持同私营机构工资的平衡;五是工资的确定和调整要征得公务员组织的同意并公开化。这五个原则体现出公务员薪酬的公开、公平和公正。

3. 高校薪酬政策

目前香港高校薪酬政策与公务员薪酬政策大致相同,教职员薪酬基本参照公务员的薪级表(参见附录1)来支取薪酬。香港高校的教职员主要分为三类,不同类别的人员的任职条件、工资和福利都有所不同。甲类主要是教学科研人员和行政人员,乙类是文书和技术员等,丙类主要是技工。我们主要对甲类的教学科研人员的收入分配以及激励机制等进行了调研。教学科研人员的职级主要由三级构成:助理教授(Assistant Professor)、副教授（Associate Professor）和教授（Professor），教师的薪酬福利体制、晋升体制和考核评价机制都是根据职级来确定的。一旦学校决定聘用，会在入职时确定所属薪级以及起薪点，之后根据工作表现增薪，直至达到所属薪级的顶薪点，如果表现突出经过评审还可以升到更高的薪级。

为了增强大学的竞争性，高校的薪酬制度有了更大的灵活性，各高校可以根据市场情况指定符合本校特点的薪酬制度。如果引进的人才非常优秀可以不必从所属薪级的第一级开始，而是可以确定更高的薪级，这主要根据人才的市场价值来确定。同一高校内部不同学系（学院）的教职员也可以实行不同的薪酬制度和薪级表，比如香港公开大学对李嘉诚专业进修学院的教职工制定了与其他院系教职员不同的薪级表。

二 香港高校专业技术人员的薪酬状况

在"政府—中间机构—高校"的高等教育管理体制下，香港高校的薪酬制度也具有自己的特点。我们分别从薪酬的构成、薪酬水平及其增长机制等方面对香港高校专业技术人员的薪酬状况进行介绍。

（一）薪酬构成

香港高校教学科研人员的薪酬主要由基本工资、约满酬金和福利（包括医疗、休假、住房、公积金、子女教育等福利）组成，根据职级的不同，工资和所享受的福利有所不同。除了工资和福利以外，一般没有奖金（bonus）。

1. 工资

目前香港高校教职工的工资基本上还是参照公务员的总薪级表，入职时根据学历、经验等确定所属的薪级及起薪点，在聘用合同中做出明确规定。此后根据工作表现，通过考核后可以"增薪"不同的点数。

以前与公务员薪酬制度挂钩时，高校教职工的工资一般是每年增薪一个点；2003年脱钩以后就更加灵活了，现在大多数高校根据工作表现来调整增薪点，如果工作表现优秀可以增加2个点或者更多，如果工作表现不佳甚至可以不增薪，但是一般不会减薪。另外，高校还可以根据香港公布的生活指数在整体上调整薪酬,例如在 2010 年 1 月香港中文大学的薪酬普遍下调了五点多个百分点。

2. 福利

高校的教职人员一般可以享受医疗福利、学术假期、住房津贴、公积金和未成年子女教育津贴等福利,但是 2003 年脱钩之后各高校可以制定自己的薪酬制度,从而各高校之间在福利待遇上大致相近但也有各自的特点。

在医疗福利上,香港中文大学有保健中心,一般的小病可以在保健中心就诊,门诊是免费的。如果需要住院治疗可以到中文大学的教学医院,也可以到香港公立医院就诊。员工有医疗保险可以用于住院治疗,每年缴费 200 港元可以保障 40 万以下的医疗费用。但是医疗福利只能由在职员工享有,退休后就不再享受这种医疗福利了。香港公开大学的医疗福利分为三类,对于教学人员来说,教授以上组别的人员享受第一类医疗福利,助理教授和副教授享受第二类医疗福利,第三类医疗福利主要是非教学类别中组别较低的人员享受(参见附录2)。不同类别的医疗福利对门诊费用、妇产科费用、中医治疗费用以及住院及手术费用等都作了非常详细的规定,第一类人员的福利额度最高,其中每年门诊最高限额分别是第二类人员和第三类人员的 1.28 倍和 1.49 倍,住院最高限额是其他两类人员的 1.41 倍和 3.17 倍。

教师一般每年都享有一定时间的带薪休假,香港中文大学规定工作 10 年以内的人员享有 22 天公假,工作 10 年以上的享有 26 天公假。此外,教研人员还有研修假和会议假,可以用于参加研讨会等,教员假期不扣公假的天数。在香港公开大学的教学类别员工,不论属于哪个组别年假都是 22 天。香港大学还有"学术假期"的规定,教研人员工作满三年以后可以申请,每年可以申请最多两个月的学术假期,学术假期主要用于学术研究,可以到国外去也可以留在香港,休假时间在 6 个月之内学校照常发工资,假期结束后休假者要提供一份报告。香港城市大学的教授每年有 46 天(不含法定休息日)的休假时间。

住房福利上有发放住房津贴以及提供宿舍等做法,但由于香港房产价格很贵,目前香港高校一般的做法是发放住房津贴让员工到市场上租房居住,同时对于津贴的使用有严格的监督,住房津贴只能用于租房而不能作其他用途,也不可以使自己"获利"。不是高校所有的员工都能获得津贴,我们的研究对象教学研究人员在香港高校属于甲类人员，在学校里一般是可以获得津贴的，但是根据所属职级的不同，可以获得的津贴额度不同，一般来说助理教授（相当于讲师）每个月1万～2万港元、教授每个月3万～4万港元。2008年香港公开大学薪酬改革后，将住房津贴和子女教育津贴合并为"综合现金津贴"，按照工资的一定比例计算，以现金的方式发放，以降低监督成本。

在退休保障方面，香港高校有约满酬金和公积金两种做法。对于两年期或者三年期合同的固定期限合同人员采用"约满酬金"，"约满酬金"约为底薪的10%～15%，完成合同后学校向其支付约满酬金。对于非固定期限合同人员就采用公积金计划，每个月按照工资的一定比例（一般是5%）进行扣除，学校再投入15%，共同投放到一个户头中进行投资经营，可以投放到高风险高回报的投资项目里面去，也可以投放到一些低风险低回报的投资项目里面去，到退休时就可以全部取出。另外，没有参加学校退休保障计划的高校教师还可以选择政府办的退休保障计划，简称"强基金"。

（二）薪酬水平及收入增长机制

2003年以前香港高校教职员的薪酬与公务员挂钩，每年也随着公务员薪酬调整而进行调整。根据香港审计署2003年发布的报告，[①] 2002～2003年度讲座教授的平均月薪为10.28万港元至12.72万港元，教授（或者高级讲师）薪金表的起薪点和顶薪点分别为72020港元和99815港元，讲师（或者助理讲师）薪金表的起薪点和顶薪点分别为33765港元至77435港元。这个薪金水平比英国、美国大学教研人员的薪金水平都要高。同一份报告指出，在按照生活费用指数进行调整之后，2002年12月香港讲座教授的薪金（除税前）比英国讲座教授高41%，香港各级教研人员的加权平均薪金（除税前）比美国公立综合大学高16%。

2003年脱钩后高校教师的薪酬由学校自主决定，有文章指出与脱钩之前相比教师的薪酬水平有所下降。[②] 通过这次调查我们得到目前香港高校教

---

① 《香港特别行政区政府政府一般收入账目》，http://www.aud.gov.hk/pdf_c/c40ch10.pdf。
② "年薪两百万的香港讲座教授"，紫荆杂志网络版，http://www.baumag.com.hk/big5/channel3/0904/0430.html。

研人员的基本工资（不包括福利），从平均水平来看助理教授大约为4万～6万港元，副教授6万～8万港元，教授8万～11万港元。但是不同类型的院校工资水平又会有所差别，比如以教学为主的香港专业教育学院的教师工资稍微低一点，香港公开大学的教师同时承担远程教育教学任务，工资水平稍微高一点。从总体上看，与世界上发达国家高校、中国大陆高校以及香港本地中小学相比，香港高校教研人员的工资水平都排在前列。

在香港，高校教师薪酬的增长仍然参照公务员的工资增长机制来执行。薪酬的增加主要是由于薪级的提高和职级的提升。薪级的提高和职级的提升都需要通过严格的考核和评审，这方面的内容在第三部分会详细介绍。一般来说，被聘用的教师都会认真完成自己的任务，通过在教学、科研和社会服务等方面的考核，从而获得工资的增长。这是工资结构内部的增长机制。另外，工资还与物价指数相联系，根据社会经济情况来调整工资，一般这是社会普遍性的调整。

（三）薪酬外收入

在香港高校教学科研人员的收入主要就是基本工资和福利，通过在校外兼职而获得收入的情况非常少，也不能从科研项目经费中获得收入。

1. 对于校外兼职的规定

香港公立高校一般是不允许教师在外兼职的，因为教师的工资是纳税人的钱，必须用于完成本职工作。在考察中我们了解到，教师在校内工资比较高，能够满足其基本生活以及住房等需要，教师一般不需要到校外去兼职。因此高校的教学科研人员到社会上兼职的很少，进行校外兼职工作和服务的一般是比较有名的教授。

校外兼职的主要类别有带酬的专业服务、不带酬的专业服务以及不带酬非专业的服务，第三类一般比较少，到公共机构里面担任一些咨询的服务，到各种委员会的服务等都是不带酬的。学校也鼓励教师做一些校外的社会服务工作，主要是带酬的专业服务，目的是产学相长、回馈社会，因此在与本职工作和学校利益没有冲突的情况下，教师可以申请校外服务。比如专业的顾问服务、带酬的公职服务、商业活动等，我们在调研中了解到香港大学医学院教授大部分都在校外兼职，这对于学校和社会来说是互利的，只要通过部门允许、不影响本职工作就可以进行。

对于校外兼职学校有比较严格的纪律规范。首先必须通过申请，如果没有通过申请而从事校外工作是违规的，要受到纪律惩处。而且，如果教师到校外服务，一般都是看作个人的行为，不代表学校，也不是作为学校的一员去做，在这方面要受到法律的规范。这与美国的院校做法是相似的，丁学良在《什么是世界一流大学？》一书中提到，在麻省理学院、斯坦福等理工科很棒的学校里，教授做出科研成果后如果加入公司进行工业投资，在时间上不能超过工作时段的 1/5，而且从事校外的工商活动和咨询业务，一定要向校方申报，如有隐瞒就是触犯校规，严重的情况下，如果侵犯了校方的知识产权，学校会提出诉讼。① 无论是美国还是香港高校，对于教师在校外收入的规范都是非常必要的，这是学校制度的一部分，对于高校的建设和发展起着积极的作用。在香港公开大学，一般是不允许教师在校外工作（outside practice）的，获得批准的最多 80 小时，如果校外收入在 10 万港元以上还要向学校交一部分收入。

2. 科研项目经费的管理

在香港有一个特别的机构就是廉政公署（Independent Commission Against Corruption，ICAC），它成立于 1974 年，是香港政府肃贪倡廉的专门机构，受行政长官直接领导。廉政公署依据《廉政公署条例》《防止贿赂条例》《选举舞弊及非法行为条例》的有关规定，打击社会各个阶层及各方面的腐败问题。根据香港特区《基本法》，廉政公署全权独立处理香港一切反贪污的工作，致力于维护香港公平正义和安定繁荣。

在香港高校必须专款专用，所有政府拨款的使用都受到廉政公署的监管。科研项目申请的经费必须全部用于科研工作，用于购买设备、聘请研究人员等，不可以转化成为个人的收入，这在香港有着非常严格的监管。如果将科研经费当成自己的工资放到自己的账户里就是"公职人员行为不当"，可以构成犯罪。此外，学校发放的房屋津贴也只能用于租房，不可以转化为个人收入。在科研经费或者房屋津贴的使用中都不能"让自己有得利"，这就是香港当局所设立的"防止利益冲突"制度。

---

① 丁学良：《什么是世界一流大学》，北京大学出版社，2004，第 29 页。

防止利益冲突制度将那些除了贪污受贿型犯罪之外的、又有可能带来公共权力与私人利益之间的冲突的行为统统纳入利益冲突的范围。而且,为了更好地处理利益冲突问题,香港制定了防止利益冲突的具体规范,主要体现在不同层次和不同领域的法律规范中,比如《防止贿赂条例》中对"利益"的有关规定(附录3)成为香港防止利益冲突制度最重要的法律基础;此外,《问责制主要官员守则》《公务员良好行为指南》等条例形成了香港公职人员防止利益冲突的制度体系;《物业服务公司职员纪律守则》《学校内部守则》《新闻从业人员专业操守守则》等条例规定了除公共部门之外的其他机构和组织的防止利益冲突制度。可见,香港廉洁社会的形成是全社会努力的结果。

廉政公署针对教育界专门编订了《学校诚信管理——教职员实务手册》,对学校管理层及教职员提供了一份实用而具参考价值的资料册,透过个案分析指出造成贪污舞弊的漏洞及制定防贪措施的基本原则,手册的主要内容包括收受利益和捐赠、利益冲突、招标与采购及账目管理。

廉政公署成立之后,非常重视反腐败宣传工作,加强社会公众的反腐败知识。在香港我们感受到市民具有很强的社会责任感与反腐意识,在高校的教师们也都非常注重自己的行为,避免产生"利益冲突"。

(四)香港高校专业技术人员薪酬特点

在香港的经济社会背景下,综观香港高校的薪酬构成和薪酬水平,香港高校专业技术人员的薪酬具有以下特点。

第一,工资水平高,教师的福利待遇比较好。香港高校教师的工资水平在全世界居于前列,而且教学科研人员可以享受房屋津贴、免费的医疗保障以及参加公积金计划,基本上没有后顾之忧。较高水平的工资和福利能够保证教学科研人员全身心地投入教学和科研工作中,薪酬水平本身就是对教师工作的一种激励。

香港高校的教研人员面向世界招聘,长期以来高校富有竞争力的薪酬吸引了国际上大量人才的流入,这些教师以其自身的学术水平和高素质从整体上提升了香港高等教育发展水平。比较高的薪酬水平也是香港高校保持教员高素质、国际竞争力的主要方式。

第二，薪酬水平与学历、工作表现挂钩。教学科研人员的薪酬水平与学历及工作表现有直接的联系，学历高工资就高；工作表现好就可以获得更多的加薪甚至升级。这种薪酬的激励作用在第三部分进行具体阐述。

第三，收入差距小。各高校之间相同级别的教授（这里是助理教授、副教授、教授的统称）、相同院系的教授之间工资水平基本属于一个薪级，不存在太大的差别。教授的工资一般是助理教授的 2.5 倍，初级助理教授一般月薪 4 万港元，最高薪级的教授月薪大约 10 万港元，差距不是很悬殊。

三 香港高校薪酬制度的激励作用

大学薪酬制度的主要作用在于吸引、保留和激励教学科研人员提供高质量的服务，因而如何激励专业技术人员就成为构建薪酬架构的重要目标。通过调查我们发现在目前香港高校的薪酬制度下，除了较高的薪酬水平和福利待遇以外，高校的聘用制度以及严格的评审制度对于激发教研人员的积极性起着非常重要的作用。

（一）高校聘用制度

香港高校教师的聘用都采用合约制，通过合同确定聘用关系，合同主要分为两种：固定年期合同和非固定年期合同。对于新到校人员一般签订固定年期合同，合同期限最短一年，最长一般为 3 年。合同到期后要进行续聘的考核，考核合格后再签订 1~3 年的合同。合同满 6 年后进行教学系、学院和大学委员会的三级评审，确定是否留任，考核合格后进行"实任"，签订非固定年期合同就等于获得了长期合约；如果考核不合格就解除聘任合同，教职员需要在一年的时间内寻找其他工作。

在固定年期合同下，教师为了能够与校方继续签订下一个聘用合同必须努力完成教学、研究以及服务等方面的工作，从而保持工作的积极性。尤其是为了能够 6 年之后的"实任"，必须在 6 年时间内毫不松懈地进行科研、参加相关领域的国内外学术会议，以获取前沿信息，不断积累科研成果。

对于固定年期合同的教师来说，如果 6 年之后，合同期满，经考核合格就可以通过"实任"签订非固定年期合同，也就是相当于长期聘用合同，可以一直聘用到退休。"实任"在香港用英语表达为 substantiation，也叫做"长聘"，这个词的含义接近于美国的 tenure（终身教授）。所以，能否顺利通过"实任"的考核，对于所有的教师来说是最大的挑战，因此"实任"也成为激励教师积极性的一项非常重要的制度。香港高校一般要求教师在国际期刊上发表论文，而要在国际上排名前列的期刊发表学术论文的周期很长，一般需要提前一年提交，经过多次审议和修改合格后才能录用。所以，年轻的讲师和助理教授必须在任职后的 5 年之内在完成教学任务的同时，在科研上花很多的时间和精力。

为了能够顺利获得"实任"，香港高校青年教师的压力是比较大的。但是同时高校也有很多机制，来帮助教师进行教学和科研的工作，从而能够在 6 年之内做出一些成果。在走访香港大学社会学系时我们了解到，学校为新到校的年轻教师创造了很多机会和空间，从而形成了社会学系的三个特点：moral incentive（道德激励），creating opportunity（创造机会）和 providing support（提供支持）。新教员的课程比较少，基本上一学期只上一门课，而且年轻教员一般不需要做杂事，主要精力就是做科研，一般的校内服务工作（包括学院、书院）是由教授来做的。在学校的层面上，有"学能提升研究中心"对教学人员进行培训，专门负责为教师提供教学方面的培训，比如规定刚毕业的博士生要到"中心"听几门课，或者与有教学经验的老师分享教学经验。另外，人事处也会补助这些新到校的教师到国外参加会议，以及通过教学人员交流计划（与国内外院校交流）来获得教学、科研方面的经验。如果目标是遥不可及的也是无法起到激励作用的，在设定目标的同时辅以一些保障机制，可以更好地激励教研人员的积极性。从这个方面来说，保障机制促进了激励机制作用的发挥，因而香港高校的做法是非常值得学习的。

对于非固定年期合同人员以及获得"长聘"的教师来说相当于与学校签订了长期的合同，如果没有什么特别的情况一般不会辞退，可以一直工作到退休。对于这些人的激励，主要是每年或者两年一次的考核，考核合格就能增加薪酬。另外，这些更高职级的人可以获得比低职级人员更好的福利，比如更长的休假时间、更多的住房津贴等。此外，基本上就靠这些人的自律了。一般来说，能够通过严格的评审获得"长聘"的，都是在相当资历的人中表现比较优异的，这些人在获得"长聘"以后还会继续努力的。但是对于学校来说，对这些人的管理有些困难，为了更好地激励员工的积极性，目前一些高校也在探索对非固定年期合同人员的激励问题。

（二）严格的评审制度

香港大学的评审和审议主要是续聘的审议、实任的审议以及延聘（到了退休年龄以后继续聘任）的审议。对于教研人员的审议和评审主要从四个方面进行：教学水平、科研成就、校内服务以及校外服务。教学水平主要从课堂讲授表现、临床指导（医科）、指导研究生、新教学方法开发等方面考察，通过学生填写问卷来对教师的教学表现进行评估；科研成就主要看是否在认可的学报或期刊发表文章、学术论文所发表期刊的排名、科研经费的数量以及是否担任编委、研究所获奖项、专利等；校内服务主要指对院系、大学以及书院的服务等，包括参与委员会事务、学生辅导以及主持通识课程等；校外服务是指对专业组织和政府的服务。

评审是通过三级委员会进行的：学系、学院和大学。在香港中文大学，学系人事委员会一般由系主任连同 1~2 位系里的资深教授组成；学院人事委员会由院长连同 3~4 位学院资深教授组成；大学人事委员会由常务副校长任主席，连同 8~9 位资深教授组成。其他大学的情况也基本类似。三级评审委员会的成员是公开的，同时遵守审议内容保密、禁止游说、避免利益冲突等原则，以保证评审的公开和公平。香港科技大学的丁学良在《什么是世界一流大学》[①] 中将香港高校的这种评审制度概括为"三级一界"，并指出"外界"和"匿名"是这个制度的核心。

对于非固定年期合同人员的续聘审议、非固定合同转为固定合同（长聘）的审议和到退休年龄后的延聘审议都需要经过严格、谨慎的评价和审核，这么做的目的是为了保持高素质的人员，从而增强高校的竞争力。在这个过程中，对于教师来讲也起到了积极的激励作用，有助于教师发挥他们的创造力和潜力。

---

① 丁学良：《什么是世界一流大学》，北京大学出版社，2004。

（三）其他激励措施

为了吸引全世界的优秀人才到香港高校工作，同时保持教学科研人员的高素质，香港各高校也在不断地探索薪酬架构，并在 1997 年前后进行了一些改革，这些做法对于留住人才或者吸引人才具有一定的激励作用。

1. 提高顶薪点的做法

在香港的薪级表中，一般某一级的顶薪点就是更高一级的入职点或者起薪点。但是顶薪点对升级的限制很大，如果一个科研人员达到了顶薪点，但是几乎不可能再升级了，这个人就有可能会离开，这对于学校来说是高科技人才的流失。因此，后来一些高校就有了这样的做法，就是把某些职级的顶薪点往上调几个点，从附录的总薪级表中我们可以看到，第 34、35、第 36 点分别对应 33A、33B、33C 点，第 45、第 46 点对应 44A、44B 点，这说明某个职级原来的顶薪点是 33 点（或者 44 点），现在调整到 36 点（或者 46 点）。如果达到 33 点（或者 44 点）之后再过一年没有升级，就可以拿 34 点（或者 45 点）的薪资并享受更高职级的福利，但是仍然停留在 33 点所在的职级，并没有升级。

在这种做法下，福利与职级相分离，对于教学科研人员来说尽管没有获得升级，但是可以享受与更高职级相对应的工资水平及福利，尤其是福利对于这些人员来说比较有吸引力，比如他可以得到更多的假期或者住房津贴，进而愿意继续留在学校里工作，这对于留住人才尤其是高级人才是一种比较有效的激励。

2. 多渠道的、充足的研究经费对科研的激励作用

香港高校的教学科研人员可以从多种渠道申请并获得研究经费来支持所从事的研究。一个主要渠道是来自香港大学教育资助委员会。教育资助委员会下设研究资助局（Research Grants Council，RGC），向获得教资会资助的院校分配拨款、为院校的学术界人士提供经费，以进行学术研究。获得教资会资助院校在研究方面的主要拨款来源是院校的经常性或整体补助金，院校也可以通过其他途径获得研究项目拨款，包括由研究资助局管理的"研究用途补助金"。而大部分"研究用途补助金"是通过学术研究项目申请"优配研究金"（General Research Fund，GRF）的途径获得的。根据教

资会的相关统计数字,2009~2010年度8所受资助院校共获得此项拨款5.176亿港元。此外,研究资助局还直接拨款给受资助院校,用于资助小规模研究项目、实地考察以及其他研究活动所需要的旅费,并为资历较浅和新聘用人员提供初期研究拨款。

除了来自教资会的科研资助以外,高校还可以从香港政府、慈善团体、私人机构以及海外机构等获得研究项目的资助。科研人员还可以从学校、院系获得研究资助,因而对于教学科研人员来讲研究环境非常好,可以获得多渠道的、充足的研究经费来从事科研项目的研究,而且每年都可以参加国际性的学术研讨会以促进研究。

对于新聘用的教学科研人员,高校都有一些措施来激励他们的教学和科研工作。在香港大学设有"种子基金"为新聘用人员提供10万~12万港元的研究资助,在到校半年以后就可以申请8万~12万港元的小型项目了。此外各高校还都鼓励教师参加研讨会、进修活动并给予假期和经费的保障。香港中文大学的教学科研人员有"教员假期",包括研修假和会议假,这个假期是在22天(或者26天)的私人假期之外的。

四 经验与借鉴

从经济发展水平来看,2010年香港和大陆的人均GDP分别为31758美元和4393美元,相差大约8倍。根据世界银行World Development Indicators & Global Development Finance数据库的统计资料,[①] 2009年香港人均国民收入(GNI per capita)31420美元,世界排名第40位;中国内地人均国民收入3650美元,属于中等低收入(Lower Middle Income)国家,在世界排名第125位。可以看出,中国内地的经济发展水平与香港还存在很大的差距。

从高等教育(或称专上教育)发展水平来看,香港比中国内地的发展更快一些。"高等教育毛入学率"是指18岁到22岁应接受高等教育的人群中实际接受了各种高等教育的人数比例,它反映了一个国家(或地区)提供高等教育机会的整体水平。从图13-1可以看出,2003~2009年香港、

---

① 世界银行网站,World dataBank, http://databank.worldbank.org/ddp/home.do。

大陆的高等教育毛入学率都在不断提高,尤其是香港的发展很快,在 2008 年达到了 50%,进入了高等教育普及化阶段。尽管中国大陆高等教育毛入学率也在逐年增加,但是在 2009 年才达到 25%,还不及香港 2003 年的水平。

2002 年中国的高等教育毛入学率达到 15%,进入大众化发展阶段,最新数据表明,2010 年中国高等教育毛入学率达到了 26.5%,《国家中长期教育改革和发展规划纲要(2010~2020 年)》中提出到 2020 年达到 40% 的发展目标,而香港在 2007 年就达到了 42%,比大陆提前了 13 年。这些数据都表明,大陆高等教育的普及程度与香港还存在很大差距,大陆的高等教育发展水平还相对落后于香港。

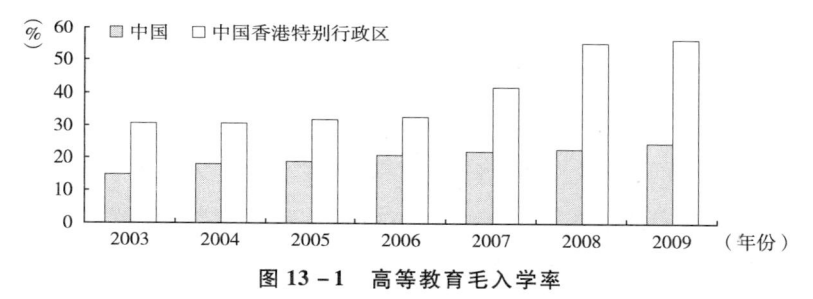

图 13-1　高等教育毛入学率

资料来源:世界银行数据库相关数据,http://data.worldbank.org/indicator/SE.TER.ENRR。

高等教育的发展离不开政府的投资,政府对高等教育的投入可以反映出一个国家(或地区)高等教育发展的竞争力和潜力。根据香港教育局的统计数字,① 2009~2010 年度,香港政府在教育方面的支出占政府总支出的 20.2%,占当地生产总值的 3.6%,财政经常开支中用于高等教育的支出占 25.7%。来自《中国科技统计年鉴 2009》的数据表明,从 1990 年到 2007 年中国大陆高等教育支出占国内生产总值的比重一直在 3% 左右(见图 13-2),国家财政支出中用于高等教育的支出比例最高不超过 16%。

在香港,高校教师收入比较稳定,与公务员及私营部门工资水平持平,而且会随着物价水平的变化进行调整。高校教师平均工资水平在全社会处于中等偏上水平,其中高层次职务人员(如副教授、教授)的工资水平处

---

① 香港教育局网站,http://www.edb.gov.hk。

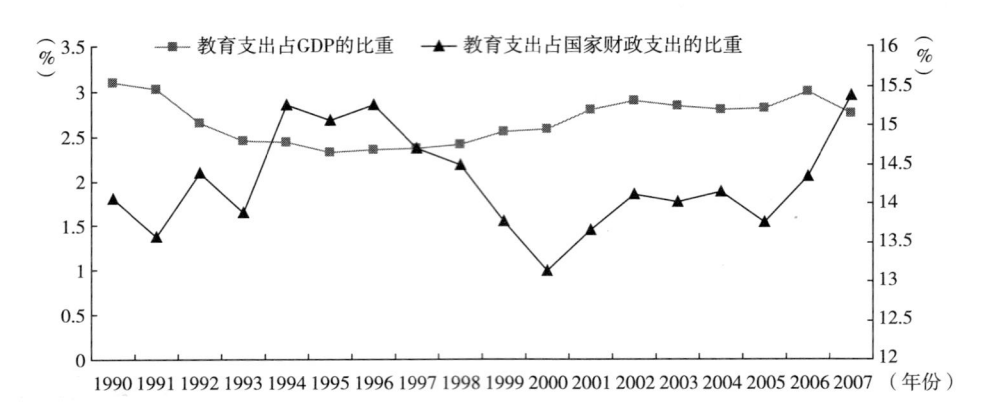

图 13 - 2　中国教育支出的占比

资料来源：《中国科技统计年鉴 2009》。

于上等水平，而且有比较好的住房、医疗等福利待遇。在中国大陆，高校教师的基本工资低于政府机关的公务员和国有大中型企业专业技术人员的工资水平。在物价不断上涨的情况下，实际可支配收入和购买力都有所下降。由于没有稳定的收入，为了应付高房价、子女教育和医疗问题，大部分教师到校外兼职来获取额外的收入，在本职的教学和科研上的投入与积极性不足。

由于香港的经济社会文化与大陆存在差别，高等教育体制也有所不同，因此我们不能完全照搬香港高校的薪酬制度，但是香港高校在薪酬制度架构方面的一些理念和方法是我们可以借鉴和学习的。

第一，根据学校自身特点进行定位，并制定相关薪酬制度。香港高校非常注重根据高校的定位来发展。2004 年 1 月，香港教育资助委员会发表了一份关于香港高等院校进行角色区分的报告书，题目是《香港高等教育：共展所长，与时俱进》，报告书指出，香港是一个很小的地方，高等教育工作绝不能重叠，要集中社会资源发展少数世界一流大学，以提高高等教育的效益。为了确保各院校更合宜地扮演各自的特定功能和角色，教资会在 2005 ~ 2008 年的拨款年度推出了一项新的拨款机制，即拨款与院校的表现和角色挂钩，被确认为未能履行其特定角色的大学将会被削减高达 10% 的经费。

在香港调查中我们也察觉到了各高校的角色定位。香港中文大学和香港大学研究能力比较强，它们定位为研究型大学；公开大学以远程教育为主；专业教育学院主要是培养应用型人才，教师的入职点只需本科学历，主要看重教师的实际工作经验。各高校根据学校特点进行定位，进而确定高校需要什么样的人才（国际化人才还是应用型人才），进而确定采用什么样的薪酬水平和薪酬结构来进行激励并留住人才。

不同的定位体现在薪酬体系上也有不同的表现。比如与一般大学相比，职业教育学院教师的工资偏低，这主要是因为入职点低（本科）、以教学为主不要求科研等特点决定的，因此不能盲目地向其他高校的工资水平看齐。而以科研为主、与国际院校竞争的大学在人才的考核中就会注重国际性的科研能力和水平，比如要求在国际性核心刊物上发表专业性的学术文章等。

在2006年上海召开的第三届中外大学校长论坛上，香港中文大学校长刘遵义也曾经说过，不同大学的发展水平和功能定位是有差异的，不能盲目地效仿别人，应该有自己的判断，有符合自己实际的发展目标定位。[①] 因此，我们觉得高校在确定薪酬制度时应该首先明确自己的定位，是研究型高校还是教学型高校，并进一步对不同的人才确定不同的定位，这样才能有效地发挥薪酬制度的激励作用。

第二，缩小高校内部收入差距。在香港不同高校之间、相同资历的教师基本上都属于同一个职级，收入差距很小，这对于稳定教师队伍起着很重要的作用。香港高校教师收入差距小的一个主要原因就在于其薪酬体系的稳定性，基本工资构成了教师收入的主要部分，校外收入和课题经费不属于收入来源。这样，只要教师做好本职工作，完成教学、科研任务就可以得到相应的薪酬，而且没有住房等后顾之忧，因此教师能够全身心地投入工作，也就体现出了薪酬的激励作用。

然而，根据最近发布的《2010年北京社会建设分析报告》，2008年北京市高校讲师的平均月收入在4000元左右，低于统计局公布的北京市城镇在岗职工月平均工资4694元。报告还进一步指出高校内部的收入差距在拉大，其中科研经费的分配方式进一步拉大了收入的差距。课题组在北京18

[①] 教育部中外大学校长论坛领导小组：《中外大学校长论坛文集》（第3辑），高等教育出版社，2006。

所高校的调查也得出了相似的结论。除了工资收入以外，课题收入和兼职收入构成了高校教师总收入的主要组成部分，而且随着职称的提高，工资外收入的差距越来越大。从表 13-1 可以看出，教授的工资收入是副教授的 1.3 倍，而课题收入和兼职收入分别是副教授的 3.8 倍和 1.8 倍；副教授的课题收入和兼职收入比讲师分别多 583 元和 987 元，差距不到一倍；初级职称教师的工资外收入就很少了。造成这种现象的一个主要原因是高校内部科研经费的分配与职称挂钩，很多资源的分配掌握在教授或者行政主管的手中，因此教授以及有行政职务的教师就会有更多的收入，从而造成了收入差距的进一步拉大。

表 13-1　2010 年北京市高校教师按职称得到的各种收入

单位：元

职　　称	工资收入	课题收入	兼职收入
教授	81997	23714	5155
副教授	63351	6168	2822
讲师	47347	5585	1835
初级职称及以下	41789	111	440

此外，即便是职称相同，不同高校、不同院系的教师的收入也存在很大差别。一般来说，创收能力强的院系收入多一些；边缘学科和基础性学科收入少一些；名望大的教师收入多一些。北京调查的数据表明，从 2010 年的年总收入（不含股票、赠与等）来看，北京高校教授收入最低的只有 49500 元，最高的 797000 元，最高的是最低的 16 倍，副教授的差距是 24 倍，讲师的差距为 26 倍；从在外兼职讲课收入来看，教授最高收入 65000 元，最低收入 500 元，相差 130 倍，讲师的收入也相差 40 倍；从承担课题收入看，讲师中收入最低的只有 200 元，最高的 55000 元，相差 275 倍。

青年经济学者聂辉华说："一种有效率的薪资制度，应该保证每一个人只要完成本职工作便可以过上体面的生活。"作为教师，本职工作就是教学、科研，如果把大量的时间和精力放在校外兼职上面，无疑会影响本职工作，导致教学与科研质量降低。因此，改革高校教师的收入分配体制，首要目标应该是增强高校教师收入的稳定性，建立类似于公务员的薪酬体系。在收入水平上，提高工资性收入，使教师把主要精力放在完成教学和科研工作上，只要完成了教学和科研工作就能维持基本的生活（包括住房、孩子上学等），而不会为了生计到处兼职。

第三，为青年教师创造更多的机会和空间。青年教师在高校里是最有活力、最具创造力的人群，但同时也是负担最重的人群，既要完成教学任务，又要面对发表学术成果、申报课题经费、职称评定等一系列有关发展的大问题，教学科研都要做而且都要做好才有机会晋升职称。除了工作上的压力以外还要面对住房、子女教育等生活上的压力。此外，在学校还要做很多杂事，比如报销、开会等都找年轻人来做，所以高校青年教师的生存发展也成为人们逐渐开始关注的问题。

对香港高校的调查发现，香港高校青年教师所得工资收入和福利基本能够保障他们的生活所需和支出，因而青年教师的精力主要就放在如何教课、如何提高自己的研究水平上。在研究方面青年教师也有比较好的环境和保障，他们大多参加了由相同学科教授带领的研究小组，共同指导学生，共同参加课题研究。学校也为青年教师提供了各种提升研究水平的机会，比如鼓励青年教师到国外参加学术会议，为其提供假期和经费资助等。

在北京高校的访谈中，一些年轻教师谈到了他们目前的困扰，主要表现在生活上买不起房，住房条件差，基本上是租房与别人合住或者住在学校窄小的筒子楼里。由于没有房子，"三十多岁了也成不了家"。为了增加收入，博士们外出讲课、参加很多课题，但是就没有时间和精力做学术研究，在最富有创造力的年龄段不得不为生活奔波，这无疑是一种人才的浪费。国家投入了大量财力和人力培养出来的人才却在生活的重压下无法体现他们的价值。

因此，在青年教师的发展上应该借鉴香港高校的一些做法。首先为他们提供物质保障，解除其后顾之忧，在提高工资水平的基础上，解决其住房、孩子上学等问题。在科研上，应该为青年教师创造一些发挥能力的机会，吸收新到校的青年教师加入科研团队，资助青年教师参加高水平学术会议（包括一些国际会议）。

附录

1. 香港公务员总薪级表

香港公务员总薪级表（只供参考用）

单位：元

薪点	2010 年 3 月 31 日	由 2010 年 4 月 1 日起
49	87735	89140
48	84690	86045
47	81750	83060
46（44B）	78885	80145
45（44A）	76155	77375
44	73500	74675
43	70940	72075
42	68015	69105
41	65210	66255
40	62510	63510
39	59930	60890
38	57280	58195
37	54765	55640
36（33C）	52295	53130
35（33B）	49975	50775
34（33A）	48700	49480
33	48400	48670
32	46230	46490
31	44155	44400
30	42175	42410
29	40290	40515
28	38470	38685
27	36740	36945
26	35095	35290

续表

薪点	2010年3月31日	由2010年4月1日起
25	33520	33710
24	32055	32235
23	30615	30785
22	29235	29400
21	27910	28065
20	26585	26735
19	25320	25460
18	24120	24255
17	22985	23115
16	21880	22005
15	20835	20950
14	19835	19945
13	18885	18990
12	17805	17905
11	16760	16855
10	15785	15875
9	14890	14975
8	13985	14065
7	13120	13195
6	12310	12380
5	11580	11645
4	10845	10910
3	10190	10250
2	9565	9620
1	8985	9040
0	8455	8505

注：（1）本表所用的"元"均指港元，约7.8港元兑1美元。
（2）本表修订时间：2010年7月5日。
资料来源：香港特别行政区公务员事务局网站

2. 香港公开大学医疗福利表（2009年7月1日起实行）

香港公开大学医疗福利表

单位：港元

福利	第一类	第二类	第三类
门诊费用［保障包括精神科诊治］			
诊症及治疗每日一次，每次限额	330	264	220
在家护理费用每日一次，每次限额	594	495	396
X光及化验诊断费用，每年限额	3300	3300	3036
专科医生费用，每年限额	7590	6831	3795
药费（诊所除外），每年限额	2500	2500	2500
上述全部费用，每人每年最高限额	24200	18920	16280
妇产科费用			
顺产最高额	17457	13966	9522
家中接生最高额	2875	2300	2300
剖腹最高额	13800	12075	10350
流产最高额	9522	6348	4761
额外福利——认可中医诊治			
认可中医诊治及相关治疗包括药物、跌打及针灸，每日一次，每次限额［每年限额为10次］	150	150	150
住院及手术费用的基本计划*			
A 房租及膳食，每日限额	1670	1018	454
A1 杂费，每日限额	4015	2343	1258
B 注册护士看护费/在家护理费，每日限额	575	345	173
C 手术费用，每症（包括手术后之护理费）			
特别手术最高限额	88550	67209	43503
大手术最高限额	44275	33605	21752
中手术最高限额	19924	15121	9788
小手术最高限额	8855	6721	4350
麻醉师费用，每症			
特别手术最高限额	22138	16803	10876
大手术最高限额	11069	8401	5438
中手术最高限额	5977	4537	2936
小手术最高限额	3099	2352	1523

续表

福利	第一类	第二类	第三类
手术室费用，每症			
特别手术最高限额	22138	16803	10876
大手术最高限额	11069	8401	5438
中手术最高限额	5977	4537	2936
小手术最高限额	3099	2352	1523
D 医生巡房费用，每日限额	1670	1018	500
E 专科医生费用，每年限额	6250	5000	2500
上述全部费用，每人每年最高限额	575000	407200	181600

注：＊附加重症住院保障：在基本计划之上提供总金额保障，每症最高赔偿额高达 300000 元港币（第一类）、100000 元港币（第二类）、32000 元港币（第三类），自付额 1000 元港币，赔偿百分比率 80%。

附加重症住院保障 =［（扣除基本住院保障之后剩余额×N）-自付额］×赔偿百分比率，其中 N = 所属的基本计划住院房租每日最高限额/实际入住之住房及膳食费用，且只适用于实际入住之住房及膳食费用＞所属的基本计划住院房租每日最高限额。

3.《防止贿赂条例》对"利益"的有关规定（第 201 章第 2 条）

"利益"（advantage）是指：

（a）任何馈赠、贷款、费用、报酬或佣金，其形式为金钱、任何有价证券或任何种类的其他财产或财产权益。

（b）任何职位、受雇工作或合约。

（c）将任何贷款、义务或其他法律责任全部或部分予以支付、免却、解除或了结。

（d）任何其他服务或优待（款待除外），包括维护使免受已招致或料将招致的惩罚或资格丧失，或维护使免遭采取纪律、民事或刑事上的行动或程序，不论该行动或程序是否已经提出。

（e）行使或不行使任何权利、权力或职责。

（f）有条件或无条件提供、承诺给予或答应给予上文（a）（b）（c）（d）及（e）段所指的任何利益，但不包括《选举（舞弊及非法行为）条例》（第 554 章）所指的选举捐赠，而该项捐赠的详情是已按照该条例的规定载于选举申报书内的（由 1991 年第 33 号第 2 条修订；由 2000 年第 10 号第 47 条修订）。

第十四章 日本高校的薪酬制度研究与启示

张 荆[*]

日本是世界物质资源匮乏的国家,知识和创造力被视为国家最大的资源,大学则被称为知识和创造力的"时代牵引车",承载着社会重托与变革方向,具有"探究真理、传授专业、奉献社会"三大使命,中央教育审议会的相关报告中反复强调"高等教育的危机就是社会的危机"[①],大学及大学教师被赋予特殊的社会地位。据 2011 年统计,日本拥有各类高校 780 所,日本大学和大学院[②]的在校生为 2893489 人,日本的成年人口中 45% 的人接受过高等教育,高于欧盟各国的平均水平 (31%)。18 岁适龄人口中入大学的比例为 47%,居世界第十二位;在校留学生 108427 人,[③] 占世界留学生总数的 3.4%,居第八位;日本大学教师及相关人员共获得诺贝尔奖 18 项,居世界第八位。[④]

国家重视高等教育是日本大学迅速发展的基石,而优秀的大学师资队伍是日本高等教育发展的基本保障,独特的薪酬制度又是留住教师安心教学、激发创造性的主要手段。为深入了解日本大学的管理体制和薪酬制度,为中国高校的改革提供"他山之石","专业技术人员收入分配与激励机制研究"课题组于 2011 年 2 月赴日本,对一桥大学、中央大学、独协大学等高校进行了实地考察,召开各类座谈会,并对大学教师进行个案访谈,2012

---

[*] 张荆,北京工业大学人文社会科学学院教授。
[①] 中央教育审议会:《我国高等教育的未来像》,http://www.mext.go.jp/b_menu/shingi/chukyo/chukyo0/toushin/05013101.htm。
[②] 日本的大学院相当于中国的研究生院。
[③] 《日本的统计 2013》,http://www.stat.go.jp/data/nihon/22.htm。
[④] 日本诺贝尔奖获奖者人数 2012 年止 18 名,http://www.nissay.co.jp/enjoy/keizai/35.html。

年8月，课题组再赴日本进行补充调研。在实证研究和文献分析的基础上，撰写此研究报告。

一　日本高校制度的主要特征

研究日本高校的薪酬制度，必须首先研究日本的高校制度，因为薪酬制度是依附于高校的基本制度的，日本根据高校的法人性质将大学分为国立、公立和私立大学三种类型。

（一）国立大学

国立大学（National University）是指由国家直接设置的大学，起始于1877年创立的"东京帝国大学"，后更名为东京大学。据2011年统计，全国共有国立大学86所，占大学总数的11%；教师62702人，占大学教师总数的35.4%；在校生623304名，占总数的21.5%，其中东京大学、京都大学、东京工业大学、一桥大学等是国立大学中最具竞争力的学校。[①]

国立大学不同于私立大学和公立大学，它一直秉承着"大学运行的国家责任"，受文部科学省大臣和"国立大学法人评价委员会"直接领导。"国立大学法人评价委员会"是由社会各界学识经验丰富、有威望的人员组成，该委员会在"大学评价·学位授予机构"对国立大学独立考察评估的基础上，给予各国立大学以经费支持和办学指导。国立大学的开设、运营、废止必须严格依照国家的意志和相关法律，大学自身没有裁量权。国立大学的教员为国家公务员，遵守国家公务员法和人事院的相关规定。国立大学师资雄厚，尽管学校数仅占全国百分之十几，但师资力量却接近40%，师生比高达1:10，体现出国立大学"小班制"教学特征，国立大学也被称为培养各界精英的大学，比如，国立一桥大学的办学理念为'培养能领导国际化的产业界人才"，将办学视角投向世界。国立大学的入学门槛较高，入学考试难度大，除设有"个别考试"外，还有难度较大的3~4门的"中心考试"。

---

① 《学校教育概况》，http://www.stat.go.jp/data/nihon/22.htm。

2004年4月之前，日本国立大学的运行经费由国家全额拨付。但20世纪80年代末期，日本的"泡沫经济"破灭，宏观经济调控失灵，企业业绩大幅下降，中央政府的税收逐年减少，使国家财政对国立大学的投入"捉襟见肘"，由此成为国立大学改革的基本动因。2000年7月由文部科学省高等教育局牵头成立了"国立大学独立行政法人化调查研究会"，开始对国立大学如何改革进行调研。2002年3月以《新国立大学法人形象》为题的最终调研报告出炉，强调国立大学改革需突破单方面提高行政效率的"行政改革"，进行全方位改革。"改革旨在提高国立大学的教育水平和科研能力，使大学运营具有灵活性，最大限度地运用法人化的长处，扩大学校的自我裁量权，提高大学教师的自主性和自律性，营造具有丰富个性化和国际竞争力，经营责任明确的新型国立大学"①。该报告掀开了日本国立大学改革的序幕。2009年12月日本内阁通过了《独立行政法人的改革》的文件，国立大学改革全面启动。

改革后的国立大学主要表现出以下变化：第一，国立大学依然区别于私立和公立大学，国家承担基本责任的方针不变，但明确了国家与大学的职责，在大学运营的入口方面，制定六年中期目标和实施计划，明确办学基本方针，在中期计划确定之前国家与大学广泛协商，进行适当调整。确定后向社会公开，成为国家与大学的契约，大学与社会的公约。在大学运营的出口方面强化六年后的业绩评价，先由"大学评价·学位授予机构"对国立大学的教育、研究业绩进行专门考察和评价，在此基础上由"国立大学法人评价委员会"结合大学经营状况进行综合评价。第二，国家根据国立大学的六年中期计划，在校学生人数等确定的"标准运营费"以及大学固有事务支出费用等确定的"特定运营费"，根据"标准运营费"和"特定运营费"计算出大学总的"运营交付金"，支付给各国立大学。校外委托研究等收入归学校和教师所有，不影响"运营交付金"的支付额度。但"国立大学法人评价委员会"对国立大学的绩效综合评价结果会直接影响"运营交付金"的增减。第三，人事管理方面，大学的领导层由原来的法人理事长与大学校长分离，转变为"一体化"，校长的自主权进一步扩大。教

---

① 《新国立大学法人形象》，http://ac-net.org/dgh/doc/tkk-report.html。

师和职员实行"非公务员化",从原来遵循《国家公务员法》转变为遵循《劳动基准法》《劳动卫生安全法》等;大学提倡在《大学职员兼业规程》的框架内兼职,取消部分教师兼职的限制,强调产学研的结合。

(二) 公立大学

公立大学(Public University)是日本地方公共团体(都道府县市区)直接设立和管理的大学,近年来,日本地方公立大学发展迅速,1988 年仅有 39 所,2011 年已发展到 95 所,增加了 2.4 倍,表现出地方办学的积极性。2011 年日本公立大学的教师总数达 12813 人,占全国大学教师总数的 7.3%;在校生 144182 名,占总数的 5%,师生比为 1∶11。大阪市立大学、北九州市立大学、兵库县立大学等都是具有千名以上学生,较具影响力的地方大学。①

公立大学的办学宗旨是为地方提供高等教育的平台,传播科学知识和地方文化。公立大学的管理方式是由地方议会讨论通过的"设立团体",经总务大臣和都道府县知事认可。由"设立团体"的负责人任命或解任公立大学的理事长和监事,理事长一般兼任校长,理事长有权任命或解任其他大学职员,每所公立大学都被要求制定中期目标和计划(3~5 年),该目标和计划需向地方议会提出并通过。公立大学的运营经费除了少量社会捐款和委托培养费外,主要来自学生的学费和地方公共团体的资金投入,而公共团体的资金投入主要取之于地方税。公立大学注重本地学生的录取和培养,设有"推荐制度",即本地高中生若希望大学毕业后留在本地区工作可享受优先被推荐的地方政策。此外,本地学生的入学金和学费要比外来学生便宜。公立大学的入学考试与国立大学一样,必须经过"中心考试"(科目在 4 门以下)和"个别考试",因学校而异每年入学考试为 2~3 次。

继国立大学法人化改革之后,"日本公立大学协会"也成立了"法人化特别专业委员会",对公立大学改革进行调研,并于 2004 年 3 月发表了《公立大学新的、理想的人事制度》的调研报告,该报告指出,"地球村"的国际化发展迫使地方公立大学必须面向世界;"泡沫经济"的崩坏,地方

---

① 《学校教育概况》,http://www.stat.go.jp/data/nihon/22.htm。

税收的减少导致地方办学资金紧张；日本长期的"少子化"倾向导致18周岁大学适龄人口逐年减少，大学生源竞争激烈，而公立大学"低学习能力、无学习热情"学生的数量在增加；教师长期雇用、安逸舒适的保障体制造成了教师职责不清，缺乏业绩评价，教师和职员的待遇差异小，教学辅助人员经验积累不足等，致使公立大学教师和职员的职欲低下，缺乏个性和创造力的人聚集，偏离常识的部分教员专横跋扈等。因此公立大学改革势在必行。

2004年，秋田国际教养大学率先实施公立大学法人化改革，2012年年底统计，已有61所公立大学实行了法人化改革，占公立大学总数的64.2%。公立大学改革的重点是制定明确的目标管理，建立合理的业绩评价体系和基于业绩表现的人事管理制度，建立弹性化的财务运营系统，以及彻底的情报公开。参照国立大学的改革措施，公立大学改革完成了从传统的非法人化向法人化转变，教员和职员不再属于地方公务员管理体系，校长和教员的任免及校长的任期充分尊重大学的意见，在教师方面明确作用和工作职责，在进一步实行"自由工作时间制"的同时，积极导入了"裁量劳动制"，使教员的工作形态更具有弹性。[①] 缓解大学对教师兼业和对兼业的限制，同时，灵活使用非常勤教师，[②] 使雇用形态多样化。

（三）私立大学

在日本，私立大学（Private University）是指由民间资本维持和经营的大学，遵循国家《学校教育法》和《私立学校法》的相关规定设立。根据2011年统计，日本共有私立大学599所，占全国高校总数的76.8%；教师101169人，占大学教师总数的57.3%；在校生2126003名，占总数的73.5%，师生比为1∶21，其中，早稻田大学、庆应大学、中央大学、上智大学等具有很强的国际影响力和竞争力。[③]

从学校和教师数量及在校生规模看，私立大学是日本大学体制的主体，占有七成以上的大学数和在校生，以及近六成的教师数。私立大学起源于

[①] 日本公立大学协会：《公立大学新的理想的人事制度》，http//hit - union. ddo. jp。
[②] 非常勤教师——根据授课需要聘任的短期任课教师。
[③] 《学校教育概况》，http：//www. stat. go. jp/data/nihon/22. htm。

教育家和政治家福泽谕吉、大隈重信、新岛襄等人创办的早稻田、庆英等著名大学，传承"文化启蒙"和"私塾精神"，管理体制为董事会制。私立大学强调办学的自治性、灵活性以及大学的经营。私立大学在入学考试方式上不同于国立和公立大学，几乎所有的私立大学都不设"中心考试"，直接进入各大学的个别考试，考试难度因专业不同而差异颇大，但总体难度低于国立大学。日本私立大学的办学经费主要来源于学生的学费、校友和企业捐款等非政府资金，资金来源的特点确保了私立大学的非营利组织的特色。但日本私立大学也接受国家比例不大的经常性补助金。近年来，特别区域结构改革，国家认可公司成立大学，即"会社大学"，这类大学资金来源更加单一，没有补助金。因私立大学的运营经费主要来源于学费，所以大学的入学金和学费普遍高于国立和公立大学（见表14-1）。其中，文科系私立大学的学费高出国立大学38.8%；理科系高出国立大学94.2%；医学系高出440.6%。

表14-1 日本国立、公立、私立大学学费一览表（2011年统计）①

单位：人民币元

	学 费	入学金	设施费	合 计
国立大学	33755	17766	0	51521
公立大学	33765	25141	0	58906
私立大学文科系	46853	15950	9988	72791
私立大学理科系	65550	16875	11933	94358
私立大学医学系	182481	64291	55743	302515

注：按1日元=0.063人民币计算所得。

在日本，私立大学、国立大学和公立大学特征较明显，调研中有被访谈教师将其概括为11条：①入学考试科目：国公立大学多于私立大学；②入学考试时间：国公立大学晚于私立大学；③入学难度：国公立大学难于私立大学；④入学金和学费：国公立大学便宜于私立大学；⑤走后门上大学：国公立大学没有，私立大学有；⑥研究经费：国公立大学多于私立

---

① 《从入学到毕业的"学费"》，http://manabi.benesse.ne.jp/parent/okane/hiyou/hiyou_02.html。

大学；⑦教授与学生数量比：国公立大学高于私立大学；⑧教师工资：国公立大学低于私立大学；⑨社会福利：国公立大学好于私立大学；⑩校舍：国公立大学陈旧，私立大学绚丽；⑪企业等社会评价：国公立大学高于私立大学。这一概括存在偏颇，比如，被称为"难关私大"的著名的早稻田大学、庆应大学等按上述概括就不够准确，但这一概括确有其形象、简洁、普遍性等特点。

日本的国立大学、公立大学和私立大学因资金来源、管理主体、生源的不同，逐渐形成了各自的制度体系、管理经营方式和办学特色，它们相互联系，又互相补充，构成了日本大学的丰富多彩。近年来，日本的国立大学和公立大学改革，似乎有向私立大学靠近的趋势，国家和地方财政拨款减少，大学原有的国家公务员或地方公务员的管理体制向非公务员管理体制转变，但国家与地方对所属大学的规制减弱，学校的自主权增大，中期规划制定和业绩绩效考察，以及"产学研"的结合为国立大学和公立大学注入了活力。

二　日本高校的薪酬制度框架、定位与结构

由于日本高校体制分为国立、公立和私立三种类型，与体制相配套的薪酬制度也大体分为三种类型，彼此在工资、补贴、奖金结构和金额多寡上存在差异，但在薪酬框架上具有一定的相似性。在与日本一桥大学校领导座谈中，岛田达之课长介绍说，在国立大学法人化改革前，因教师属于国家公务员，薪酬体系遵循《国家公务员法》和国家公务员工资相关法律规定，属教育职务工资（二）类。法人化改革后，国家给予国立大学教师工资的部分每年以1%的比例减少，但薪酬的构成结构依然沿用人事部制定的《大学职员工资规程》的基本框架；公立大学法人化改革前，教师属于地方公务员，遵循《地方公务员法》及各地区公务员工资的相关规定，据2012年统计，三成多未实施法人化改革的公立大学依然遵循原有的薪酬框架，六成多改革的公立大学缩减了地方公共团体对大学的投入，扩大公立大学的自主权和校外筹集资金的渠道，但薪酬制度的基本框架变化不大；私立大学薪酬制度与国立公立大学相比，具有较大的灵活性和自主性，学

校理事会对大学薪酬体系设计及教师薪酬的多寡具有决定权。但在对日本私立大学独协大学总务长户谷秀世先生的访谈中，他强调："私立大学的薪酬制度非常独立，没有统一的规律可循，但不少私立大学会参考国家公务员的工资标准和框架，确定本校的教师工资。当然，国家公务员的薪酬体系不是整体搬过来，而是根据各大学的办学特点、经营状况进行相应调整。"可见国家公务员的薪酬体系也是私立大学薪酬制度设立的重要参考指标，因此，不同体制大学的薪酬制度框架具有某种程度的相似性。

（一）大学薪酬制度的基本框架

考虑到三种类型大学的薪酬制度的框架的相似性，我们以一桥大学的调查数据为例进行阐述。大学的薪酬体系大体分为四个部分，即基本工资、补贴、奖金、退休特别奖金。

1. 基本工资

基本工资是指按月支付的工资，主要包括工作工资和属人工资两部分，其中工作工资的决定要素为职称、职务、贡献；属人工资要素为年龄、工龄等。基本工资是大学薪酬体系的主干，按职务级分为1~6级，即教务职员、助教或助手、讲师、副教授、教授、校级及院级行政领导。每个职务级又分为不同的"级俸"（或称"星级"），级俸标准依据年龄、工龄、贡献等要素制定，职务级越高级俸等级越少，一级级俸的金额越大。

2. 补贴

补贴不与基本工资相对应，而是与生活要件相关联，包括管理职补贴、抚养补贴、住宅补贴、地域补贴等：①管理职补贴。该补贴是由校长指定的，发给具有管理和监督职位的职员，从副校长到事务局长共15个等级，每月领取0.4万~1.4万元数额不等的管理职务补助。②家族抚养补贴。是一种增补家庭抚养的费用，以保障教师能安心工作，不为家庭琐事分心，支给对象为教师的配偶、未满22周岁的子女或孙子女、满60岁以上的父母或祖父母、未满22岁的弟妹、重度身心障碍的亲属。被抚养对象每月每人补贴400~800元。②住宅补贴。是一种根据地区差异，与住宅费用增减相伴随的补助金，目的是减轻教师居住负担，支付的基本要素为房租在750元以上者，补贴额度为690~750元。③交通补贴。大学教师利用各种交通工具上下班所发生的相关费用的补贴金，计算方法为驻地到大学的单边距离，2 公里以内不支付，2～5 公里支付 120 元左右，5～60 公里以上分为 12 个等级，260 元～1500 元不等。④地域补贴。支付给所在地区的物价和生活费特别高的教师，计算方法为（基本工资＋管理职补贴＋家族抚养补贴）×15%。此外，还有单身赴任补贴、结婚补贴、亲属死亡补贴、孩子上学补贴等。大学教师的职业特点被称为"裁量劳动"，或者被称为"弹性工作制"，因此，没有超时、休日、加班和深夜等补贴。

3. 奖金

日本大学奖金的发放不像工资和补贴具有法定义务，但是，各校的奖金已成为一种习惯或传统。日本大学的奖金的发放日为每年的 6 月初和 12 月初，一桥大学 6 月奖金支给额度是该月工资的 125%，12 月奖金支给额度是该月工资的 150%，也有不少学校支付 4 个月的基本工资额度。

4. 退休特别奖金

退休特别奖金也称为"退休一时金"，是日本大学的另一种奖励制度，目的是"功劳褒奖"教师以前的辛勤工作和贡献。退休特别奖金是教师退休后一次性支付，计算方法为"退休时基本工资×工龄系数×退职原因系数"，一般为在校期间的月平均工资乘以在校年数。"退休一时金"不属于养老金，养老金是在达到法定领取养老金的年龄后，根据教师以前交纳养老保险数额按月由保险公司支付的养老生活保障金。

（二）日本大学教师薪酬在全国各行业中的基本定位

关于日本大学教师的薪酬在各行业中所处位置，据日本厚生劳动省 2006 年对全国 129 种职业的月工资、年奖金和全年总收入进行的调查显示，大学教授的年收入为 71.4 万元，居 129 种职业的第二位，仅次于飞行员。大学副教授的年收入为 55.6 万元，居第四位；大学讲师年收入为 46.2 万元，居第八位（见表 14－2）。此次调查对象未包括"国家公务员"和"地方公务员"，但根据 2007 年的相关统计分析，地方公务员（一般行政职）年收入为 44.1 万元，处于该统计表的第十位（房地产鉴定师）和第十一位（兽医）之间；国家公务员（一般行政职）为 40.32 万元，处于第十一位（兽医）和第十二位（客机乘务员）之间，大大低于大学教师。

表 14-2 日本职业别的收入统计表（2006 年）①

单位：人民币元

顺序	职务	月工资	年奖金	年总收入
1	飞行员	59819	98318	816146
2	大学教授	41945	210540	713880
3	医师	52586	62717	693749
4	副教授	33541	153512	556004
5	会计师、税理事	35582	88307	515291
6	记者	32363	125780	514136
7	律师	33642	82921	486625
8	大学讲师	29257	110987	462071
9	高中教员	27733	123045	455841
10	房地产鉴定师	26876	128596	451108
11	兽医	27959	77692	413200
12	客机乘务员	28356	56889	397161
13	发电变电工	25723	84464	393140
14	列车长	23146	103093	380845
15	自然科学研究者	24463	87073	380628

注：（1）月工资收入包括月工资和各种补贴。
（2）按 1 日元 = 0.063 人民币计算所得；年总收入 =（月工资×12）+ 年奖金。

大学的薪酬制度是大学管理体系的基础制度，是教师体面生活、抚养家庭的基本保障，也是让教师安心教学与科研、发挥创造力的重要激励机制。日本大学教授、副教授、讲师的年收入定位处于全国 129 种职业的前 2 位、4 位、8 位，反映了日本大学教师地位高，是大学被称为"知识和创造力的时代牵引车"的国家理念的具体体现。

（三）不同类型大学教师薪酬的差异

1. 月工资收入比较

以日本大学教授的月工资收入为例分析大学教师薪酬差异，从表 14-3 可以看出，国立大学之间同一职级、同一级俸教师的月收入差异较小。国

---

① 职种别年收入排序飞行员第一位，http://www.zubari-tingin.com/column/0017.html。

立一桥大学和国立京都大学教授月收入比较，同一级俸的月工资收入差异仅在 69~88 元，差异幅度为 0.3%。私立大学的薪酬统计自成体系，未遵循教授的级俸统计，而是按年龄划分。以 45 岁和 60 岁中央大学教授的月收入与明治大学教授比较，月工资收入差异为 1115 元和 859 元，差异幅度为 2.1%~2.9%，高于国立大学之间的月工资差异。

私立大学与国立大学教授月工资比较，以私立中央大学和国立一桥大学最低和最高工资为例分析，私立大学高出国立大学月工资 5746~10962 元，即 18.3%~24.1%，两种不同体制大学的月工资收入差距较大。另外，国立大学教师的退休年龄为 63 岁，教授最高工资可拿到 35000 元左右。私立大学教师的退休年龄不统一，除庆应大学退休年龄 64 岁，立教大学和立命馆大学为 65 岁外，一般私立大学教师的退休年龄为 70 岁，[①] 私立中央大学教授的基本工资最高拿到 63 岁，之后基本工资略微下调（-0.2%），并保持在 45297 元不再变动。

表 14-3 2010 年日本国立大学与私立大学教授月工资收入[②]

单位：人民币元

国立大学			私立大学	
教授级俸	一桥大学	京都大学	教授年龄	中央大学
1	25704	25773	34	31450
2	25862	25931	37	31569
3	26019	26088	40	34102
10	27115	27185	43	36685
20	28634	28709	46	39413
30	30158	30234	49	42531
40	31563	31645	52	43861
50	32779	32867	55	44667
60	33825	33913	58	45234
70	34430	34518	61	45392
80	34997	35085	64	45297
			70	45297

① 私立大学教务职员的退休年龄低于教师，一般为 60 岁。
② 表 14-3 为课题组调研所获数据整理而成。

2. 年总收入比较

从表14-4可以看出，国立大学之间、私立大学之间、国立大学与私立大学之间教师的年总收入（基本工资+补贴+奖金）存在一定的差异。国立大学之间的教授年总收入差距，居第一位的东京医科齿科大学，高出居第十位综合研究大学院大学8.3%；私立大学之间教授的年总收入，居第一位的早稻田大学和中央大学，与居第十位的立命馆大学相差7.3%~7.4%，国立大学之间的年总收入差距略微大于私立大学之间的年总收入。

进一步比较两种不同体制大学教授的年总收入差距，如表14-4的数据显示，居私立大学年收入最高位的早稻田大学和中央大学与居国立大学第一位的东京医科齿科大学相比，年收入高出59025~153636元；居私立大学第十位的立命馆大学的年收入高出国立综合研究院大学62108~148513元，私立大学教授的年总收入平均高出国立大学12%~13%。

表14-4 2011年日本国立大学与私立大学教授年总收入比较①

单位：人民币元

顺序	国立大学		私立大学			
	学校名	总收入	45岁教授	总收入	55岁教授	总收入
第一	东京医科齿科大学	745353	早稻田大学	804378	中央大学	898989
第二	东京大学	730422	中央大学	804119	明治大学	890255
第三	政策研究大学院大学	720153	明治大学	797109	关西学院大学	882358
第四	东京工业大学	711144	关西大学	778197	早稻田大学	880890
第五	东京海洋大学	704907	同志社大学	777156	立教大学	877393
第六	东京农工大学	692307	立教大学	776948	关西大学	874525
第七	大阪大学	690102	关西学院大学	770031	同志社大学	874436
第八	九州大学	684999	法政大学	758630	庆应大学	857012
第九	御茶水女子大学	684810	庆应大学	747694	法政大学	851473
第十	综合研究大学院大学	683802	立命馆大学	745910	立命馆大学	832315

① 表14-4根据《大学教授年收详细解说》一文的相关数据计算而成，http://heikinnen-shu.jp/komuin/kyoju.html。

总之，分析不同体制大学教授的月收入和年总收入的变化趋势，基本可以得出如下结论，国立大学同一职级和级俸教师的月收入差距较小，私立大学教师间的月收入差距较大。跨体制比较发现，私立大学教师的月收入和年总收入都高于国立大学，同等级的两校月收入差异额为 18.3% ~ 24.1%，但年总收入额的差异额显著减少至 12% ~ 13%，两种体制大学收入差异缩小的主要原因为国立大学的补贴和奖金高于私立大学。在与一桥大学、中央大学和独协大学的教师座谈中，与会者也认为，国立大学教师年总收入的差异主要取决于所在地域物价和住房价格的不同，地域补贴和住房补贴的多寡不同，国立大学教师的补贴、校有住宅等福利优于私立大学。私立大学之间教师收入的差异主要取决于招生数量、学费金额等，私立大学教师的月工资收入和年总收入普遍高于国立大学，但私立大学的教师比国立大学的教师的工作繁忙，据独协大学总务长户谷秀世先生介绍，该私立大学教师的平均授课时间为每周 5 节课，一节课为 90 分钟，大大高于国立大学教师的任课数。另外，有工会组织的私立大学教师的工资又高于无工会的私立大学，因为工会会通过每年一度的"春斗"，与董事会协商争取职工工资的增长。

（四）大学内部的职员和教师薪酬结构

如前所述，公务员薪酬体系是国立大学、公立大学和私立大学的主要参考指标，因此各种类型大学的薪酬体系存在着特殊性，但也有共性和规律性可循。以一桥大学职工和教师薪酬结构为切入点，可了解日本大学薪酬结构之一斑。

根据《国家公务员法》和国家公务员教育职务工资（二）的相关规定，一桥大学职员和教师薪酬结构被分为 5 个职务级别：①第一职级为"教务职员"，从事与大学教育、教学、科研相关的行政工作，第一职级最低级俸为 1，月基本工资为 10219 元，晋升 1 个级俸平均增加 68 元。教务职员职级进入讲师或副教授职级可能性很小，但教务职员的级俸阶梯很长，共有 157 个，安心行政工作，优秀的职员随着工作能力、年龄、工龄的增长，最高月工资可增至 20910 元，工资高出 1 级俸职员 2.05 倍，相当于"助教或助手"职级的 61 级俸、讲师职级的 20 级俸，以及副教授职级的 5 级俸。②第二职级为"助教或助手",共分为141个级俸,1级俸的月基本工资为12890元,晋升1个级俸平均增加82元,在不晋升上一个职级的情况下,若努力工作,最高级俸工资为24312元,是第二职级1级俸工资的1.9倍,相当于讲师职级的50级俸,副教授的25级俸。③第三职级为"讲师",共117个级俸,1号级俸为16720元,最高级俸为27846元,两者相差1.7倍,其中,1个级俸为96元,最高工资可达到副教授职级的62级俸,教授职级的15级俸。④第四职级为"副教授",共101个级俸,第1号级俸为19921元,最高级俸为29818元,两者相差1.5倍,1个级俸平均为99元,副教授职级的最高级俸可达到教授职级的28级俸。⑤第五职级为"教授",划分为81个级俸,第1号级俸为25704元,81级俸为35053元,两者相差1.4倍,每增加一个级俸平均增117元。

由此可见,职级越高级俸等级越少,随着职级的提升一个级俸的工资数量也随之增加,最高级俸与最低级俸的差距在缩小。"教务职员"和"助教或助手"级俸阶梯长,优秀的老职员和助手可达到"讲师"和"副教授"职级的初级工资水平,这种工资结构设计有利于维护教务职员和教学辅助人员的队伍稳定。老讲师可拿到副教授、教授的中下等级工资,老副教授可拿到教授初级工资。讲师、副教授、教授等职级之间在薪酬体系中并不存在不可逾越的鸿沟。这种薪酬结构的最大特点是给每个职级中的职工和教师以良好的薪酬提升空间和薪酬期待,缓解"死磕"职级的恶性竞争。

(五)大学行政领导与教师的薪酬差异

校长是日本大学最高行政领导,主要通过选考制产生,一般在前任校长届满前1~3个月,学校组建"校长选考会议",该会议的组成人员一般是由"有过教授经历者"、校外著名研究者(如诺贝尔奖获得者等)组成,或由大学的经营协议会和教育研究评议会各选出一定数量的人员组成"校长选考会议"。

第一阶段由会议委员每人推荐1名,并确定2人以上候选人。如有一定数量(一桥大学为10人以上,爱媛大学30人以上推荐)的教授、副教授、讲师联名推荐,也可列为候选人。第二阶段设立答辩场所,由校长选考会议委员质疑,候选人答辩。候选人履历、研究业绩及答辩结果校内公示。

第三阶段为具有投票资格的教授、副教授、讲师、助教、课长以上行政职务人员投票，过半数者当选。在未过半数的情况下，对票数最多的前两名候选人再次投票决定。国立大学需将校长考选结果上报文部科学省，公立和私立大学需上报理事会，并在校内公布。校长一般任期为4年，可连任2届，校长任命副校长，副校长任期2年，可连任2届。各学院院长也是选考产生，候选人的基本资格为任教授5年以上者，选考过程与校长选考相同，院长选考会议推荐，或10名以上教师推荐，最终由全院教师投票选出，学院院长的任期为2年，不得连任，副院长由院长任命，任命资格为教授以上职称。

校长和副校长履职后，一般不再承担各类研究课题，不再作研究室或实验室负责人，以便其专心大学的经营管理。私立大学的校长、副校长、院长等任职后，原薪酬结构不变，增加"管理职补贴"，以私立大学——中央大学为例，校长任职后每月增加1.26万元的"管理职补贴"；院长增7560元；副校长增3339元。

与私立大学不同，国立大学的校长、副校长、理事、监事任职后，便进入第六职级"学校管理职级"，按该职级的级俸领取相应的薪酬，根据文部科学省2011年统计，国立大学校长的平均年收入为1119888元，高出国立大学教授平均年收入的36.3%；理事为881496元，高出教授平均年收入的19%；监事为759024元，高出教授平均年收入的5.9%。[①]

（六）大学教师的兼职与校外收入

在日本，无论是国立、公立还是私立大学几乎都制定有《大学职员兼业规程》，对兼职进行了明确规定。在对私立独协大学调研中，负责人强调，本校除了允许兼任国家咨询委员会委员外，基本不允许兼职。而调查国立一桥大学，他们的兼职规定要比独协大学宽松得多。《国立大学法人一桥大学职员兼职规程》明确定义兼职为"不管有无报酬和勤务时间内外，职员从事本职工作以外业务统称为兼职"。同时规定：①兼职必须经过审查

---

① 文部科学省：《国立大学法人等役职员工资水准（平成23年）》，http://www.mext.go.jp/b_menu/houdou/24/09/1325334.htm。

程序。职员兼职需向学校提出申请，经学校兼职审查委员会审查通过，校长认可。②许可兼职的原则为职员与兼职单位没有特殊利害关系，兼职不会影响本职工作。具体兼职范围为技术指导、研究开发、成果应用；国际交流、与研究领域密切相关的学术研究机构、育英奖学金机构、学校（幼儿园）一般管理职务，以及教育、学术、文化、体育振兴等机构。③不许可兼职的范围。与营利企业有特殊利害关系的兼职，同时自办营利企业；会影响职务的公正性和信赖性的兼职；备战大学入学考试的预备校、私塾等机构中担任讲师；担任其他学校或幼儿园理事长等不被允许。④兼职期限。兼职期限原则上为1年，最多可延长至4年。⑤兼职减薪。除公益性极高的机构兼职外，其他兼职会适度减薪。日本高校教师的校外收入除兼职外，还有稿费、著作出版的版税费以及讲课费等。

三 日本高校体制改革及薪酬制度的借鉴与思考

日本的高等教育已有130余年历史，国立大学作为国家的"大儿子"，130余年来培养了大量社会顶尖的知识精英；公立大学是地域文化"保护神"和传播者，具有不可替代的作用；私立大学传承"私塾精神"，办学自主自治、灵活转型，善于经营大学，在日本"少子化"、经济泡沫崩坏的时代，凸显出其优势，对国立大学和公立大学的管理体制及薪酬制度提出了挑战，并使最近国立、公立大学的改革向私立大学趋同。不过对于法人化改革学界一直褒贬不一。

（一）大学法人化改革的利弊与趋利避害

国立公立大学法人化最大特点就是扩大了校长的自主权，提升了学校的自我裁量权和自身造血功能，减轻政府的财政负担。同时让教师非公务员化，强调教师的自律性，根据教师绩效适当拉开收入差距，营造具有丰富个性化和国际竞争力的新型大学。在对日本一桥大学改革"运营委员会"委员王云海教授的访谈中，他谈到了法人化改革利弊和阻力，他认为："传统的国立大学是'大平均主义'，确定工资的主要根据是学位、工作年限和职称，教学搞得好坏、研究成果多少在工资上体现不明显，一些教师一旦评上了教授便游山玩水，不再干活。一桥大学2008年的法人化改革力图改变这种状况，但法人化改革是一件非常复杂的事情，科研和教学成果不可能光靠设立竞争机制而获得，过度的竞争反而带来学术造假。实际上，过度平均主义和过度竞争都会打击教师积极性。面对政府要求国立大学改革，学校制定了一系列方案。但学院院长和系主任层面不积极，认为要得罪人，影响单位的和谐气氛及协作共同发展。我们只好先从校长的奖励金开始改革，拿75%平均分配，25%根据教师的教学成果（听课学生人数、学生评价、带留学生数等）、论文著作数、行政职务、社会影响力等拉开奖金等级。但是教学、科研、行政、社会影响等成果由谁来评价，如何制定评价标准，这些评价标准能够得到大多数教师认可等，一直以来困扰着我们，也是改革推进困难的原因……"

2011年一份《检验国立大学法人化》的研究报告分析了法人化改革的利弊。指出法人化改革显现出的主要优点：①国立大学与民间企业合作研究，接受委托课题、成果转让等校外资金大幅增加，适应社会需求的研究日趋活跃，学校办学经费增多。②社会贡献加大，据2010年统计，与中小企业共同研究，成果显著的前50所大学中有国立大学32所，占64%。对地域经济效益拉动明显，报告以山口大学为例，说明该校一年内在化学制品、运输、商业、食品、建筑、农林水产业等领域为地方发展创造了42亿元经济效益。③老师为学生服务的意识增强，适应学生要求，教育内容多样化且更加充实。④建立起灵活的用人制度，非常勤讲师[①]的数量和工资在增加，增添了教学活力。⑤预算的灵活执行，富余资金可灵活使用。

但法人化也带了一些明显的问题：①为了获得外部资金，易出短期成果的研究被优先考虑，科研出现"短视化"，基础研究、人文科学研究等短期需求不明显的领域其历史继承和未来发展受到影响，学者中长时间地投入基础理论的人数在减少。②地方大学和小规模大学与中心城市大规模的综合大学相比，获得外部资金的能力有限，学校间的收入差距扩大。③教学时间增加，教师数量未增加，教育质量有所下降，并且教师投入研究活动的总时间减少倾向明显。④常勤教师的收入减少，优秀的年轻博士加盟减少，

---

① 非常勤讲师：根据授课需要从外校聘任的短期任课教师。

担心后继乏人。该研究报告的结论为"继续维持原有制度之根本，进行必要的改善和充实，即强化教育研究力，强化统合力，强化财务基础"。

中国的大学改革也一直在艰难地推进，但是，我国的大学结构与日本相差甚远，日本有近80%的私立大学而我国没有，据2011年统计，全国有本科大学1145所，主体为部属大学和市属大学，民办本科院校仅有390所，占总数34.1%，而且大多数民办大学靠挂部属或市属大学管理，建校时间短，生源较差，师资力量薄弱，无法与国外著名私立大学媲美。因此，我国高校改革的主体是部属和市属大学，克服政府办学弊端，减少行政干预，扩大大学的自主权，增强大学内部的活力和创造性是这类大学改革的主要任务。20世纪90年代末期开始的大学扩招及市场化运作，暴露出来的问题与日本国立公立大学改革有许多相似之处，如基础理论研究的弱化；过度竞争带来的学术造假现象的大量出现；竞争资源的分布不均引发的学校与学校之间收入差距的扩大，以及教学质量的下降，科研时间减少等，我们应当认真研究和关注日本国立和公立大学改革的动向及纠偏措施，减轻中国大学改革的阵痛。

（二）确立薪酬中轴线规范薪酬制度

薪酬制度改革实际上是"一次分配制度"的改革，首要强调的是"合理性"，而二次分配（社会福利等）改革则强调"公平"。如何为合理？目前国企高管年薪上百万，甚至上千万元，高出职工平均工资的上百倍，甚至上千倍，如何高明的高管能为企业创造如此丰厚利润，并从中获得如此高额的薪酬，当属不合理，差别过大。改革开放以来，中国正逐渐从计划经济向市场经济转型，但是在收入分配领域，计划经济的色彩依然浓重，政策制定者与市场不对接，拍脑袋决定，领导说了算，并导致收入分配不公的现象愈演愈烈。在市场经济中，保障一次分配合理性的依据是市场，而实体经济是市场景气与不景气的"晴雨表"。在全国薪酬和高校薪酬制度改革中，我们都可以借鉴日本经验，以企业职工的平均收入为中轴线规范其他行业的收入水平。不过，中国的国有企业具有很强的垄断性，享受政府的特许经营权，企业亏损会获得财政补贴或变相补贴，高管和职员照拿高工资，与真实的市场景气指数相差甚远。相比之下，民营企业无特许、无补贴，自负盈亏更贴近市场，对市场的需求与供给、繁荣与衰败反应最直接。因此建议以成功的国有企业与典型的民营企业职工的平均收入为中轴线，根据各行业和各部门的工作性质的重要性、技术复杂程度、人员构成，以及人力资本的前期投入等要素，确定政府、国有企业、大学等企事业单位在中轴线上所处位置，并以此为依据确定行业和部门的平均收入分配水平及工资总量。比如，国家公务员系列高出中轴线 20%～40%，大学教师高出公务员薪酬的 20%～30%。在行业和部门内部的最高收入者不得高于单位平均收入线 2～2.5 倍，以保障薪酬制度的竞争与公平的平衡。

这种薪酬体制改革能使官员和民众的收入分配数量和比例与实体经济有机链接，将生产率的发展与国民收入增减相挂钩，避免脱离经济发展的滥发工资且导致通货膨胀，同时避免行业之间无依据地扩大收入差距带来的社会不公感，同时中小型企业职工的平均收入随经济景气和不景气上下浮动，又成为政府、国有企业、大学等部门涨薪和降薪的主要依据，避免行政指令导致收入分配脱离市场、工资只能涨不能降的制度性尴尬。

（三）提高大学教师的薪酬定位

确定了薪酬的中轴线，大学教师的薪酬应如何定位？在日本，大学教师的薪酬定位是非常高的，教授的年总收入排在全国 129 种职业中的第 2 位，仅次于飞行员，副教授和讲师位居第 4 位和第 8 位。日本是一个物质资源匮乏的国家，知识和创造力被视为国家最大的资源，而大学则是"知识和创造力的时代牵引车"，这一国家理念使日本在知识经济到来之时引领了世界之先。中国一直被称为"地大物博，人口众多"，改革开放以来，房地产和廉价劳动力成为拉动中国经济的两驾马车，尽管中央文件中不断强调"知识和创造力"时代价值，但在实际工作中由于其见效慢而被忽视。反映到知识和创造力的产出高地——大学，便是教师的薪酬定位太低。根据北京市统计局的相关统计，2009 年北京市在岗职工的平均工资是 58140 元，而本课题组对 11 所市属高校的问卷调查显示，2010 年教师的平均工资卡内收入为 55308.4 元，低于 2009 年北京市在岗职工的平均工资。

大学教师的薪酬定位太低使社会对人才的投入产出不符且差距过大，大学教师是所有职业中学历最高的群体，从小学到博士，前期的教育投入巨大，工资收入代表"产出"，合理的薪酬制度应当是投入和产出成正比。另外，低薪酬会使高学历的高校教师滋生较强的不公平感，挫伤他们的工作积极性和创造力，此次调查也表明，仅有11.7%的教授和7.5%的副教授认为"目前工资能体现个人价值"，满意度极低。因此，为国家未来创造力的提升和知识产业的发展，提高大学教师在各行业中的薪酬定位势在必行。

（四）科学把握竞争与公平之度，保护教师的工作积极性

中国大学教育的市场化正逐渐拉大教师之间的收入差距。此次调研显示，大学教授收入最高的10%与收入最低的10%，收入差距为5.9倍，副教授为4.5倍。部属院校和市属院校之间的收入差距明显，年收入在10万~20万元的高收入层，部属高校教师占19.6%，而市属高校仅占9.8%，二者相差近10个百分点。在日本国立大学最高级俸的教授与最低级俸的教授收入相差1.4倍，副教授相差1.5倍。前十位的私立大学和国立大学教授的年总收入额的差异额在12%~19.7%，中国不存在私立院校，同属于政府管理的大学，收入差距显而易见。不过调查也表明，中国高校教师收入差距的主要因素不是基本工资，而是绩效工资、课题费收入、讲课费和奖金等。在大学竞争日趋激烈的背景下，985大学、211大学和其他普通高校之间，在政府资助、资源占有、吸纳校外资金等方面差异巨大，以及校内管理人员、"双肩挑教师"和普通教师在占有资源方面差异甚大，致使大学与大学之间、教师与教师之间的贫富差距日趋显著。传统大学的平均主义"大锅饭"会挫伤教师的工作积极性，但过度竞争、贫富差距过大也会挫伤教师的积极性。因此，可以参考和借鉴日本大学教师的薪酬体系和结构，科学地把握竞争与公平之间的"度"至关重要。

（五）推迟大学教授的退休年龄

推迟大学教授的退休年龄是一个非常敏感的问题，中国大学管理体制限制教授的比例，教授不退休就会影响其他副教授提升教授。另外一些教授也因工作环境的不顺心，愿意到点儿就退，主张推迟大学教授退休年龄的观点会遭到众多人的抨击。不过从国家利益的角度出发，推迟教授的退休年龄能大幅提高国家的高端人才的投入产出量，对国家和社会发展有利。

粗算一下，一个人从小学顺利地读完博士至少需要 21 年，期间国家和家庭对人才投入是巨大的，而女教授 55 岁退休，男教授 60 岁退休，期间工作仅 27~32 年，学习的时间太长，而贡献社会的时间太短。

日本大学教授的退休制度值得我们借鉴，国立、公立、私立大学一般行政职员均为 60 岁退休，男女无差别。国立大学讲师、副教授、教授的退休年龄为 63 岁；公立大学一般为 65 岁；私立大学自主性强，教师退休年龄各校差异较大，但多数私立大学是讲师、副教授 60 岁退休，教授 70 岁退休。国立和公立大学的教授在本校退休后一般都会到私立大学再任教。教授实际的工作年限比中国多 10~15 年，这种退休方式延长了社会高端知识链条，扩大了国家对高端人力资源的投入产出比。

后 记

"专业科技人员的收入分配与激励机制研究"项目是张荆教授领衔的由中国社会科学院社会学研究所和北京工业大学人文学院人力资源中心承担的课题,自2010年立项以来,课题组成员经过无数次讨论和调研,现在终于完成此书。

在课题立项的时候,我们预计是研究目前与民生最息息相关又最饱受非议的两个专业技术人员群体:医生和教师。探讨这两个群体的收入分配和激励机制,回答这两个领域出了什么问题,社会为什么对这两个领域不满意。这些年来,医疗和教育已经成为最重要的民生问题,看病难、看病贵问题突出,教育领域不但是难和贵的问题,更重要的是教育质量问题,即著名的"钱学森之问"——"为什么我们的学校总培养不出杰出人才?"社会上对医生和教师这两个群体有很大的怨气,认为他们丧失了良知和职业道德。深入和教师、医生交流,就会发现这两个群体中大多数人的工作压力和社会压力也在不断加大,他们自身也有很多的不满和无奈,他们对自身的生活和工作状态也并不满意,而且在高房价、高物价下他们面临着很大的支出压力。但为什么这两个群体会招致如此之多的不满?在导致民生艰难的医疗、教育方面,教师和医生到底扮演了怎样的角色?目前事业单位(如医院和学校)的管理和激励体制出现了怎样的偏差?这是我们做这个题目的初衷。但是,在初步调研以后,我们发现这两个群体差异较大。凭现有的人力、物力、财力和其他条件,两个群体兼顾进行研究是几乎不可能完成的,后来的研究就只锁定了高校教师这一群体,而对医生的研究则被搁置了。

对于教师的调查,我们走访了日本以及中国香港、北京、上海、云南等各地的高校，访谈了高校的管理人员和一线教师，并在北京和上海做了问卷调查。在调研过程中，课题组得到了各高校领导，特别是工会系统和广大教师的大力支持，感谢之情自是无以言表。所以，本书既是课题组研究人员的智慧和汗水的结晶，也是广大高校教师和管理人员共同合作的成果。

党的十八届三中全会通过了《中共中央关于全面深化改革若干重大问题的决定》，《决定》明确指出："加快事业单位分类改革……推动公办事业单位与主管部门理顺关系和去行政化，创造条件，逐渐取消学校、研究院所、医院等单位的行政级别。"至此，去行政化成为今后一个时期高校改革的新目标。

但是，中国大学已是一个相对固化了的、高度行政化的小社会，行政领导决定大学各项事务、"唯上唯官"、"一统化的服从"等抑制了大学创造力的迸发。因此，推进大学"去行政"改革任重道远。十八届三中全会的《决定》为我们描述了全面深化改革的路线图，本书的出版恰逢其时。通过高信度和效度的抽样调查与数据分析，大量的个案访谈，本书科学描述了大学教师收入分配现状及激励效果，并提出大量建设性的对策建议，为高校去行政化及收入分配制度改革提供了依据和技术支撑。本书中的部分成果已在有关的杂志上公开发表，并受到了相关部门的高度重视。我们期待这一研究能进一步引起广大科研工作者和政策制定者的关注，形成高校改革标识，通过改革探讨中国高校走向世界一流的可行之路。

本书得以顺利出版要感谢社会科学文献出版社邓泳红女士、高振华编辑、王颉编辑，感谢他们的大力支持和辛苦劳动！

专业科技人员的收入分配与激励机制研究课题组

赵卫华

2013 年 10 月 15 日

图书在版编目(CIP)数据

高校教师收入分配与激励机制改革研究 / 张荆等著．
—北京：社会科学文献出版社，2014.5
 ISBN 978 – 7 – 5097 – 5739 – 0

Ⅰ.①高… Ⅱ.①张… Ⅲ.①高等学校 – 教师 – 激励 –
工资制度 – 工资改革 – 研究 – 中国 Ⅳ.①G645.15

中国版本图书馆 CIP 数据核字（2014）第 039823 号

高校教师收入分配与激励机制改革研究

著　　者 / 张　荆　赵卫华　等

出 版 人 / 谢寿光
出 版 者 / 社会科学文献出版社
地　　址 / 北京市西城区北三环中路甲 29 号院 3 号楼华龙大厦
邮政编码 / 100029

责任部门 / 皮书出版分社（010）59367127　　责任编辑 / 王　颉
电子信箱 / pishubu@ssap.cn　　　　　　　　责任校对 / 王彩霞
项目统筹 / 高振华　　　　　　　　　　　　责任印制 / 岳　阳
经　　销 / 社会科学文献出版社市场营销中心（010）59367081　59367089
读者服务 / 读者服务中心（010）59367028

印　　装 / 三河市尚艺印装有限公司
开　　本 / 787mm×1092mm　1/16　　　　印　张 / 18.5
版　　次 / 2014 年 5 月第 1 版　　　　　　字　数 / 293 千字
印　　次 / 2014 年 5 月第 1 次印刷
书　　号 / ISBN 978 – 7 – 5097 – 5739 – 0
定　　价 / 79.00 元

本书如有破损、缺页、装订错误，请与本社读者服务中心联系更换
▲ 版权所有　翻印必究